AF553753

आधुनिक भारत में जाति

एम.एन. श्रीनिवास

अनुवाद

रश्मि चौधरी

राजकमल प्रकाशन

ISBN : 978-81-267-0125-4

मूल्य : ₹795

पहला संस्करण : 2001
पाँचवाँ संस्करण : 2024

प्रकाशक : राजकमल प्रकाशन प्रा.लि.
1-बी, नेताजी सुभाष मार्ग, दरियागंज
नई दिल्ली-110 002
शाखाएँ : अशोक राजपथ, साइंस कॉलेज के सामने, पटना-800 006
पहली मंजिल, दरबारी बिल्डिंग, महात्मा गांधी मार्ग, प्रयागराज-211 001
1, अनमोल सोराबजी संतुक लेन, धोबी तलाव, मरीन लाइंस, मुम्बई-400 002
वेबसाइट : www.rajkamalprakashan.com
ई-मेल : info@rajkamalprakashan.com

मुद्रक : बी.के. ऑफसेट
नवीन शाहदरा दिल्ली-110 032

AADHUNIK BHARAT MEIN JATI
by M. N. Shrinivas

मेरे भाई
एम.एन. पार्थसारथी
को समर्पित

विषय सूची

भूमिका

इस पुस्तक में शामिल किए गए लेख सन् 1952-60 के बीच लिखे गए थे। इनमें से हरेक लेख किसी-न-किसी संगोष्ठी, परिसंवाद अथवा किसी विद्वत्तापूर्ण प्रकाशन के विशेष आग्रह और आमन्त्रण के जवाब में ही लिखा गया था। हरेक मामले में एक तारीख निश्चित कर दी गई थी और जैसाकि सभी लोग जानते हैं, यदि अक्सर नियत समय के अन्दर ही काम खत्म करना हो, तो अपने विवेक से समझौता करना पड़ता है। पर यह भी सच है कि कई मामलों में यदि यह नियत अवधि तय न होती तो यह लेख कभी लिखे ही न जाते।

ये लेख विभिन्न प्रकार के मुद्दों से सम्बन्धित हैं और मैं इस बात पर जोर देना चाहूँगा कि ये आठ सालों की अवधि में लिखे गए थे। स्वाभाविक है, इस दौरान मेरे विचारों में कुछ हद तक बदलाव भी आए। परन्तु मैंने इन लेखों में थोड़े-बहुत शब्दों में परिवर्तन के अलावा और किसी फेर-बदल से अपने आप को दूर रखा है। एक लेख के अन्दर उसकी अपनी संरचनात्मक एकता होती है और इसीलिए बीच में किसी हिस्से को घटाना या बढ़ाना सम्भव नहीं है। मुझे पुराने लेखों को बदलने के बजाय एक नया लेख लिखना कम मुश्किल काम लगता है। इसके अलावा यहाँ शामिल कुछ लेखों ने अच्छी-खासी बहस पैदा की है और इसलिए उन लेखों को बड़े पैमाने पर बदल देना मेरी आलोचकों के प्रति बेइनसाफी होगी।

II

आधुनिक भारत में जाति : इस पुस्तक में शामिल पहला लेख *'आधुनिक भारत में जाति'* जनवरी 1957 में कलकत्ता में आयोजित भारतीय विज्ञान कांग्रेस के चौवालीसवें अधिवेशन के नृजातिशास्त्र और पुरातत्त्व खंड में अध्यक्षीय भाषण के रूप में पढ़ा गया था। इसमें मैंने आधुनिक भारत की जनतान्त्रिक प्रक्रिया, प्रशासन एवं शिक्षा में जाति द्वारा अदा की जानेवाली भूमिकाओं पर प्रकाश डालने की कोशिश की है। मुझे यह अवश्य स्वीकार करना चाहिए कि सार्वजनिक जीवन के कुछ हिस्सों में जातिवाद की बढ़ी हुई गतिविधि को देखते हुए उस समय मैं कुछ हद तक विक्षुब्ध महसूस कर रहा था। इस सन्दर्भ में मुझे समाज के गणमान्य व्यक्तियों के बीच कुछ परस्पर विरोधी रवैया भी देखने को मिला। एक तरफ तो विधि-व्यवस्था द्वारा इस प्राचीन और बद्धमूल सामाजिक 'बुराई' को समाप्त करने के प्रति मर्मस्पर्शी विश्वास मौजूद लगता है, दूसरी तरफ समाज के

इन्हीं अग्रणी वर्गों द्वारा न केवल इन बुराइयों से संघर्ष करने के लिए कोई दृढ़प्रतिज्ञ प्रयास दिखाई ही नहीं पड़ता है, बल्कि इसके व्यावहारिक चलन को बर्दाश्त करने की प्रवृत्ति भी दिखाई देती है।[1]

कलकत्ता में 'आधुनिक भारत में जाति' जब पढ़ा गया, तो इस पर टाइम्स ऑफ इंडिया[2] की तरफ से यह टिप्पणी आई कि मैं भारतीय सार्वजनिक जीवन और राजनीति में जातिवाद की भूमिका को बढ़ा-चढ़ाकर पेश कर रहा हूँ। परन्तु कुछ ही सप्ताह बाद हुए आम चुनावों में जातिवाद और चुनाव-प्रक्रिया के बीच आपसी सम्बन्धों की असलियत जानकर चिन्तनशील लोगों को भारी धक्का लगा। ऐसा सम्बन्ध सिर्फ दक्षिण भारत के वैसे इलाकों में ही प्रकट नहीं हुआ जो पारम्परिक रूप से जातिवाद के गढ़ माने जाते थे, बल्कि उत्तर भारत के कई हिस्सों, जैसे बिहार, उत्तर प्रदेश और मध्य प्रदेश में भी सामने आया। चुनावों के ठीक बाद कांग्रेस कार्यसमिति की बैठक में इस तथ्य को औपचारिक तौर पर दर्ज किया गया कि मतदान की प्रवृत्तियों में जातिगत भावनाओं की व्यापक भूमिका रही है। एक जाने-माने राजनीतिक नेता ने यह टिप्पणी की कि उम्मीदवार लोग चाहे स्वयं को किसी भी राजनीतिक पार्टी का बताएँ, असलियत में वे अपनी जाति के ही उम्मीदवार थे।

यह कहा जा सकता है कि 1957 के आम चुनावों ने भारतीय बुद्धिजीवियों को उन वास्तविक पहलुओं के प्रति जागरूक किया जो मतदान को प्रभावित करते हैं। इसके परिणामस्वरूप चुनाव के उद्देश्य से जातिगत सम्बन्धों का उपयोग करने की प्रवृत्ति की व्यापक पैमाने पर निन्दा की गई। परन्तु निन्दा करने का मतलब यह नहीं होता कि अपनी पार्टी के लाभ के लिए जातिगत सम्बन्धों का उपयोग करने की इच्छा से भी दूर रहा जाए। ठीक बाद के वर्षों में नगरपालिकाओं और पंचायतों में कराए चुनावों ने यह निर्णायक रूप से दिखा दिया कि जातिगत भावनाएँ बहुत ताकतवर हैं।[3] राजस्थान और आन्ध्र में पंचायती राज की स्थापना ने जातिवाद को एक नए सिरे से बढ़ावा दिया है।

जातिवाद की पकड़ का अन्दाजा इस बात से भी लगाया जा सकता है कि एक समय में जो जातियाँ 'पिछड़ी' वर्गीकृत की गई थीं, वे अब उस विशेषाधिकार से कितनी आसक्ति से चिपकी हुई हैं। *मैसूर पिछड़ा वर्ग समिति रिपोर्ट (1961)* में एक जाति की प्रति हजार आबादी के पीछे हाईस्कूल में पढ़नेवाले छात्रों की संख्या के आधार पर पिछड़ी जातियों की एक सूची प्रकाशित की गई थी। (यह इस तथ्य के बावजूद किया जा रहा है कि जातियों से सम्बन्धित आँकड़े ठोस नहीं हैं और वह इकाई जिसे जाति माना जाता है, अक्सर मनमानी होती है।) इस रिपोर्ट में लिंगायतों को 'उन्नत जातियों' में वर्गीकृत किया गया था, परन्तु उन लोगों ने इतना राजनीतिक दबाव डाला कि मैसूर मन्त्रिमंडल ने यह आदेश दिया कि उन्हें 'पिछड़े' समुदाय के रूप में वर्गीकृत किया जाए। केरल की प्रशासनिक सुधार समिति की रिपोर्ट (1958) में जातिगत आधार पर पिछड़ापन निश्चित करने के दोषों और खतरों को प्रशंसनीय तरीके से रेखांकित किया गया है।

और इसके साथ-ही-साथ आर्थिक आधार पर व्यक्तियों का पिछड़ापन निर्धारित करने की ओर भी ध्यान आकर्षित किया गया है, परन्तु साथ ही यह भी महसूस किया गया कि इस सिद्धान्त को स्वीकार करने के लिए उचित वातावरण अभी तैयार नहीं हुआ है।[4] मात्र महाराष्ट्र और गुजरात ही दो ऐसे भारतीय राज्य हैं जो पूरी तरह से आर्थिक मानदंडों पर ही पिछड़ेपन को निर्धारित करते हैं।

III

एक समाजशास्त्री जाति को वंशानुगत, अन्तर्विवाही और सामान्यतया एक ऐसे स्थानीय समूह के रूप में परिभाषित करेगा, जिसका किसी धन्धे से पारम्परिक सम्बन्ध हो एवं उसका जातियों के स्थानीय श्रेणीक्रम में एक निश्चित स्थान मौजूद हो। जातियों के बीच आपसी सम्बन्ध अन्य बातों के साथ-साथ पवित्रता और अपवित्रता की धारणा से संचालित होते हैं एवं आमतौर पर एक जाति के बीच ही अधिकतम सहभोजिता (कमेंसैलिटी) होती है।

उपर्युक्त परिभाषा में यह मान लिया गया है कि एक जाति समूह हमेशा आसानी से पहचाना जा सकता है और यह अपनी सामाजिक सीमाएँ नहीं बदलता है। हालाँकि यह बात सच नहीं है। एक जाति साधारणतया अनेक उपजातियों में विभाजित होती है और हरेक उपजाति अपने आप में अन्तर्विवाही होती है। यह स्तरीकरण एक लम्बी ऐतिहासिक प्रक्रिया का नतीजा होता है, जिसमें समुदाय लगातार बिखरते रहते हैं। विकास की इस लम्बी प्रक्रिया के फलस्वरूप अनेक अन्तर्विवाही समूह बनते रहे हैं, जो साधारणतया एक सीमित भौगोलिक क्षेत्र में फैले हुए पाए जाते हैं। (यद्यपि इस तथ्य की सच्चाई उच्च जाति के समूहों के मामले में धीरे-धीरे कम होती चली जाती है।) इनमें से प्रत्येक अपनी अलग पहचान की भावना बनाए रखने के साथ ही अन्य समान समूहों से अपना सम्बन्ध भी बनाए रखता है। पारम्परिक रूप से अन्तर्विवाही एकता बनाए रखनेवाला यह सबसे छोटा समुदाय होता था और इस लघु समूह की पहचान अन्य समान समूहों की तुलना में स्पष्ट रूप से अलग होती थी। इस समूह के सभी सदस्य एक समान पेशे या कुछ समान पेशों में लगे होते थे और यही समूह सामाजिक एवं आनुष्ठानिक जीवन की इकाई भी होता था। इस समूह के सदस्य एक-दूसरे द्वारा बनाया हुआ भोजन खाते थे और उनकी पूरी संस्कृति एक जैसी होती थी। ज्यादातर मामलों में वे एक ही जाति-पंचायत द्वारा नियन्त्रित होते थे, हालाँकि पिछले साठ या उससे अधिक वर्षों में समूहों के बीच सम्बन्ध अधिक-से-अधिक महत्त्वपूर्ण होते जा रहे हैं और उपजातियों के बीच खड़ी की गई मजबूत दीवारें गिरनी शुरू हो गई हैं। अन्तर्विवाही परिधि का विस्तार हो रहा है। ऐसा खासतौर पर दहेज प्रथा के प्रभाव से हो रहा है, जो उच्च जातियों की एक खास विशेषता है। इस सन्दर्भ में कुछ और पहलू भी महत्त्वपूर्ण हैं। जैसे, अंग्रेजी शासन द्वारा लाई गई अधिक सामाजिक गतिशीलता, उच्च शिक्षा और रोजगार की तलाश में नगरों की ओर गमन, और शहरी विश्वबन्धुत्ववाद और

पश्चिमीकरण। निचली जातियों के मुकाबले में, जो ऊँची जातियों के मुकाबले कहीं ग्रामोन्मुख रही हैं, उपजातियों के बीच की दीवारों को कमजोर करने के लिए राजनीतिक कारण भी जिम्मेदार रहे हैं। इसलिए दक्षिण भारत की गैर-ब्राह्मण जातियों के नेता कुछ सुविधाओं और विशेषाधिकार प्राप्त करने तथा ब्राह्मणों के प्रभुत्व को तोड़ने के उद्देश्य से एक-दूसरे के निकट आए। न केवल प्रत्येक गैर-ब्राह्मण जाति के बीच के आन्तरिक विभाजन भुला दिए गए, बल्कि जैन, ईसाई और मुसलमान सहित सारे गैर-ब्राह्मण एक मंच पर जमा होने लगे। इसीलिए ओक्कालिगा संज्ञा उचित रूप से मैसूर में कन्नड़ भाषा बोलनेवाली सभी कृषक जातियों पर लागू होती हैं। वहाँ अनेक ओक्कालिगा जातियाँ हैं, जिनमें से सभी साधारणतया अन्तर्विवाही हैं, जैसे—मोरासू, हाल्लीकर, हालू, नोनवा, गंगादिकार। लेकिन राजनीतिक उद्देश्यों के लिए ओक्कालिगा के अन्तर्गत न केवल उपर्युक्त समुदाय, बल्कि कन्नड़-भाषी कुचाटिगा तुलु बोलनेवाले बाँत और तेलुगु-भाषी रेड्डी भी जोड़ दिए जाते हैं। मोरासू और गंगादिकारों के बीच वैवाहिक सम्बन्ध नाममात्र के ही होते रहे हैं। ओक्कालिगा और कुचाटिगा या बाँत या रेड्डी के बीच की तो बात ही छोड़ दीजिए। अभी हाल तक गंगादिकार ओक्कालिगा एक विशिष्ट समरूप जाति तक नहीं थी। परन्तु राजनीतिक स्तर पर स्थापित हुए सम्बन्धों से असामाजिक सम्बन्धों का मार्ग प्रशस्त हो रहा है। यद्यपि इसका असर सभी जातियों के 'उच्च' परिवारों पर ही पड़ता है। भिन्न, परन्तु समस्रोतीय जातियों के गणमान्यों के बीच विवाह सम्बन्ध आरम्भ में संकीर्ण ही सही, परन्तु एक ऐसा सेतु प्रदान करता है, जिसे आम लोगों द्वारा बाद में इस्तेमाल की सम्भावना बनती है।

यहाँ इस बिन्दु पर जोर डालना बहुत जरूरी है कि समाजशास्त्रीय अध्ययन के उद्देश्य से राजनीतिक स्तर पर जाति और सामाजिक तथा आनुष्ठानिक स्तर पर जाति के बीच फर्क किया जाना चाहिए। पहले की अपेक्षा दूसरी एक बहुत छोटी इकाई है। स्थानीय स्वशासी निकायों को कुछ हद तक अधिकार दिए जाने तथा पिछड़ी जातियों को वरीयता और छूट देने की अंग्रेजों द्वारा स्पष्ट नीति अपनाए जाने के कारण कई जातियों को नए अवसर प्राप्त हुए। इन अवसरों का लाभ उठाए जाने के उद्देश्य से पारम्परिक रूप से ज्ञात भिन्न-भिन्न जाति समूह एक वृहत्तर इकाई का रूप धारण करने के लिए आपस में सम्बन्ध स्थापित करने लगे। पिछले बीस वर्षों में अपवित्रता सम्बन्धी विचारों में कुछ हद तक कमजोरी आई है। शहरों और कस्बों के बारे में यह विशेष रूप से सच है, लेकिन गाँवों में भी इस सम्बन्ध में कुछ उदारता दिखाई देती है। यद्यपि इस प्रक्रिया के साथ-साथ प्रशासन एवं राजनीति में जातिवाद की गतिविधियाँ पहले से अधिक हो गई हैं। वयस्क मताधिकार एवं पंचायती राज ने जातिवाद को नए अवसर प्रदान किए हैं। नए अवसरों का पूरा फायदा उठाने की प्रक्रिया में स्वयं जाति व्यवस्था में कुछ बदलाव आ गए हैं। सख्या की दृष्टि से बड़ी जातियाँ जिला एवं राज्य स्तरीय राजनीति में महत्त्वपूर्ण प्रभाव रखनेवाले समूह बन गए हैं। मैसूर राज्य की राजनीति को तब तक नहीं समझा जा सकता, जब तक कि ओक्कालिगा और लिंगायतों के बीच की

प्रतिद्वन्द्विता को ध्यान में न रखा जाए। इसी प्रकार केरल में नैयर, इजवान और नैयर ईसाइयों के बीच त्रिकोणीय संघर्ष मौजूद है। आन्ध्र प्रदेश में रेड्डी और कम्मा, महाराष्ट्र में मराठा, ब्राह्मण और महार, गुजरात में बनिया, पाटीदार और कोली, बिहार में भूमिहार, कायस्थ और राजपूत आदि प्रमुख प्रतिद्वन्द्वी जातियाँ हैं। (लेकिन फिर भी यह कहना सरासर अतिसरलीकरण होगा कि किसी राज्य की राजनीति को मात्र जातियों के सन्दर्भ में समझाया जा सकता है। वस्तुतः राज्य की राजनीति में जाति केवल एक तत्त्व है, लेकिन वह बहुत महत्त्वपूर्ण तत्त्व है।) हमें इस बिन्दु पर और अधिक मेहनत करने की जरूरत नहीं है कि अन्तर्विवाही और आनुष्ठानिक इकाई के रूप में जाति तथा आधुनिक भारत में राजनीति एवं प्रशासन में जाति सदृश सक्रिय इकाइयों के बीच एक विशाल खाई मौजूद है। लेकिन इन दोनों चीजों के बीच न केवल एक सम्बन्ध, बल्कि अत्यधिक आदान-प्रदान भी मौजूद है। ग्राम स्तरीय नेतागण विशेष सुविधाएँ और कई प्रकार के लाभ लेने के उद्देश्य से मन्त्रियों से सम्पर्क बनाए रखते हैं और बदले में मन्त्रिगण चुनाव के समय में गाँव के इन स्थानीय नेताओं की मदद चाहते हैं। यदि सबके-सब नहीं भी, तो अनेक ऐसे राज्य स्तरीय मन्त्री हैं, जो अपनी जाति और उसके माध्यम से अपने क्षेत्र के भी नेता हैं। उस प्रक्रिया की ठीक-ठीक जानकारी, जिसके अन्तर्गत विभिन्न राजनीतिक स्तरों का परस्पर संवाद होता है, यद्यपि एक अनुभवपरक अध्ययन का विषय है। आज की तारीख में समाजशास्त्री और राजनीति वैज्ञानिक ऐसे संवादों को मानकर चलते हैं।

यहाँ यह उल्लेख करना प्रासंगिक होगा कि राजनीति के क्षेत्र में जातियों की सक्रियता के अर्थ और महत्त्व को लेकर एक विवाद मौजूद है। एक मत के अनुसार, यह न केवल अपारम्परिक है, बल्कि जाति विघटन का सूचक भी है। दूसरा इसे जाति में लचीलेपन के प्रमाण के रूप में देखता है। डॉ. लीच लिखते हैं, "भारत और सीलोन में आज हर जगह समस्त जाति समूह राजनीतिक गुट के रूप में उभरने की तरफ प्रयासरत हैं। परन्तु इस व्यवहार को जातिवाद की एक विशिष्टता के रूप में देखना भ्रामक होगा। यदि एक पूरा जाति समूह किसी समान आर्थिक या राजनीतिक लक्ष्य की प्राप्ति के लिए किसी अन्य ऐसे समूह के साथ प्रतिद्वन्द्वियों जैसा व्यवहार करता है, तो यह जातीय परम्पराओं के बिल्कुल प्रतिकूल बात होगी। परन्तु भूमिकाओं में ऐसा परिवर्तन न तो स्वयं कर्त्ताओं की और न ही नृतत्त्वशास्त्री पर्यवेक्षकों की समझ में साफ-साफ आ सकता है।

"यदि कोई जाति समूह एक राजनीतिक गुट में परिवर्तित होता है तो क्या वह जाति के रूप में समाप्त नहीं हो जाता है ? डॉ. गफ का मत है कि वह समाप्त हो जाता है। (पृष्ठ 44) और अपने निबन्ध के अन्त में (पृष्ठ 58-59) उन्होंने जाति विघटन सूचक अनेक तत्त्वों में से एक 'जातीय श्रमिक संघ' के निर्माण का उल्लेख किया है। लेकिन डॉ. याल्मान (पृष्ठ 84) 'जातीय कल्याण समिति' के निर्माण को उद्धृत करते हुए बदलती सामाजिक परिस्थितियों में जातिवाद के पुनः उभरने की तरफ इशारा करते हैं !

"मेरा अपना विचार है कि जहाँ कहीं जातीय समूह संगठित संघ के रूप में अन्य जातियों के वैसे समूह के विरुद्ध प्रतिस्पर्धा के भाव से काम कर रहा है, तब वह जातीय सिद्धान्तों के विरुद्ध जाकर सक्रिय होता है।"[5]

मुझे लगता है कि मैं डॉ. गफ की बातों को समझने में असमर्थ हो जाता हूँ, जब वो यह कहती हैं कि राजनीतिक गतिविधियों में हिस्सेदारी से जातियों के मूल स्वरूप में इतना अन्तर आ जाता है कि वे जाति रह ही नहीं जातीं। लिंगायत और ओक्कालिगा आधुनिक मैसूर के राजनीतिक जीवन में अत्यधिक सक्रिय हैं। लेकिन जब उनमें वधू चुनने या फिर उनके खान-पान या भोज आयोजित करने का अवसर आता है, तब वे अपनी जाति के नियमों का पालन करते हैं। यह हो सकता है कि आज ये नियम तीस साल पहले की तुलना में कुछ कम कठोर हो गए हों। परन्तु वे अब भी मौजूद हैं। यदि डॉ. गॉग के मत में आधुनिक औद्योगिक-जनतान्त्रिक प्रक्रिया में भाग लेने से जातियों के विलुप्त होने का अनिवार्यतया मार्ग प्रशस्त हो जाएगा, तो अन्तर्विरोधों के क्षेत्रों को साफ तौर पर रेखांकित करना होगा और उन अन्तर्विरोधों के परिणामों का विश्लेषण करना होगा।

इसके अलावा, मैं डॉ. लीच के इस कथन से भी असहमत हूँ कि जाति समूहों के बीच प्रतिस्पर्धा 'जाति के सिद्धान्तों के विरुद्ध जाती है'। यह सच है कि श्रम का जातिगत विभाजन जातियों के परस्पर आश्रित रहने में सहायक होता है और यह बात जजमानी प्रथा में साफ तौर पर देखी जा सकती है। लेकिन परस्पर आश्रित होना पूरी कहानी नहीं है। जातियाँ राजनीतिक और आर्थिक शक्ति एवं उच्च आनुष्ठानिक स्थान प्राप्त करने के लिए परस्पर प्रतिद्वन्द्विता में भी लगी रहती हैं। ऐतिहासिक रूप से व्यापारी और कृषक जातियाँ, यहाँ तक कि जनजातियों तक में से लोग शासक बनते रहे हैं।

IV

वर्ण और जाति : प्रत्येक समाज की अपनी एक संरचना होती है। परन्तु उस संरचना को वहाँ के मूल निवासी जिस तरीके से देखते हैं, वह समाजशास्त्रियों द्वारा परिश्रमपूर्वक संग्रहीत तथ्यों के आधार पर अनुमानित संरचना से हमेशा मेल नहीं खाते हैं। एक समुदाय अपनी सामाजिक संरचना को जिस तरीके से देखता है वह काफी महत्त्वपूर्ण होता है क्योंकि वह उनके व्यवहार को प्रभावित करता है। इसके अलावा, जब समाजशास्त्री अपने ही समाज के तबकों का अध्ययन करता है, तब चेतन या अवचेतन रूप से ऐसे विचारों से प्रभावित हो जाने की सम्भावना रहती है। भारतीय समाजशास्त्रियों के साथ ऐसा निश्चय ही हुआ है। उन्होंने जाति प्रथा के जटिल तथ्यों को वर्ण के सन्दर्भ में समझने की कोशिश की है। इसके परिणामस्वरूप सामाजिक संरचना का एक ऐसा नजरिया सामने आया, जो हास्यास्पद रूप से अति सरलीकृत है। एक छोटे से इलाके की जाति प्रथा भी असाधारण रूप से जटिल होती है और वह वर्ण के साँचे में एक-दो

बिन्दुओं को छोड़कर कहीं भी ठीक-ठीक नहीं बैठती है। उदाहरण के लिए क्षत्रिय होने का दावा करनेवाला स्थानीय जाति समूह, हो सकता है, एक जनजातीय अथवा अर्ध जनजातीय समुदाय हो, जिसने मात्र सौ साल पहले ही हाल फिलहाल में राजनीतिक सत्ता प्राप्त की हो। इसी प्रकार स्थानीय व्यापारी जाति, हो सकता है, शूद्र श्रेणी के समान संस्कृतिवाला एक समुदाय हो, और वह वर्ण व्यवस्था में संस्कृतनिष्ठ वैश्य से काफी निम्न हो। और आखिर में शूद्र श्रेणी के अन्तर्गत आनेवाली जातियाँ सभी की सभी सिर्फ नौकर-चाकर ही हों, बल्कि वे ऐसे भूस्वामी भी हो सकते हैं, जिनका स्थानीय भूस्वामी ब्राह्मणों सहित सभी जातियों पर काफी दबदबा हो।

साथ ही वर्ण आधारित ढाँचा इतना कठोर है कि उसमें आज के अन्तर्जातीय सम्बन्ध ठीक-ठीक बैठ ही नहीं सकते हैं। और यह भी माना जा सकता है कि यह ढाँचा हमेशा से ऐसा ही कठोर रहा है। वर्ण के अनुसार जाति एक अपरिवर्तनीय व्यवस्था है, जिसमें प्रत्येक जाति की स्थिति हमेशा के लिए निश्चित होती है। परन्तु यह व्यवस्था असलियत में जिस तरह चलती है, उस पर यदि ध्यान दिया जाए, तो कई जातियों की स्थिति बिल्कुल अस्पष्ट रह जाती है। पारस्परिक श्रेणी-भेद चूँकि अस्पष्ट हैं, इसलिए विवादास्पद भी होते हैं। इसका कारण यह है कि जाति प्रथा ने हमेशा ही अपने अन्दर कुछ हद तक गतिशीलता की अनुमति प्रदान की है। इसी कारण श्रेणीक्रम के मध्यवर्ती क्षेत्र में पारस्परिक स्थान कहीं अधिक अस्पष्ट हो जाता है। लेकिन श्रेणीक्रम के छोरों पर ऐसा नहीं होता। एक छोर पर किसी किस्म की गतिशीलता बिल्कुल सम्भव नहीं है और दूसरे छोर पर यह बहुत मुश्किल है। वर्ण एक क्षेत्र-विशेष की जाति व्यवस्था और दूसरे क्षेत्र-विशेष की जाति व्यवस्था के बीच मौजूद व्यापक अन्तर को भी ढक देता है। क्षेत्रीय स्तर पर जाति व्यवस्था के अध्ययन को उच्च प्राथमिकता दी जानी चाहिए और विभिन्न क्षेत्रों के बीच तुलना करने के बाद ही अखिल भारतीय स्तर पर जाति से सम्बन्धित कोई वक्तव्य दिया जाना चाहिए।

वर्ण के ऊपर अधिक जोर डालने का नतीजा यह भी हुआ कि जातियों के पारस्परिक श्रेणी स्थान के निर्धारण में आर्थिक और राजनीतिक पहलुओं के बजाय लक्षणात्मक और कर्मकांडी तत्त्वों पर अधिक बल दिया गया। इस बात के प्रमाण मौजूद हैं कि राजनीतिक या आर्थिक शक्ति प्राप्त कर लेने के बाद जातियों की कर्मकांडीय स्थिति में परिवर्तन आ जाता है। भला हो उस वर्ण व्यवस्था का, जिसके कारण यह चुपचाप मान लिया जाता है कि कर्मकांडीय पहलू ही प्राथमिक हैं और अन्य पहलू गौण।

वर्ण की अवधारणा पर अत्यधिक जोर एक तरफ तो प्राचीन भारतीय साहित्यिक सामग्री में ही तल्लीन रहने का परिणाम था और दूसरी तरफ इसके कारण विद्वान बार-बार उसी सामग्री की ओर आकर्षित होते रहे। विभिन्न इलाकों में जाकर जाति व्यवस्था के किए गए क्षेत्र अध्ययन ने वास्तविक तथ्यों की व्याख्या न कर पाने की वर्ण व्यवस्था की असमर्थता को साफ-साफ दिखाया है। साथ ही इसके कारण ऐसे नए

विचार भी सामने आए, जिनके परिणामस्वरूप बेहतर क्षेत्र अनुसन्धान और ऐतिहासिक तथ्यों में नवीन अन्तर्दृष्टि प्राप्त हुई।

V

संस्कृतीकरण और पश्चिमीकरण : कुर्ग और मैसूर में मैंने जिन दो सामाजिक प्रक्रियाओं को पाया था, वे भारत के अन्य भागों में भी मौजूद बताई गई हैं, विशेष रूप से संस्कृतीकरण के मुद्दे ने कई विद्वानों का ध्यान आकर्षित किया है।

संस्कृतीकरण और पश्चिमीकरण आधुनिक भारत में परस्पर जुड़ी हुई प्रक्रियाएँ हैं और बिना एक को ध्यान में रखे दूसरे को समझना सम्भव नहीं है। इस वक्तव्य का अर्थ यह नहीं समझना चाहिए कि ये प्रक्रियाएँ एक-दूसरे की पूरक हैं और परस्पर सामंजस्य रखती हैं, परन्तु वे एक-दूसरे से जुड़ी हुई जरूर हैं। संस्कृतिवादी और पश्चिमी जीवन मूल्यों का कभी-कभी एक-दूसरे से विरोध भी होता है। इस तथ्य पर मैं पहले ही अपना विचार व्यक्त कर चुका हूँ।

जब सामाजिक गतिशीलता जाति प्रथा के ढाँचे के अन्दर होती है, तो वह संस्कृतीकरण होता है, वहीं पश्चिमीकरण का अर्थ, जाति प्रथा के ढाँचे के बाहर गतिशीलता होती है। यद्यपि इसका यह अर्थ बिल्कुल नहीं लिया जाना चाहिए कि अत्यधिक पश्चिमीकृत व्यक्ति जाति के सम्बन्धों से सम्पूर्णतया मुक्त हो जाता है। जातिवाद की गहराई हमेशा सतही नहीं होती है। हो सकता है, आमतौर पर वह बिल्कुल नजर न आए। लेकिन जब भी कभी कोई संकट पैदा होता है, तो वह उभरकर सतह पर चला आता है। कई साल पहले पश्चिमी भारत के एक प्रमुख समाज सुधारक के बेटे ने एक विदेशी लड़की से विवाह कर लिया। (लड़के के माँ-बाप अलग-अलग जातियों के थे। इसलिए लड़के की कोई जाति नहीं थी।) लड़के के पिता की जाति के कुछ प्रमुख लोगों ने उसका और उसकी विदेशी वधू का जमकर स्वागत-सत्कार किया। इस घटना में निहित अन्तर्विरोध पर काफी लम्बी टिप्पणी की जा सकती है, परन्तु उसके लिए यहाँ जगह नहीं है। इतना ही बताना काफी होगा कि लड़के की माँ ने जब अपने से नीची जाति के एक व्यक्ति से विवाह किया था, तो उसे अपनी जाति से लगभग निकाल फेंका गया था। जबकि बेटे ने जब एक विदेशी लड़की से शादी की, तो उसके पिता के जातिवालों ने उसका अभिनन्दन किया।

संस्कृतीकरण बिना कोई राजनीतिक अथवा आर्थिक ताकत हासिल किए भी स्वतन्त्र रूप से हो सकता है। किन्तु ऐसे मामलों में उस खास जाति को ऊपर उठने में सहायता नहीं मिलती है। उल्टे इसका परिणाम यह भी हो सकता है कि वह जाति अपनी निकटवर्ती जातियों के बीच बदनाम हो जाए, स्थानीय रूप से प्रभुत्वशाली जातियों के नेता अपने गुस्से का इजहार पखेनु जाति के लोगों को मार-पीटकर करें। हालाँकि मारना-पीटना अब पहले की तरह आसान नहीं रहा। यहाँ तक कि गरीब, अनपढ़ और निचली जाति के लोग भी कानूनी अधिकारों के प्रति काफी जागरूक हो गए हैं।[6] परन्तु

सिर्फ वैधानिक अधिकारों की मौजूदगी ही उन्हें मुक्ति नहीं दे सकती, क्योंकि वे प्रभुत्वशाली जातियों पर आर्थिक रूप सें आश्रित होते हैं।

प्रभुत्वशाली जातियों ने संस्कृतीकरण की उन्नति या अवनति में एक महत्त्वपूर्ण भूमिका निभाई है। डॉ. डी.एफ. पोकॉक[7] और डॉ. ए.सी. मेयर[8] ने ब्राह्मण और क्षत्रिय—दो प्रारूपों की चर्चा की है, जिन्हें दूसरी जातियों, यानी ब्राह्मण और क्षत्रियों ने अपनाया है। क्षत्रिय प्रारूप के मुकाबले ब्राह्मणवादी प्रारूप स्वाभाविक तौर पर संस्कृतीकरण के लिए अधिक अनुकूल था। पश्चिमी उत्तर प्रदेश के कुछ हिस्सों में राजपूतों ने इतना महत्त्वपूर्ण स्थान बना लिया था कि सनद ब्राह्मण भी उनकी नकल करते हैं। यहाँ तक कि अपने नाम के साथ सम्मानसूचक शब्द 'सिंह' भी लगाते हैं। गुजरात के बरोटों ने अपने राजसी संरक्षकों से उनकी राजपूती वेशभूषा और ढाल तलवार तक ग्रहण कर ली है।

लेकिन यह सोचना गलत होगा कि ऐसे प्रारूप सिर्फ दो, और यदि वैश्य प्रारूप को जोड़ लिया जाए, तो तीन ही हैं। किसी प्रभावशाली किसान जाति के रहन-सहन की नकल भी उस इलाके में रहनेवाले दूसरे लोगों द्वारा की जा सकती है। दिल्ली के आसपास कुछ मील की परिधि में रहनेवा़ले ब्राह्मणों की जीवन शैली स्थानीय रूप से प्रभावशाली जाटों से मिलती-जुलती है। दक्षिण भारत के ऐसे गाँव में जहाँ गैर-ब्राह्मण किसान जातियों का प्रभाव है, वहाँ के ब्राह्मण अपनी बोलचाल, जीवन शैली एवं मूल्य गैर-ब्राह्मणों से ग्रहण करते हैं। इस प्रकार मैं मैसूर के ग्रामीण इलाकों में ऐसी ब्राह्मण स्त्रियों को जानता हूँ जो भेड़-बकरियाँ पालती हैं और गैर-ब्राह्मणों को बेच देती हैं। यह एक ऐसी बात है, जिसे शहरी ब्राह्मण कभी नहीं करेंगे। लिंगायत लोग भी, जो ब्राह्मणों के समान ही शाकाहार और अहिंसा के मूल्यों पर विश्वास करते हैं, मैसूर शहर के आसपास के गाँवों में वध के लिए भेड़ पालते हैं। मैं यहाँ यह बात साफ कर दूँ कि ब्राह्मण संस्कृति के शहरी और मठवादी केन्द्रों ('महान परम्परा' के केन्द्र) से दूर गाँवों में रहनेवाले ब्राह्मण स्थानीय जीवन शैलियों (लघु समुदायों को अंगीकार करने की ओर उन्मुख रहते हैं। यह बात मुझे कुर्ग के कुंडत भद्रकाली उत्सव के अवसर पर उस समय स्पष्ट रूप से दिखाई दी, जब भद्रकाली मन्दिर के युवा ब्राह्मण पुरोहित ने कुर्ग की देवी के नाम पर भविष्यवाणी करनेवाले एक ओझा से हाथ जोड़कर यह प्रार्थना की कि वह ग्रामवासियों के अपराध को क्षमा करे और चला जाए। पुजारी इस ओझा से बहुत डरा हुआ था, जिसके चेहरे के घावों से खून बह रहा था। ये घाव उस ओझा ने अपने चेहरे पर उस समय बना लिये थे, जब देवी उसके ऊपर सवार थीं। यह बात न्यायसंगत रूप से कही जा सकती है कि ब्राह्मणवादी जीवन पद्धति जैसे-जैसे 'महान परम्परा' के केन्द्रों से दूर होती जाती है, यह 'लघु समुदायों' की प्रभावशाली जातियों की जीवन शैली अपनाने की ओर प्रवृत्त होती जाती है।

हालाँकि यह प्रक्रिया इतनी सरल भी नहीं है। ग्रामीण भारत में, जहाँ ब्राह्मणवादी जीवन शैली स्थानीय रूप से प्रभुत्वशाली जातियों की जीवन शैली को अपनाने की दिशा

में उन्मुख हुई है, वहीं पर प्रभावशाली जातियाँ संस्कृतीकरण की तरफ अग्रसर होकर परिवर्तनशील रही हैं। जहाँ स्थानीय प्रभावशाली जाति का असर कुछ गाँवों या एक तहसील या जिले या राज्य तक फैल सकता है, वहीं संस्कृतीकरण ने पिछले सौ वर्षों में पूरे देश में प्रतिष्ठा प्राप्त कर ली है। पारम्परिक रूप से राजधानी, महाविद्यालय और मठ संस्कृतीकरण के रचनात्मक केन्द्र रहे हैं। चूँकि ब्राह्मणवादी जीवन-शैली कर्मकांडों से प्रभावित रही है इसलिए पारम्परिक केन्द्रों के साथ सतत सम्पर्क कट जाने के बावजूद ग्रामीण क्षेत्रों में ब्राह्मण संस्कृतीकरण के प्रतिनिधि रहे हैं। सुबह जगने से लेकर रात में सोने तक ब्राह्मणों के व्यवहार कर्मकांडीय विचारों से संचालित होते थे। यह जीवन शैली उचित जीवन पद्धति की समानार्थी थी। यह आध्यात्मिक पुण्य अर्जित करने का एकमात्र रास्ता था, जिसके माध्यम से बारम्बार जन्म लेने के कष्ट से उस व्यक्ति की आत्मा को मुक्ति मिल सकती है। समूचे भारत में ब्राह्मण लोग कर्मकांडीय जीवन शैली अपनाए हुए थे, हालाँकि इस मामले में सामान्य गृहस्थ और पुजारी-पुरोहितों के बीच कुछ अन्तर मौजूद था। जिन इलाकों में गैर-ब्राह्मण जातियों का राजनीतिक एवं आर्थिक शक्तियों पर एकच्छत्र अधिकार था, वहाँ भी ब्राह्मणवादी शैली को कुछ-न-कुछ सम्मान अवश्य प्राप्त था। यही कारण था कि जहाँ ब्राह्मण जातियाँ भौतिक रूप से प्रभावशाली जातियों की जीवन शैली से प्रभावित होती थीं, वहीं गैर-ब्राह्मण जातियाँ संस्कृतीकरण की दिशा में खिंची चली आती थीं।

VI

ग्राम अध्ययन और उनका महत्त्व : यह लेख इस तथ्य को उजागर करने के उद्देश्य से लिखा गया था कि भारतीय किसानों के कृषि सम्बन्धी रीति-रिवाजों को केवल उनकी तकनीक, ज्ञान के स्तर, कानूनी एवं सामाजिक संस्थाओं तथा धर्म एवं जीवन शैली के सन्दर्भ में ही समझा जा सकता है। उनकी खेती में तकनीकी ज्ञान का पूरा तन्त्र होता है, जो एक पीढ़ी से दूसरी पीढ़ी को हस्तान्तरित किया जाता है। इस ज्ञान ने उन्हें यदि शत्रुतापूर्ण नहीं, तो भी एक कठोर परिवेश में शताब्दियों से जीवित रहने योग्य बनाया है और इस तरह सुरक्षित रह सकने का ही यह नतीजा है कि उनकी पारम्परिक तकनीकों पर कुछ हद तक आस्था और नवीन खोजों पर थोड़ा सन्देह रखने की प्रवृत्ति होती है। किसानों की तकनीकी व्यवस्था उनकी सामाजिक और धार्मिक प्रणाली के साथ आपस में गुँथी हुई रहती है और ये मिलकर निकट रूप से मिली-जुली पहचान बनाते हैं। किसी एक औजार अथवा प्रथा को बदलने का प्रभाव सिर्फ तकनीक के क्षेत्र पर ही नहीं, बल्कि सामाजिक और धार्मिक क्षेत्रों पर भी पड़ता है। किसानों की पारम्परिक संस्कृति अत्यधिक समन्वित होती है और इसमें से एक भी तत्त्व को हटाने या दूसरे तत्त्व को प्रवेश देने के बाद अन्य मामलों में भी परिवर्तन शुरू हो जाता है। उन प्रशासकों को, जो खेती या स्वास्थ्य अथवा किसानों के अन्य रीति-रिवाजों को बदलने की कोशिश में लगे हैं, इस तथ्य को अच्छी तरह समझना होगा। नए औजार के लाभ को अच्छी तरह

जान लेने के बाद भी किसान उसे स्वीकार नहीं करेगा क्योंकि उससे पारम्परिक रूप से स्त्री-पुरुष के बीच जो श्रम-विभाजन चला आ रहा है, उसके असन्तुलित हो जाने की आशंका होती है।

इस तथ्य पर जोर देना बहुत जरूरी है कि किसान बुद्धिमान होता है, किन्तु जैसा कि संस्कृति स्वीकृत धाराओं में मौजूद अधिकांश व्यक्तियों के साथ होता है, उसकी बुद्धिमत्ता भी ठीक वैसे ही काम करती है। किसानों की मुश्किल यह है कि वह सैकड़ों सालों से जिस संस्कृति का पालन कर रहा है, वह नए ज्ञान, नई तकनीक, नए राजनीतिक स्वरूप एवं जनसंख्या वृद्धि के कारण कुछ हद तक पुरानी पड़ गई है। इस संस्कृति को नई परिस्थितियों में बदलना उसकी बौद्धिक, नैतिक और भौतिक क्षमता के बाहर की बात है। इस विशाल कार्यभार को समूचे देश को एकजुट होकर करना होगा और इस सम्बन्ध में भारत सरकार पर एक बहुत बड़ी जिम्मेदारी है।

VII

भारतीय एकता की समस्या का स्वरूप : आरम्भिक काल से ही भारतीय एकता की अवधारणा की अभिव्यक्ति हिन्दूवाद के रूप में होती रही है। परन्तु यह स्पष्ट है कि एक बहुधर्मी देश में इतना ही होना पर्याप्त नहीं है। दरअसल कोई प्रतीक अथवा विचार, जो एक धर्म-विशेष के अनुयायियों को एकता के सूत्र में बाँधता है, वही साथ-ही-साथ उन्हें दूसरे धर्म के अनुयायियों से अलग भी कर देता है।

भारत एक राजनीतिक सत्ता के रूप में केवल ब्रिटिश शासनकाल के दौरान ही अस्तित्व में आया। पिछले करीब पचास वर्षों में हुए तकनीकी विन्यास के फलस्वरूप पूरे भारत में एक प्रशासनिक व्यवस्था एवं संचार तन्त्र का निर्माण सम्भव हो पाया है। परन्तु यह तन्त्र सभी क्षेत्रों में समान रूप से फैला नहीं था और सीमावर्ती इलाकों तथा नेफा आदि में प्रशासन सिर्फ नाममात्र के लिए ही था। यहाँ तक कि किसी महानगर अथवा शहर से मात्र पन्द्रह-बीस मील दूर के गाँव भी अपने रोजमर्रा के मसलों के लिए अपने आप निबटने के लिए छोड़ दिए गए थे और अक्सर गाँववालों द्वारा किए गए भयानक अपराधों को छुपा लिया जाता था। अंग्रेजी राज के अन्तर्गत छह सौ रजवाड़े थे जो अलग-अलग किस्म की स्वायत्तता का उपभोग करते थे। यहाँ मैं यह बात कहना चाहता हूँ कि भारत में जिस प्रकार का प्रशासनिक तन्त्र मौजूद था और जिस प्रकार यहाँ असंख्य रजवाड़े अस्तित्व में थे, उसका परिणाम भारत को एक ढीले-ढाले किस्म की राजनीतिक एकता की प्राप्ति के रूप में हुआ।

अंग्रेजी शासन के दौरान शिक्षित भारतीय यूरोपीय देशों में फैलते हुए राष्ट्रवाद की भावना से प्रभावित होना शुरू हुए। अंग्रेजों के शासक के रूप में मौजूदगी ने पश्चिम में शिक्षित भारतीयों को एकताबद्ध होने का अवसर दिया, जो यह महसूस करते थे कि उन्हें विदेशियों द्वारा शासित होने के बजाय स्वशासित होना चाहिए। धीरे-धीरे यह एक शक्तिशाली आन्दोलन के रूप में विकसित होता चला गया, जिसमें देश के विभिन्न भागों

के वे लोग एकसाथ आए, जो अलग-अलग भाषा बोलते थे, जिनके धर्म अलग थे और जातियाँ अलग थीं। लेकिन शुरू से ही ऐसे नेता भी सामने आने लगे थे, जो अपने को राष्ट्रीय आन्दोलन से नहीं जोड़कर सिर्फ एक क्षेत्र-विशेष या समूह-विशेष के पक्ष में बोलते थे। एक ऐसी ही ताकतवर विभाजनकारी प्रवृत्ति की मौजूदगी का नतीजा पाकिस्तान के रूप में देखा जा सकता है। ऐसी विभाजनकारी प्रवृत्तियाँ आज भी मौजूद हैं और भविष्यवाणी की जा सकती है कि आनेवाले कई सालों तक ऐसी ही बनी रहेंगी। हमें इस सच्चाई का सामना करना पड़ेगा कि जहाँ तक इस देश के अधिकांश लोगों का सवाल है, भारत एक नई अवधारणा है और इसे धरती पर उतरने में थोड़ा समय लगेगा। आमतौर पर गाँव के गरीब लोगों का सामाजिक दायरा आज भी उनके घर से पन्द्रह-बीस मील से ज्यादा दूर नहीं पहुँचता है। (1948 में मैसूर शहर से बस द्वारा बाईस मील दूर के एक गाँव में एक प्रबुद्ध मुसलमान ने सिवाय गाँधी के न तो जिन्ना और न ही नेहरू का नाम सुना था।) यह बात साफ़ है कि भारत एक दिन में नहीं बन सकता।

इस सम्बन्ध में यह समझना जरूरी है कि राष्ट्रीयता की आत्मचेतना शून्य में पैदा नहीं हो सकती। यह कई संरचनात्मक बिन्दुओं के साथ आती है। धर्म, सम्प्रदाय, जाति, भाषा, क्षेत्र, नगर और गाँव—ये सभी आत्मचेतना विकसित करते हैं। इनमें से अधिकांश नहीं तो कई ऐसी निष्ठाएँ हैं, जो भारत जैसी विशाल और असमरूप सत्ता की तुलना में कहीं अधिक निकट होती हैं। निष्ठाओं का उचित क्रम निर्धारित करने तथा भारत के प्रति निष्ठा को अन्य करीबी निष्ठाओं की तुलना में ज्यादा प्राथमिकता देने में अभी कुछ साल और लगेंगे।

कुछ ऐसे लोग भी हैं जो यह सोचते हैं कि भारतीयों के पास सिर्फ एक ही निष्ठा होनी चाहिए और यह सिर्फ भारत के प्रति होनी चाहिए, अन्य सभी निष्ठाओं के प्रति वे असहनशील होते हैं। यह यथार्थवादी बात नहीं है। पूरी दुनिया में प्रायः सिर्फ मोनाको को छोड़कर कहीं भी जनता की निष्ठा सिर्फ अपने देश के लिए नहीं होती है। इसलिए एक अमेरिकी नागरिक अपने जन्म के प्रदेश, रिश्तेदार समूह, विश्वविद्यालय, शहर, आस-पड़ोस और अपने क्लब के प्रति भी वफादार होता है। ऐसी निष्ठाएँ व्यक्तियों को निजी सन्तोष देने के अलावा विकास के लिए आवश्यक प्रेरणा-शक्ति भी मुहैया कराती हैं। अपने क्षेत्र के प्रति वफादारी से उस क्षेत्र के विकास के लिए प्रोत्साहन मिलता है। 'क्षेत्रीयतावाद' का अर्थ यह होता है कि उस क्षेत्र के लोग यह महसूस करते हैं कि उनके क्षेत्र की अवहेलना हुई है और उसका विकास होना चाहिए। इसका अर्थ यह भी होता है कि वे अपनी सामूहिक गरीबी अपरिहार्य नहीं मानते हैं, बल्कि वे समझते हैं कि सरकारी मदद और उनके अपने प्रयासों से यह समाप्त की जा सकने वाली चीज है। जहाँ तक ग्रामीण क्षेत्रों में रहनेवाली हमारी अधिकांश जनता का सवाल है, यह उनके दृष्टिकोण में क्रान्तिकारी बदलाव का सूचक है। इसका दूसरा अर्थ यह भी होता है कि वे अपनी पहचान एक ऐसे भौगोलिक क्षेत्र के साथ करते हैं जो उनके गाँव या तहसील

से बहुत बड़ा होता है और वे जाति, सम्प्रदाय और धर्म से भिन्न प्रकार की निष्ठा के प्रति अपना समर्थन देता है। जरा यह सोचिए कि एक ऐसे देश में, जहाँ पचहत्तर प्रतिशत लोग अनपढ़ हैं, नियोजित विकास की अवधारणा आम जनता तक कैसे पहुँचेगी ? योजना उनके लिए साकार तभी हो पाएगी, जब उनके गाँवों या उनके गाँवों के आसपास में सड़क, पुल, तालाब या कारखानों की स्थापना हो। बिना नजरों के सामने मौजूद सबूतों के उनकी भावनाओं को छुआ और उत्साह को जगाया नहीं जा सकता। और प्रजातान्त्रिक योजनाओं के लिए जनसाधारण का उत्साह अनिवार्यतम है। यदि एक बार यह महसूस कर लिया जाए कि क्षेत्रीयतावाद विकास में एक बहुत महत्त्वपूर्ण भागीदार हो सकता है, तो योजना बनाते समय क्षेत्रीय विचारों पर ध्यान देने में हिचकिचाहट नहीं होगी। परन्तु इस तरह के दृष्टिकोण का असली खतरा यह है कि इससे लाभ का वितरण इतना क्षीण हो जाएगा कि उससे अर्थव्यवस्था को आगे की ओर छलाँग लगाने में अत्यधिक मुश्किल होगी, लेकिन तब जनवादी योजनाएँ तो कठिनाइयों से घिरी रहती ही हैं।

यह स्पष्ट है कि राष्ट्रीय संसाधनों का एक बड़ा हिस्सा आर्थिक तरक्की हासिल करने के लिए अलग रख दिया जाना चाहिए। इसे योजना का आर्थिक सत्व होना चाहिए। लेकिन बचे हुए संसाधनों को इस प्रकार खर्च करना चाहिए कि क्षेत्रीय विकास सन्तुलित ढंग से हो और खासतौर पर पिछड़े हुए क्षेत्रों को विकास में प्राथमिकता दी जानी चाहिए। यह बात ध्यान में रखनी चाहिए कि क्षेत्रों के भी अलग-अलग स्तर हैं और हर स्तर का क्षेत्र एक विशेष किस्म के विकास के सम्बन्ध में प्रासंगिक है। अतः खेती की पैदावार बढ़ाने, जल आपूर्ति व्यवस्था अथवा सफाई और स्वास्थ्य सेवाओं के उद्‌देश्य से चुने गए क्षेत्र, इस्पात के कारखाने के लिए चुने गए क्षेत्र और स्थान से बिल्कुल भिन्न होंगे। जहाँ बेहतर बीज और दवा हर जिले के लिए आवश्यक हैं, वहीं इस्पात का कारखाना हर जिले की बात तो दूर हर राज्य में भी स्थित नहीं हो सकता।

सन्दर्भ एवं टिप्पणियाँ

1. इस सन्दर्भ में अध्याय 4 देखें।
2. टाइम्स ऑफ इंडिया, सम्पादकीय, 21 जनवरी, 1957।
3. 'जर्नल ऑफ एशिया स्टडीज', वर्ष 20, अंक 3, मई 1961 में पृष्ठ 283-97 पर प्रकाशित एल.आई. रूडोल्फ का लेख 'अर्बन एंड पॉपुलर रेडिकलिज्म' देखें।
3. "हमने पिछड़े वर्गों के लिए पदों के आरक्षण के सवाल पर विचार किया है। इस राज्य में प्रशासकीय सेवा के 40 प्रतिशत पद पिछड़े समुदायों के लिए आरक्षित हैं। यह अनुसूचित जाति एवं अनुसूचित जनजातियों के लिए आरक्षित 10 प्रतिशत के अतिरिक्त है। इस 40 प्रतिशत के अतिरिक्त 'अनुआवर्ती नियम' (प्रिंसिपल ऑफ सबरोटेशन), जिसके अनुसार कुछ प्रतिशत पद एक समुदाय विशेष या कुछ समुदायों के लिए आरक्षित हैं।

   "आजकल चल रही इस प्रणाली में कई नुकसान हैं। सर्वप्रथम तो अधिकाधिक समुदायों को

इस सूची में जोड़ने के लिए लगातार हंगामा मचा रहता है और पिछड़ापन निश्चित करने के आधार भी पूरी तरह सन्तोषजनक नहीं हैं। दूसरी बात 'पिछड़े वर्गों' में ऐसे समुदाय भी हैं जो अपेक्षाकृत उन्नत हैं और ऐसे भी हैं जो वास्तव में पिछड़े हुए हैं। इस वास्तविक पिछड़े वर्ग की यह शिकायत बनी रहती है कि आरक्षण का लाभ अपेक्षाकृत उन्नत वर्ग को मिल जाता है। 'अनुआवर्ती नियम' से यह शिकायत पूरी तरह दूर नहीं की जा सकी है। तीसरे, यह विचार भी है कि इस प्रकार के आरक्षणों से सेवाओं के स्तर और गुणों में ह्रास होता है। लेकिन सबसे महत्त्वपूर्ण बिन्दु यह है कि यह प्रणाली सभी समुदायों के अन्दर एक मनोवृत्ति विकसित कर रही है, जिससे जाति और सामुदायिक चेतना निरन्तर बनी रहेगी।

"इन कारणों से कुछ लोगों द्वारा यह सुझाया गया है कि पिछड़ापन निर्धारित करने के आधार मात्र सामुदायिक न होकर आर्थिक होने चाहिए। यह सुझाव आकर्षक लगता है, परन्तु इस तथ्य के अलावा कि हमारी 80 प्रतिशत जनता को आर्थिक रूप से पिछड़ा माना जाना चाहिए, इस सुझाव में उन ऐतिहासिक तथ्यों की ओर ध्यान नहीं दिया गया है कि अधिकांश मामलों में हमारे देश में आर्थिक पिछड़ापन सामाजिक पिछड़ेपन का ही सहगामी और परिणाम है।

"इस पेचीदा समस्या का कोई सरल निदान खोजना कठिन है। आनेवाले कुछ समय के लिए पिछड़े वर्गों को संरक्षण और प्रोत्साहन प्रदान करना आवश्यक है, जिससे वे उन कमजोरियों से ऊपर उठ सकें जिनसे वे सदियों से पीड़ित रहे हैं। तथाकथित 'उन्नत वर्गों' के आर्थिक रूप से पिछड़े तबकों की शिकायतें भी सही हैं। उनकी शिकायत यह है कि आरक्षण की ओट में पिछड़े वर्ग के निम्नतम योग्यतावाले धनी व्यक्तियों को शिक्षा की बेहतर सुविधाएँ और नौकरियाँ मिल जाती हैं जो 'उन्नत वर्ग' के उन व्यक्तियों को नहीं मिलतीं, जो सचमुच गरीब हैं। स्पष्टतः इन सुविधाओं का उद्‌देश्य आर्थिक उन्नति प्रदान करना है, जिससे आगे आशा की जाती है कि आगे सामाजिक उन्नति स्वाभाविक रूप से होगी। अतः ये सुविधाएँ उन लोगों को ही दी जानी चाहिए, जो पिछड़े बताए गए समुदायों के वास्तव में गरीब व्यक्ति हैं। इसलिए हमारा विचार है कि आरक्षण का लाभ पिछड़े वर्गों में केवल उन्हीं व्यक्तियों को दिया जाना चाहिए, जो एक निर्धारित आर्थिक स्तर के नीचे आते हों। राजकीय संरक्षण के लिए आर्थिक पिछड़ेपन को मान्यता देने की दिशा में हम यह पहला कदम सुझा रहे हैं।"—प्रशासनिक सुधार समिति का प्रतिवेदन, केरल सरकार, जिल्द 1, भाग 1 एवं 2, 1958, पृष्ठ 97-98।

5. ई.आर. लीच द्वारा सम्पादित 'आस्पेक्ट्स ऑफ कास्ट इन साउथ इंडिया, सीलोन एंड नॉर्थ वेस्ट पाकिस्तान' कैम्ब्रिज, 1960, पृष्ठ 6-7 देखें।
6. एफ.जी. बेली, 'कास्ट एंड दि इकनॉमिक फ्रंटियर', मैनचेस्टर, 1957, पृष्ठ 220 तथा आगे देखें।
7. डी.एफ. पोकॉक, 'द मूवमेंट ऑफ कास्ट्स', मैनचेस्टर, जिल्द LV, मई 1955, पृष्ठ 71-72 देखें।
8. ए.सी. मेयर, 'कास्ट एंड किनशिप इन सेंट्रल इंडिया', लन्दन, 1960, पृष्ठ 44-45 और 'द डॉमिनेंट कास्ट इन ए रीजन ऑफ सेंट्रल इंडिया', साउथ वेस्टर्न जनरल ऑफ ऐंथ्रोपोलॉजी, जिल्द XIV, अंक 4, 1958, पृष्ठ 6-7 देखें।

आधुनिक भारत में जाति

इस लेख में मेरा इरादा यह साबित करने के लिए सबूत इकट्ठा करने का है कि पिछले सौ सालों या उससे कुछ अधिक समय में जाति व्यवस्था ने अपनी गतिविधि के लिए कुछ नए क्षेत्र खोज निकाले हैं। अंग्रेजों ने जिस तरीके से भारतीयों को राजनीतिक सत्ता हस्तान्तरित की, उससे जातिवाद को राजनीतिक धरातल पर पाँव जमाने में मदद मिली। आजादी के बाद आबादी के पिछड़े तबकों और खासकर अनुसूचित जातियों तथा जनजातियों को सवैधानिक सुरक्षा प्रदान करने के लिए बनाए गए प्रावधानों ने भी जातिवाद को नवजीवन प्रदान किया है। शायद यह दोहराने की जरूरत नहीं कि यह बात भारतीय राष्ट्रीय कांग्रेस समेत तमाम राजनीतिक पार्टियों द्वारा किए गए जातिविहीन समाज के निर्माण के वायदे के बिल्कुल खिलाफ जाती है।

अंग्रेजों के भारत में आने से पहले यहाँ जो राजनीतिक व्यवस्था कायम थी, उसकी एक खासियत स्पष्ट क्षेत्रीय खंडों का मौजूद होना माना जा सकता है, जो एक राजा या सरदार के क्षेत्र को दूसरे से अलग करता था। आमतौर पर, इस सरदार या राजा के ऊपर बादशाह का वायसराय या बादशाह स्वयं मौजूद होता था और इस सरदार के नीचे गाँवों के मुखिया हुआ करते थे। सरदार या राजा द्वारा शासित क्षेत्र की सीमा परिवर्तनशील होती थी, जो उस सरदार की अपनी तथा अन्य सरदारों की सैनिक शक्ति के अनुरूप बढ़ती या घटती रहती थी। साथ ही, यह इस बात पर भी निर्भर करता था कि बादशाह या उसका वायसराय कितनी मजबूती से उन पर अपना नियन्त्रण कायम रख पाते थे। हालाँकि लम्बे समय के दौरान ये सीमाएँ बदलती रहती थीं, पर किसी एक कालखंड में ये सीमाएँ विभिन्न शासकों के प्रदेशों में बसी हुई जनता के बीच कारगर दीवार बन जाती थी। स्वभावतया, ऐसी राजनीतिक व्यवस्था क्षेत्रीय सीमाओं के आर-पार जातिगत सम्बन्धों के प्रसार को सख्ती से रोक देती थी। संक्षेप में, राजनीतिक सीमाएँ अपने अन्तर्गत रहनेवाली प्रत्येक जाति के सामाजिक विस्तार की सीमा का यदि अधिकतम नहीं तो कम-से-कम प्रभावशाली दायरा जरूर तय कर देती थी[1]। एक लम्बे कार्यक्रम में क्षेत्रीय सीमाएँ परिवर्तनशील होती थीं, इस तथ्य का अर्थ यह था कि सांस्कृतिक सम्बन्धों के दायरे आमतौर पर मौजूदा राजनीतिक सीमाओं के आर-पार होते रहते थे। सांस्कृतिक और राजनीतिक सीमाओं की एकरूपता, जिसे राज्य पुनर्गठन आयोग की रिपोर्ट में साफ तौर पर रेखांकित किया गया है, कुल मिलाकर भारतीय इतिहास में एक नई घटना है।

राजनीतिक व्यवस्था द्वारा जातियों के क्षैतिज प्रसार की प्रवृत्ति पर क्षेत्रीय सीमा आरोपित करने का एक स्वाभाविक परिणाम यह हुआ कि एक ही क्षेत्र में रहनेवाली विभिन्न जातियाँ एक-दूसरे के साथ सहयोग करने को प्रेरित हुईं। व्यवसायगत विशिष्टता ने भी उन्हें परस्पर निर्भर रहने के लिए मजबूर किया, क्योंकि हर जाति अपनी आजीविका के लिए दूसरी जातियों पर निर्भर रहती थी। और फिर हरेक जाति के सभी सदस्य, दूसरी जातियों द्वारा पेश की जा रही वस्तुओं और सेवाओं को हासिल करने की होड़ में एक-दूसरे के प्रतियोगी भी हुआ करते थे, जो प्रत्येक जाति के सदस्यों के बीच आपसी तनाव को जाहिर करता था। जातिगत बन्धनों को तोड़कर आर्थिक सम्बन्ध कायम करने के लिए इस प्रवृत्ति को राजनीतिक और धार्मिक सम्बन्धों से भी बल मिलता था। अंग्रेजी हुकूमत की स्थापना ने आखिरकार जातियों को उस क्षेत्रीय बन्धनों से मुक्त कर दिया, जो ब्रिटिश-पूर्व काल की राजनीतिक व्यवस्था में मौजूद थे। अंग्रेजी शासन ने जिन्न को बोतल से आजाद कर दिया था।

समूचे भारत में सड़कों का निर्माण, रेलवे, डाक, तार, सस्ता कागज और छपाई—खास तौर पर क्षेत्रीय भाषाओं में—आदि की शुरुआत ने जातियों को इस कदर संगठित होने में सक्षम कर दिया, जैसा पहले कभी सम्भव नहीं था। एक साधारण पोस्टकार्ड किसी जाति की सभा की खबर बहुत आसानी से घर-घर पहुँचा सकता था और दूर-दराज के गाँवों में फैले उस जाति के सदस्य जब चाहे रेलवे के जरिए एक जगह जमा हो सकते थे। साथ ही, सस्ता अखबारी कागज उपलब्ध होने के कारण यह भी सम्भव हो गया कि किसी जाति की खास पत्रिका प्रकाशित की जा सके, जिसका मुख्य लक्ष्य अपनी जाति के हितों को बढ़ावा देना था। आमतौर पर यह कहा जाता है कि रेलवे और कारखानों ने खान-पान तथा अन्य किस्मों के छुआछूत सम्बन्धी नियमों को शिथिल कर दिया। लेकिन यह कहानी का केवल एक पहलू ही है। सस्ते कागज की उपलब्धता ने जातिगत विवादों को दर्ज करना आसान बना दिया। इससे जातिगत नियमों और परम्पराओं को एक स्थायी स्वरूप मिलने लगा, जो पहले सिर्फ बड़े-बूढ़ों की याददाश्त पर निर्भर करता था। इसमें भूल-चूक होती ही थी और इसलिए चुनौती भी दी जा सकती थी। मुझे पता चला है कि गुजरात में कई जातियों ने अपना 'संविधान' छपवाया है।

जाति प्रथा पर अंग्रेजी शासन के प्रभावों का प्रोफेसर जी.एस. घुर्ये[2] ने काफी सही और विद्वत्तापूर्ण विवेचन किया है। यहाँ मैं उन्हीं बातों को दोहराना नहीं चाहता। लेकिन अपने तर्कों की पुष्टि के लिए मैं उनके द्वारा उजागर किए गए तथ्यों का खुलकर उपयोग करूँगा।

यह आम धारणा है कि भारतीय उपमहाद्वीप में अंग्रेजों द्वारा लागू दीवानी एवं फौजदारी कानूनों ने जाति पंचायतों को पहले से हासिल शक्तियाँ काफी हद तक छीन लीं। अंग्रेजों ने न्याय का एक नया सिद्धान्त भी प्रस्तुत किया कि कानून के सामने सभी व्यक्ति समान हैं और अपराध का चरित्र न तो इससे प्रभावित होगा कि वह किस जाति-विशेष के व्यक्ति द्वारा किया गया है और न ही इससे कि किस जाति-विशेष के व्यक्ति

के ऊपर हुआ है। इस सन्दर्भ में इस बात पर जोर डालना आवश्यक है कि कुछ किसानों द्वारा अंग्रेजी अदालतों के उपयोग ने जाति पंचायतों का खात्मा नहीं कर दिया, बल्कि किसानों ने न्याय की दोनों ही प्रणालियों का उपयोग किया। आज भी देश के अनेक हिस्सों में पारम्परिक ग्राम एवं जाति पंचायतें काम कर रही हैं। यह बात पंचायतों को पुनर्जीवित करने की सभी योजनाओं के लिए विशेष रूप से प्रासंगिक है। देश के कुछ हिस्सों में अंग्रेजी शासन ने ऐसी आर्थिक शक्तियों को जन्म दिया, जिन्होंने वहाँ की पारम्परिक सामाजिक श्रेणियों को झकझोर दिया। परन्तु इसका अनिवार्यतया अर्थ यह नहीं है कि इससे जातिवाद कमजोर हो गया। दरअसल यह अपने आप में एक विचारणीय मुद्दा है कि क्या इस सामाजिक उथल-पुथल ने जातिगत चेतना को और प्रोत्साहित नहीं किया ? एक निचली जाति के लोगों को जब नए-नए अवसर प्राप्त हुए, तो उन्होंने उसका फायदा उठाकर धन कमाया और फिर दूसरी जातियों की तुलना में खुद को ऊपर उठाने की कोशिश की, जिसके परिणामस्वरूप दूसरी जातियों ने इसका विरोध किया। कभी-कभी परिस्थितिवश उच्च सामाजिक स्थान के लिए उनके दावे को मान लेने के बावजूद तात्कालिक विरोध कम नहीं हुआ। इसके अलावा यह गौर करना जरूरी है कि नवधनाढ्य जातियाँ केवल अपने सामाजिक ओहदे को ऊँचा करने के लिए दबाव डाल रही थीं—उन्होनें कभी जाति प्रथा को समाप्त करने का आग्रह नहीं किया। यह बात सच है कि अंग्रेजी शासन के अन्तर्गत पैदा हुई नई आर्थिक शक्तियों के परिणामस्वरूप जाति व्यवस्था में कहीं अधिक गतिशीलता आ गई। परन्तु फिर भी यह एक समतावादी समाज की तरफ कदम बढ़ाने की बात से बिल्कुल भिन्न है।

इस सन्दर्भ में मैं डॉ. एफ.जी. बेली द्वारा किए गए उड़ीसा के एक गाँव के अध्ययन का उल्लेख करना चाहूँगा।[3] उड़ीसा, जो पहले बंगाल का एक हिस्सा था, के एक गाँव बीसीपाड़ा में तत्कालीन बंगाल सरकार की शराब-बिक्री से सम्बन्धित एक नीति के परिणामस्वरूप बोड और गंजम नामक शराब बनानेवाली दो निचली जातियाँ अचानक भारी धनवान बन गईं। इन दो समुदायों की समृद्धि के कारण एक असन्तुलन पैदा हुआ क्योंकि दोनों पहले के मुकाबले अब अपने उच्च सामाजिक स्थान का दावा करना चाहती थीं। उसके पहले उस गाँव में ज्यादातर जमीन राजपूतों के कब्जे में थी, लेकिन 1910 में मद्यनिषेध लागू किए जाने के बाद बोड जाति के पास जितनी जमीन आ गई थी, उतनी और किसी के पास नहीं रह गई। इन दो जातियों द्वारा जमीन हासिल करने के बाद उनके रीति-रिवाजों, कर्मकांड, जीवन-शैली आदि का संस्कृतीकरण शुरू हो गया। और यह सब उनके द्वारा अपने ऊँची जाति के होने का दावा पेश करने की प्रक्रिया का एक अंग था।[4]

जहाँ ये शराब बनानेवाली जातियाँ अपने आप को ऊपर उठाने में सफल हो गईं, वहीं अस्पृश्य बोड, एक अछूत जाति, ने यह पाया कि चमड़े के व्यापार में काफी पैसा कमाने के बावजूद संस्कृतीकरण से उन्हें कोई खास फायदा नहीं हुआ। उनके द्वारा ऊँची जाति के होने के किए गए दावे का सभी ने विरोध किया। विरोध करनेवालों में मेहतर

जैसी अन्य अछूत जातियाँ भी शामिल थीं, जिनकी आर्थिक स्थिति में अब भी कोई सुधार नहीं हुआ है। ये बोड अछूत लोग उस जगह की अन्य सभी स्थानीय जातियों से अलग-थलग पड़ते जा रहे हैं और संविधान द्वारा गारंटी किए गए अधिकारों को प्राप्त करने के लिए भी अधिकारियों और अदालतों का दरवाजा खटखटाने को मजबूर हैं। अछूतों द्वारा अपने सामूहिक सामाजिक उत्थान के रास्ते में आनेवाली विशेष बाधाओं को दूर करने का प्रयास अन्तर्जातीय तनावों को और भड़काता है।

आर्थिक गतिशीलता बढ़ने के साथ-साथ सामाजिक गतिशीलता भी बढ़ी है। लेकिन संस्कृतीकरण की पारम्परिक प्रक्रिया ने यह सुनिश्चित कर दिया कि ऐसी गतिशीलता कहीं क्रान्ति में परिवर्तित न हो जाए। परन्तु मोटे तौर पर अछूत इसका भी लाभ नहीं उठा पाए। यह स्पष्ट संकेत है कि अछूतों की समस्या अन्य निचली जातियों से बिल्कुल भिन्न है। जहाँ अन्य जातियों को इस व्यवस्था के अन्दर अपनी स्थिति बेहतर बनाने के लिए अवसर उपलब्ध हैं, वहीं अछूतों के लिए वह भी मौजूद नहीं हैं।[5]

अंग्रेजों द्वारा शुरू की गई दस वर्षीय जनगणना में जब लोगों की जाति दर्ज की जाने लगी, तो वह अनजाने में ही सामाजिक गतिशीलता की मददगार बन गई। समृद्ध निचली जाति और यहाँ तक कि ऐसी जातियाँ, जो समृद्ध भी नहीं थीं, स्वयं को नए भारी-भरकम संस्कृत नामों से सम्बोधित करने लगीं। जनगणना में अपना नाम दर्ज करवाना, पहले की अपेक्षा उच्चतर सामाजिक स्थान प्राप्त करने के संघर्ष का हिस्सा बन गया।

अंग्रेजी शासन ने कभी-कभार निचली जातियों को भी कुछ आर्थिक लाभ पहुँचाया था, परन्तु ज्यादातर इसका फायदा उन्हीं निचली जातियों को हुआ करता था, जो जाति श्रेणी-क्रम में पहले से ही शिखर पर मौजूद होती थीं। ऊपर दिए गए उदाहरण के सन्दर्भ में यह याद रखना जरूरी है कि ऊँची जातियों की छुआछूत सम्बन्धी धारणाओं ने ही उन्हें शराब और चमड़े के कारोबार से बाहर रखा। दूसरे शब्दों में, जाति प्रथा ने उन्हें नए आर्थिक अवसरों का लाभ उठाने से रोक दिया। पर उसी प्रथा ने ऊँची जातियों को कुछ अन्य क्षेत्रों में लाभ पहुँचाया। पश्चिमी शिक्षा ने इन क्षेत्रों में प्रवेश के लिए अनिवार्य साधन प्रदान किए। उच्च जातियाँ, जैसे—ब्राह्मण, वैश्य, कायस्थ आदि जिनमें साक्षरता की एक परम्परा थी, ऐसे नए अवसरों का फायदा उठाने के लिए उन जातियों के मुकाबले कहीं अधिक सक्षम थीं, जिनके पास ऐसी कोई परम्परा नहीं थी। पूर्ववर्ती सुविधासम्पन्न जातियों के सदस्य ही क्लर्क, स्कूलमास्टर, अधिकारी, वकील और डॉक्टर बने। वैश्य या बनिया अंग्रेजी शासन द्वारा प्रस्तुत नए व्यापारिक अवसरों का लाभ उठाने में स्वाभाविक रूप से अन्य जातियों के मुकाबले आगे रहे। नए बुद्धिजीवी वर्ग का ज्यादातर हिस्सा मूलतः तीन जाति समूहों से आया था और राष्ट्रीय आन्दोलन का नेतृत्व मुख्यतः इन्हीं के कन्धों पर पड़ा था। यह कोई आश्चर्य की बात नहीं कि अंग्रेज शासक उन्हें नापसन्द करते थे। ऊँची जातियाँ न केवल सबसे पहले राष्ट्रवादी बनीं, बल्कि वे इस तथ्य के प्रति भी जागरूक थीं कि वे हिन्दू भी हैं। खासतौर पर ब्राह्मणों के बारे

में यह और भी सच है, जो पारम्परिक श्रेणी-क्रम में एक सुविधापूर्ण स्थान का उपयोग करते रहे थे। हिन्दू समाज पर ब्राह्मणों की पकड़ के विषय में यूरोपीय मिशनरियों ने काफी छानबीन कर रखी थी क्योंकि भारत में ईसाई धर्म के प्रसार के लिए उनके प्रमुख को तोड़ना बहुत जरूरी था।

भारत में ब्रिटिश सरकार द्वारा पालन की गई निचली जातियों को प्राथमिकता देने की नीति, उनकी मानवतावादी भावनाओं के अनुकूल तो थी ही, परन्तु साथ ही, इसका यह प्रभाव भी पड़ा कि निचली जातियाँ अपनी सुरक्षा के लिए अंग्रेजों की ओर देखने लगीं। उसने ऊँची और निचली जातियों के बीच खड़ी दीवार और ऊँची कर दी, जिसे खासतौर पर दक्षिण भारत में देखा जा सकता था। ब्राह्मण एवं अन्य ऊँची जाति के नेतागण राष्ट्रीय आन्दोलन में मौजूद थे। लेकिन राष्ट्रीय आन्दोलन को आबादी के हरेक तबके में पहुँचाने का प्रमुख श्रेय महात्मा गाँधी को ही दिया जा सकता है।

प्रोफेसर घुर्ये लिखते हैं कि 1857 के भारतीय विद्रोह से पहले बंगाल सेना मूलतः ब्राह्मणों और राजपूतों से बनी थी और इन्हीं जातियों के सिपाहियों ने बगावत में अगुआ की भूमिका निभाई थी। शीघ्र ही इंग्लैंड में एक आन्दोलन चला कि सेना की ऊँची जातियों को निकाल बाहर किया जाए। लॉर्ड पील की अध्यक्षता में एक कमीशन का गठन किया गया, जिसे भारतीय सेना के पुनर्गठन से सम्बन्धित सवालों का जायजा लेने की जिम्मेदारी दी गई। इस आयोग ने भारत में नौकरी कर चुके उच्च अंग्रेज अधिकारियों के बयान लेने के बाद यह सिफारिश की थी कि "देशी भारतीय सेना में अगल-अलग जातियों और कौमों के सिपाही होने चाहिए एवं आमतौर पर प्रत्येक रेजिमेंट में इन्हें एक साथ मिला-जुलाकर रखना चाहिए।" इसके बाद से ही भारतीय सेना में ऊँची जातियों के लोगों की संख्या धीरे-धीरे कम की जाने लगी। प्रोफेसर घुर्ये का मानना है कि इस विद्रोह ने अंग्रेज शासकों के सामने यह बात स्पष्ट कर दी कि भारत में अंग्रेजी राज की सुरक्षा भारतीय लोगों को जाति के आधार पर विभाजित रखने के मुद्दे से घनिष्ठ रूप से जुड़ी हुई है। उन्होंने तत्कालीन ब्रिटिश लोगों, खासकर सर लेपल ग्रिफिन और जेम्स केर के मतों को उद्धृत किया है, जो यह जानते थे कि जाति प्रथा ही भारतीय लोगों को छोटे-छोटे समूहों में बाँटकर राष्ट्रवादी चेतना के उदय का रास्ता रोकती है। 19वीं सदी के अन्तिम वर्षों में इतिहासकारों और पत्रकारों द्वारा 'फूट डालो राज करो' का सूत्रवाक्य खुलकर प्रचारित किया जाने लगा था।[6]

भारतीय इतिहास के सभी दौरों में ब्राह्मणों की सर्वोच्चता को अस्वीकार करने के प्रयास होते रहे हैं, परन्तु इस शताब्दी के गैर-ब्राह्मण आन्दोलन, विगत आन्दोलनों से न केवल विस्तार और प्रभाव बल्कि अपनी सैद्धान्तिक धारणाओं की दृष्टि से भी भिन्न हैं। उदाहरण के लिए, इस शताब्दी के दूसरे और तीसरे दशकों में गैर-ब्राह्मण आन्दोलनों के नेताओं ने मद्रास में जो भाषण दिए थे, पर पश्चिमी यूरोप के उदार और उग्र सुधारवादी विचारों का असर साफ दिखाई पड़ता है।[7] गैर-ब्राह्मणवादी नेताओं ने इस बात पर जोर दिया कि वे ब्राह्मणों के समान ही श्रेष्ठ हैं। ब्रिटिश शासकों से वे यह अपेक्षा

रखते थे कि वे उन्हें कुछ समय के लिए सुविधाओं के आवंटन में वरीयता दें ताकि यह समानता एक स्थापित सत्य बन जाए।

अंग्रेजी राज और पश्चिमी उदारवादी-बुद्धिवादी विचारधारा के नए सन्दर्भ में दक्षिण भारत का गैर-ब्राह्मणवादी आन्दोलन, जाति प्रथा की चुनौतियों के प्रति हिन्दू समाज के दबे-कुचले हिस्से की एक प्रतिक्रिया थी। इस आन्दोलन के एक संस्थापक पूना के ज्योतिबा फुले थे। माली जाति के इस व्यक्ति ने 1873 में सत्यशोधक समाज की स्थापना की, जिसका उद्देश्य जात-पाँत पर विचार किए बिना मानव-मात्र की गरिमा को स्थापित करना था। कुछ अर्थों में, फुले के सुधार मद्रास के गैर-ब्राह्मण आन्दोलन के कार्यक्रमों की भविष्यवाणी कर रहे थे। उन्होंने गैर-ब्राह्मणों से यह आग्रह किया कि वे ब्राह्मण पुजारियों को अपने यहाँ कर्मकांड सम्पादित करने के लिए नहीं बुलाएँ। उन्होंने गैर-ब्राह्मणों की शिक्षा की आवश्यकता को महसूस कर लिया था और 1848 में उन्होंने गैर-ब्राह्मण बालक-बालिकाओं के लिए एक स्कूल खोला। 1851 में उन्होंने अछूतों के लिए पूना में एक स्कूल की स्थापना की। उन्होंने सेवाओं और स्थानीय संस्थाओं में सभी जाति के सदस्यों के लिए पर्याप्त प्रतिनिधित्व की माँग रखी।

उन्नीसवीं सदी के मध्य और उत्तरार्द्ध में फुले ने जिन उपायों की वकालत की थी, वे ही इस सदी के पूर्वार्द्ध में मुम्बई और मद्रास की गैर-ब्राह्मण पार्टियों के कार्यक्रम के मुख्य बिन्दु बन गए। प्रोफेसर घुर्ये का अवलोकन है कि सेवाओं और स्थानीय निकायों में गैर-ब्राह्मणों को विशेष प्रतिनिधित्व दिए जाने की फुले की माँग, 19वीं सदी के अन्तिम दशकों में तब तक अनसुनी ही रही थी, जब तक कि कोल्हापुर के महाराज (श्री साहू छत्रपति) ने गैर-ब्राह्मणों की माँगों को बुलन्द नहीं किया था। यह श्रेय मूलतः उन्हीं के प्रयासों को दिया जा सकता है कि मौंटेग्यू चेम्सफोर्ड सुधारों में मिश्रित मतदाताओं के माध्यम से गैर-ब्राह्मणों को विशेष प्रतिनिधित्व की माँग स्वीकार कर ली गई। इन सुधारों ने मुम्बई के लोगों को तीन राजनीतिक दर्जों में बाँट दिया : पहले दर्जे में ब्राह्मण और उनकी समवर्ती जातियाँ आती थीं, दूसरे दर्जे में मध्यवर्ती जातियाँ, मराठे एवं अन्य शामिल थे और अन्तिम दर्जे में अछूतों सहित अन्य पिछड़े वर्ग शामिल थे। इस सिद्धान्त का उपयोग सरकारी पदों पर नियुक्तियों के दौरान भी किया गया। प्रोफेसर घुर्ये ने मुम्बई सरकार के वित्त विभाग के दिनांक 17 सितम्बर, 1923 के एक प्रस्ताव को उद्धृत किया है, जिसमें निचली श्रेणी की सेवाओं में ब्राह्मणों और उनके समकक्ष जातियों की नियुक्तियों पर तब तक के लिए प्रतिबन्ध लगाया गया है जब तक कि इन पदों का एक विशेष अनुपात मध्यवर्ती एवं पिछड़ी जातियों से नहीं भर लिया जाता। गैर-ब्राह्मण जातियों के लिए सरकारी पदों का कुछ प्रतिशत आरक्षित करने की इस नीति का धीरे-धीरे अन्य प्रान्तीय सरकारों ने भी पालन करना शुरू कर दिया। इस नीति का स्वाभाविक परिणाम मद्रास में 1924 में ही सामने आ गया। "भारतीय समाज जिन सैकड़ों छोटे समुदायों में बँटा है, वे आसानी से मिलनेवाले इस मौके का फायदा उठाने में बिल्कुल पीछे नहीं रहे और वे विधायिका, स्थानीय निकायों, सार्वजनिक सेवाओं और

यहाँ तक कि शैक्षणिक संस्थाओं में भी विशेष प्रतिनिधित्व के लिए हंगामा मचाने लगे। प्रशासन के अन्दर भी अब गैर-ब्राह्मण तत्त्व काफी प्रभावशाली हो गए थे। सरकारी उच्च पदों की माँग लगातार बढ़ रही थी, जिसे सरकार द्वारा सन्तुष्ट करने की कोशिश स्वभावतः कभी सफल नहीं हो सकी। इसने ऐसी ईर्ष्या और दुश्मनी पैदा की, जिसने अब पार्टी (गैर-ब्राह्मण पार्टी) पर भी घातक प्रभाव डाला।[8] तकरीबन इसी समय मद्रास गैर-ब्राह्मण पार्टी के सम्मेलन की स्वागत समिति के अध्यक्ष ने 1924 में एक जोरदार अपील की कि "अभी तक जिस साम्प्रदायिक नीति का पालन किया जा रहा था, उसे छोड़ दिया जाए और पार्टी को एक ऐसे संगठन में तब्दील कर दिया जाए जो संवैधानिक आधार पर सुधार का प्रयास करनेवाली शक्तियों का प्रतिनिधित्व करे और जिसमें जाति, धर्म तथा रंग के आधार पर भेदभाव किए बिना सबको खुले तौर पर प्रवेश मिले।"[9] बारह वर्ष बाद 1936-37 के चुनावों में कांग्रेस के हाथों गैर-ब्राह्मण पार्टी की भारी हार हुई। ऐसा मद्रास और मुम्बई दोनों ही जगह हुआ, पर इसका मतलब यह नहीं कि गैर-ब्राह्मण आन्दोलन समाप्त हो गया। थोड़े उदारवादी गैर-ब्राह्मण कांग्रेस में शामिल हो गए और शीघ्र ही इस पर हावी हो गए। मद्रास में ई.वी. रामास्वामी नाइकर के नेतृत्व में अतिवादी गैर-ब्राह्मण द्रविड़ कज़गम में शामिल हो गए, जो एक उग्रवादी, नास्तिक, आर्य विरोधी, उत्तर भारतीय विरोधी, हिन्दी विरोधी और ब्राह्मण विरोधी आन्दोलन था। द्रविड़ कज़गम की एक शाखा द्रविड़ मुनेत्र कज़गम है, जो 'प्रगतिशील' होने का दावा करती है और ब्राह्मणों को भी सदस्य के रूप में शामिल करती है। यह राष्ट्रीयकरण समर्थक और जमींदार विरोधी नजरिया भी रखती है।

दक्षिण भारतीय गैर-ब्राह्मणवादी आन्दोलन की एक विशेषता अब बेमानी हो गई है। ब्राह्मणों के प्रति यदि नफरत नहीं थी, तो कम-से-कम नापसन्दगी इस पूरे आन्दोलन को आपस में जोड़नेवाली सबसे बुनियादी विशेषता थी। प्रथम विश्वयुद्ध के आरम्भ तक केरल को छोड़कर पूरे दक्षिण भारत में प्रशासन एवं ऊँचे पेशों पर ब्राह्मणों का कब्जा था। यह आरोप लगाया जाता रहा है कि ब्राह्मण आधिपत्य के इस दौर में ब्राह्मणों की तरफदारी और गैर-ब्राह्मणों के प्रति भेदभाव दोनों ही काफी प्रचलित थे। लेकिन जब सत्ता और प्रभाव गैर-ब्राह्मणों के हाथों में आया, तो ऐसा लगता है कि उन्होंने अपने अधीन काम करनेवाले ब्राह्मणों को परेशान करना शुरू कर दिया। प्रोफेसर घुर्ये ने मुम्बई सरकार द्वारा 1928 में इंडियन स्टेच्युटरी कमीशन के भेजे गए ज्ञापन को यह दिखाने के लिए उद्धृत किया है कि ऐसी जिला स्कूल परिषदों में जहाँ गैर-ब्राह्मण बहुमत में थे वहाँ ब्राह्मणों की क्षमताओं पर विचार किए बगैर उन्हें स्कूल से निकाल बाहर करने के प्रयास किए गए।[10] महात्मा गाँधी की हत्या के बाद कोल्हापुर एवं अन्य जगहों पर हुए दंगों के दौरान ब्राह्मणवाद विरोध ने काफी हिंसक रूप धारण कर लिया। ब्राह्मण विरोधी प्रदर्शन, ब्राह्मणों के मकान, छापाखाने, कारखाने और दुकानों को लूटने तथा जलाने की घटनाएँ बड़े पैमाने पर हुईं। दरअसल महात्मा गाँधी की हत्या से पहले के कुछ हफ्तों में ब्राह्मणों द्वारा संचालित और सम्पादित मराठी अखबारों में गाँधीजी की काफी

आलोचना की गई थी।[11] 20वीं सदी के तीसरे और चौथे दशकों में मुम्बई में गैर-ब्राह्मण आन्दोलन के एक प्रमुख नेता ए.बी. लट्ठे ने इन दंगों पर अपना विचार प्रकट करते हुए कहा : "तीस वर्षों से गैर-ब्राह्मण आन्दोलन का एक विनम्र साथी होने के नाते, मैं अब भी सोचता हूँ कि यह आन्दोलन मूलतः न्यायोचित था। किन्तु बाद में वह गैर-ब्राह्मण समुदायों की नग्न साम्प्रदायिकता के स्तर तक गिर गया और इसी कारणवश अन्ततः यह आन्दोलन टूट गया। थोड़े से ब्राह्मणों के पापों का दंड सभी ब्राह्मणों को देना मूर्खता है एवं एक समुदाय की दूसरे समुदाय की विरुद्ध नफरत जनतन्त्र के लिए आत्मघाती है। जातीय अल्पतन्त्र के दिन लद चुके हैं, उसे न तो पुनर्जीवित किया जा सकता है और न ही पुनर्जीवित किया जाना चाहिए। इस राज्य में जो लोग संकीर्ण साम्प्रदायिक अभिमान को उकसावा दे रहे हैं, वे राज्य तथा जनता के सबसे बड़े दुश्मन हैं।"[12]

अब मैं यह दिखाने का प्रयास करूँगा कि जातिवाद की शक्ति और सक्रियता उसी अनुपात में बढ़ती चली गई, जिस अनुपात में राजनीतिक शक्तियों का हस्तान्तरण शासकों से जनता के हाथों में होता चला गया। जनता को राजनीतिक शक्ति हस्तान्तरित करने की शुरुआत अंग्रेजों के समय ही हो चुकी थी और भारत गणराज्य के संविधान के रूप में यह प्रक्रिया सम्पन्न हुई, जिसके तहत प्रत्येक वयस्क नागरिक को एक वोट प्राप्त है और उसका उपयोग पंचवर्षीय चुनावों में किया जाता है। अब मैं दक्षिण भारत के प्रत्येक भाषायी क्षेत्र पर अलग-अलग विचार करूँगा। और तब अन्ततः संक्षेप में, एवं मुझे डर है कि बेहद अपर्याप्त रूप से, विन्ध्य पर्वत के उत्तर के भारत की चर्चा करूँगा। यह कहना मेरे लिए आवश्यक नहीं कि मैं ऐसा सिर्फ उत्तर भारत के विषय में अपनी अनभिज्ञता के कारण कर रहा हूँ और दूसरा कोई कारण नहीं है।

दक्षिण में गैर-ब्राह्मण आन्दोलन शताब्दी से भी पुराना है। मैंने पहले ही 1840 के दशक में फुले द्वारा पूना में किए गए प्रयासों की चर्चा की है। तकरीबन इसी समय मद्रास में कारीगर जातियों ने राजस्व परिषद को एक प्रतिवेदन दिया कि सार्वजनिक कार्यालयों में सभी व्यक्तियों को बिना किसी भेदभाव के बहाल किया जाना चाहिए और इस सम्बन्ध में ब्राह्मणों का एकाधिकार समाप्त होना चाहिए। धीरे-धीरे यह आन्दोलन जोर पकड़ने लगा। प्रोफेसर घुर्ये के अनुसार, फुले द्वारा अपने विचारों को प्रतिपादित किए जाने के कई वर्षों बाद भी गैर-ब्राह्मणों के बीच उनकी बात बहुत लोकप्रिय नहीं हो पाई थी। परन्तु 1916 में जब भविष्य में बनाई जानेवाली सरकारों की रूपरेखा पर यहाँ की जनता और भारत सरकार से सलाह करने मौंटेग्यू भारत आए, तो अचानक ही जातिगत चेतना प्रखर हो उठी। हालाँकि मौंटेग्यू चेम्सफोर्ड सुधार प्रथम विश्वयुद्ध समाप्त होने के बाद ही घोषित किए गए, पर दक्षिण भारत के गैर-ब्राह्मण नेताओं ने यह महसूस करना शुरू किया कि अपने देशवासियों को सत्ता मिलने पर ब्राह्मणवादी तानाशाही कायम हो सकती है। मौंटेग्यू चेम्सफोर्ड सुधार की घोषणा होने से पूर्व कोल्हापुर के महाराज ने यह दलील दी कि यदि कम-से-कम दस वर्षों के लिए

'साम्प्रदायिक प्रतिनिधित्व' नहीं दिया गया तो गृहशासन (होम रूल) अन्ततः अल्पतन्त्र में परिणत हो जाएगा।[13] मद्रास के एक गैर-ब्राह्मण पार्टी के मुखपत्र 'जस्टिस' की दसवीं सालगिरह पर आयोजित एक समारोह में पनागल के एक राजा ने घोषित किया कि प्रथम विश्वयुद्ध की समाप्ति के समय गैर-ब्राह्मण नेता यह महसूस करने लगे थे कि अब अंग्रेज भारतवासियों को कुछ राजनीतिक अधिकार देंगे। "पूर्ववर्ती नेता यह समझ रखते थे कि आम जनता को राजनीतिक अधिकार सौंपे जाने से पहले किसी एक समुदाय द्वारा सत्ता हथियाने के प्रयासों का प्रतिरोध करने के लिए सम्पूर्ण जनता अथवा इसके बहुमत को बिल्कुल तैयार रहना चाहिए।"[14] 'जस्टिस' अखबार का प्रकाशन 26 जनवरी, 1917 को शुरू हुआ था, जिसका उद्‌देश्य खासतौर पर गैर-ब्राह्मण हितों को प्रोत्साहित करना था। इसके बाद और तीन समाचार पत्र प्रकाशित किए गए। दो तमिल (कुदियारासु और द्रविड़ार) और एक तेलुगु (समदर्शिनी) का प्रकाशन शुरू किया गया। इन सभी के उद्‌देश्य भी वही थे। दो विश्वयुद्धों के मध्यवर्ती वर्षों को दक्षिण भारत में तीव्र ब्राह्मण विरोधी काल के रूप में देखा जा सकता है। गैर-ब्राह्मण पार्टियों के नेता सरकार के साथ मिल गए और प्रशासन के पदों तथा स्थानीय निकायों और विधानसभाओं में उपलब्ध सीटों का कुछ प्रतिशत गैर-ब्राह्मणों के लिए आरक्षित करने का उपाय करने लगे। स्थान आरक्षित करने का यह सिद्धान्त शैक्षणिक संस्थानों पर भी लागू किया गया।

'कास्ट एंड पॉलिटिक्स इन महाराष्ट्र' नामक एक लेख में गम्भीर विवेचन करते हुए मौरीन पैटरसन ने महाराष्ट्र (विदर्भ और मराठवाड़ा को छोड़कर) की राजनीति में अन्तर्निहित जातीय शक्तियों के प्रभाव का विश्लेषण किया है।[15] पैटरसन ने महाराष्ट्र की राजनीति में तीन प्रमुख जातियों—ब्राह्मण, मराठा और महार—की भूमिकाओं की चर्चा की है। महाराष्ट्र में ब्राह्मणों ने अपना पश्चिमीकरण सबसे पहले किया। इसका नतीजा यह हुआ कि नई व्यवस्था में लगभग सारे पदों पर उनका एकाधिकार स्थापित हो गया। आरम्भिक राजनीतिक नेता ज्यादातर कोंकणस्थ ब्राह्मण थे। इस क्षेत्र की आबादी का केवल 4 प्रतिशत ही ब्राह्मणों का है, जबकि मराठे 25 प्रतिशत, कुनबी—जो अपने मराठा होने का दावा करते हैं—8 प्रतिशत एवं महार 10 प्रतिशत हैं। ज्यादातर मराठे ग्रामीण क्षेत्रों में भूस्वामी हैं और अपनी जाति के नेता, कोल्हापुर महाराज के अग्रगामी प्रयासों के बावजूद अभी तक शिक्षा की ओर ध्यान नहीं दे पाए हैं। महारों की 11 प्रतिशत साक्षरता की तुलना में मराठे मात्र 7 प्रतिशत ही साक्षर हैं। पारम्परिक रूप से महारों का जमीन से उतना मजबूत सम्बन्ध नहीं दिखता है जितना कि मराठों का रहा है। महार ज्यादातर गाँवों के खानदानी चौकीदार हुआ करते थे, जिनके पास कभी-कभी थोड़ी-बहुत जमीन या अक्सर जमीन होती ही नहीं थी। मराठों की तरह महारों ने भी प्रथम विश्वयुद्ध में सैनिक सेवा की थी और अब महार लोग बड़ी संख्या में मुम्बई के कपड़ा मिलों में काम करते हुए देखे जा सकते हैं। पैटरसन बताती हैं कि 1920 के दशक में मराठों ने कोल्हापुर, सतारा तथा अन्य शहरों में ब्राह्मणों को पुरोहित, छोटे प्रशासनिक अधिकारी एवं शिक्षकों के पदों से निकाल बाहर करने के लिए सुनियोजित प्रयास किया था।[16]

मद्रास की तरह ही महाराष्ट्र में भी 1936-37 के चुनावों में कांग्रेस को उल्लेखनीय सफलता हासिल हुई तथा गैर-ब्राह्मण दल के उम्मीदवार बुरी तरह पराजित हुए। पैटरसन के अनुसार, कांग्रेस द्वारा मराठा एवं अन्य गैर-ब्राह्मणों को अपनी ओर आकर्षित करने में जो सफलता मिली, उसका कम-से-कम आंशिक रूप से एक कारण यह भी था कि कांग्रेस का नेतृत्व महात्मा गाँधी के हाथों में था, जो ब्राह्मण नहीं थे। पैटरसन के विचार में "इस पूरे दौर में जातिवाद ने महाराष्ट्र में कांग्रेस संगठन पर कई तरह से असर डाला है—हालाँकि यह असर कई बार बहुत ही सूक्ष्म रूप में रहा है।" (पृ. 1066)। अप्रैल, 1948 में महाराष्ट्र कांग्रेस के एक बड़े हिस्से ने पार्टी छोड़कर पीजेंट एंड वर्कर्स पार्टी का गठन किया। इस नई पार्टी के नेता श्री के. जेधे और श्री एस.एस. मोरे थे। पैटरसन का कहना है कि "इस पार्टी के गठन को दोनों ही रूपों में देखा जा सकता है। एक तरफ यह कांग्रेस के ऊपर तथाकथित पूँजीवादी प्रभुत्व के खिलाफ विरोध प्रदर्शन था, तो दूसरी तरफ महाराष्ट्र कांग्रेस संगठन में नेतृत्वकारी स्थानों के ऊपर ब्राह्मणों के लगातार बने हुए कथित वर्चस्व से मुक्ति पाने का एक मार्ग था।" (पृ. 1067)। 1954 में पीजेंट एंड वर्कर्स पार्टी दो धड़ों में विभाजित हो गई। एक का नेतृत्व श्री जेधे कर रहे थे और दूसरे का श्री मोरे। पहला घटक अगस्त, 1954 में कांग्रेस में शामिल हो गया, जबकि कट्टर वामपन्थी, श्री मोरे के साथ पीजेंट एंड वर्कर्स पार्टी में बने रहे।

सम्पूर्ण मराठी भाषी क्षेत्रों को मिलाकर एक राज्य बनाने के पक्ष में चलनेवाले हाल के आन्दोलन ने सभी महाराष्ट्रियों को, चाहे वे किसी भी जाति के हों, एकबद्ध-सा कर दिया। हालाँकि उनमें एक उल्लेखनीय अपवाद भी था : ये थे अनुसूचित जातियों के नेता डॉ. बी.आर. अम्बेडकर। उन्होंने कहा कि "एकीकृत महाराष्ट्र में मराठों का स्पष्ट बहुमत होने के कारण उनका वर्चस्व होगा।" उन्होंने आगे और भी कहा कि इतिहास इस बात का गवाह है कि मराठे अल्पसंख्यकों, विशेष रूप से अनुसूचित जातियों और जनजातियों के साथ न्याय नहीं करेंगे। डॉ. अम्बेडकर महाराष्ट्र को तीन मराठी भाषी—पूर्वी, पश्चिमी और मध्य—क्षेत्रों में विभाजित करना चाहते थे, ताकि अनुसूचित जातियों और जनजातियों पर मराठों को प्रभुत्व जमाने का कोई मौका ही नहीं मिल पाए।[17]

श्री सेलिग एस. हैरिसन ने हाल ही में अपने एक लेख—'कास्ट एंड दि आन्ध्र कम्युनिस्ट'[18] में आन्ध्र प्रदेश की राजनीति में सक्रिय शक्तियों का बड़ा विलक्षण विश्लेषण प्रस्तुत किया है। मैं हैरिसन के लेख से बिना किसी क्षमा याचना के बड़े पैमाने पर उद्धरण दे रहा हूँ, क्योंकि इसमें दक्षिण भारत की राजनीति में जातिवाद द्वारा निर्णायक भूमिका अदा किए जाने का ठोस प्रमाण प्रस्तुत किया गया है। हैरिसन लिखते हैं : "राजनीतिक गतिविधियों में हिन्दू जातिवाद के प्रभाव के उदाहरण के रूप में, विश्वयुद्ध के बाद के दशकों में आन्ध्र की स्थिति, विशेष रूप से गौर करने लायक है। *इस अवधि में जातिवाद ने इतनी बुनियादी भूमिका निभाई है कि इसका विश्लेषण*

वस्तुतः भारत की प्रतिनिधि संस्थाओं पर जातिवाद के प्रभाव का आदर्श उदाहरण बन जाता है।'' (पृ. 379) (जोर मेरा)

मैं यहाँ हैरिसन के निबन्ध का मात्र सार-संक्षेप ही पेश कर सकता हूँ। उनके अनुसार आन्ध्र के ज्यादातर कम्युनिस्ट नेता एक खास कृषक जाति—कम्मा—से आते हैं। ''1934 में आन्ध्र कम्युनिस्ट पार्टी की स्थापना के समय से ही पार्टी का नेतृत्व सिर्फ एक उपजाति—कम्मा भूस्वामी—के कब्जे में रहा है, जो कृष्णा-गोदावरी डेल्टा पर वर्चस्व रखती है। आन्ध्र प्रदेश के जीवन में कम्मा लोगों के प्रभाव की रोशनी में यह तथ्य काफी महत्त्वपूर्ण हो जाता है। विश्वयुद्ध और उसके बाद के वर्ष कम्मा किसानों के लिए सम्पन्नता का काल था, जो उपजाऊ डेल्टा क्षेत्र के करीब 80 प्रतिशत भूमि के स्वामी हैं। इस दौरान खाद्यान्न एवं नगदी फसल दोनों ही की ऊँची कीमतों ने कई ऐसी भारतीय जातियों को नवधनाढ्य बना दिया, जो अपनी निजी भूमि पर खेती किया करती थीं। पर भारत की एक सबसे उपजाऊ भूमि पर स्वामित्व रखनेवाली कम्मा जाति के लिए तो यह व्यापारिक उत्कर्ष खासतौर पर अति प्रभावशाली सिद्ध हुआ।'' (पृ. 381)

जहाँ कम्मा, कम्युनिस्ट पार्टी पर अपना वर्चस्व रखते थे, वहीं उनके प्रतिद्वन्द्वी, भूस्वामी रेड्डी, कांग्रेस पर। कम्मा और रेड्डी के बीच होड़ एक बहुत पुरानी बात है। उनके बीच आजकल चलनेवाला राजनीतिक दंगल ''14वीं सदी से चली आ रही ऐतिहासिक प्रवृत्तियों की एक आधुनिक पुनरावृत्ति है।'' (पृ. 382) ''प्रायः कम्मा और रेड्डी दोनों ही आरम्भिक आन्ध्र शासकों के यहाँ योद्धा के रूप में काम करते थे। बाद में वे किसान बन गए। उनमें से कुछ सामन्ती सरदार और अन्य छोटी भूमिवाले किसान बन गए, जो आज भी अपनी जमीन पर खुद खेती करते हैं। आन्ध्र के ग्रामीण क्षेत्रों में इन्हीं दो जातियों का प्रभुत्व है जिन्होंने ग्रामीण क्षेत्रों की आर्थिक शक्ति को ब्राह्मणों की पहुँच से बाहर कर दिया है।'' (पृ. 383)

ये दो प्रसिद्ध जातियाँ आन्ध्र प्रदेश के दो अलग-अलग इलाकों में केन्द्रित हैं—कम्मा उपजाऊ आन्ध्र डेल्टा क्षेत्र में और रेड्डी पश्चिमी आन्ध्र के पाँच रायलसीमा जिलों में।[19] एक समय में डेल्टा क्षेत्र को 'कम्मा राष्ट्र' के नाम से पुकारा जाता था, और रायलसीमा को बोलचाल में 'रेड्डीसीमा' के रूप में उल्लेख किया जाता था। हालाँकि दोनों ही जातियाँ ग्रामोन्मुख ही हैं। दक्षिण भारत के अन्य हिस्सों की तरह ही आन्ध्र प्रदेश में भी राजनीतिक चेतना सबसे पहले ब्राह्मणों में ही आई। मराठों की तरह ही कम्मा और रेड्डी जातियों का भूमि से गहरा लगाव अंग्रेजी शिक्षा प्राप्त करने में उनके लिए बाधा बन गया। ''1900 ई. के आसपास कम्मा इस तथ्य के प्रति जागरूक हुए कि बिना अंग्रेजी शिक्षा प्राप्त किए वे अपनी स्थिति बेहतर नहीं कर सकते। जो थोड़े बहुत कम्मा पढ़-लिखकर सरकारी सेवाओं में प्रवेश कर भी गए, उन्हें संरक्षण के अभाव और निहित ब्राह्मण स्वार्थों के विरोध की वजह से ऊपर आने में काफी संघर्ष करना पड़ा।''[20]

इन दोनों जातियों की शैक्षणिक प्रगति ने इनकी आपसी प्रतिद्वन्द्विता को और भी

भड़का दिया। परन्तु आन्ध्र में ब्राह्मणों को पद और सत्ता से निकाल बाहर करने के लिए दोनों जातियाँ मद्रास में जस्टिस पार्टी की संयुक्त रूप से सदस्य बनीं। 1934 और द्वितीय विश्वयुद्ध के बीच रेड्डियों ने कांग्रेस पर अपना वर्चस्व जमा लिया और कम्मा लोगों ने कम्युनिस्ट पार्टी पर।

मैं यहाँ यह उल्लेख करना आवश्यक समझता हूँ कि इन दो प्रमुख कृषक जातियों के प्रतिद्वन्द्वी राजनीतिक पार्टी में शामिल होने के सम्बन्ध में हैरिसन की व्याख्या मुझे पूरी तरह विश्वासजनक नहीं लगती है। उनके अनुसार, सिरकारों का उपजाऊ डेल्टा क्षेत्र, आन्ध्र के बौद्धिक और राजनीतिक उथल-पुथल का केंद्र रहा है, जो संयोगवश आन्ध्र प्रदेश का सबसे घनी आबादीवाला इलाका है। शेष आन्ध्र में प्रति वर्गमील 316 व्यक्तियों के मुकाबले 900-1200 व्यक्ति प्रति वर्गमील आबादी का घनत्व देखा जा सकता है। इस इलाके में ब्राह्मण ही सबसे पहले कांग्रेस में आए और उनको स्थानीय प्रमुख गैर-ब्राह्मण जाति कम्मा लोगों से चुनौती मिलने लगी। "इसके अलावा, डेल्टा क्षेत्र में भूमिहीन मजदूरों की अपार संख्या, जन आन्दोलन चलाने की चाह रखनेवाले किसी मार्क्सवादी बुद्धिजीवी के लिए एक व्यापक सम्भावना प्रस्तुत करती थी।" हैरिसन के अनुसार, रायलसीमा के राजनीतिक रूप से पिछड़े इलाकों में बसे रेड्डी लोग अमूमन भूल से ही कांग्रेस की तरफ खिंचते चले गए।

हैरिसन का यह विवरण उनके द्वारा पहले दिए गए इस वक्तव्य से मेल नहीं खाता कि : "कम्मा और रेड्डी दोनों ही जातियों ने सम्पूर्ण दक्षिण भारत पर छा जानेवाले ब्राह्मण विरोधी आन्दोलन के साथ कदम-से-कदम मिलाते हुए अल्पायु जस्टिस पार्टी की आन्ध्र शाखा को अपना समर्थन दिया था।" (पृ. 384) इस वक्तव्य का अर्थ यह निकलता है कि राजनीतिक चेतना के मामले में कम्मा और रेड्डी के बीच कोई अन्तर मौजूद नहीं था। इसकी एक अपेक्षाकृत सरल व्याख्या, जो पारम्परिक कम्मा-रेड्डी प्रतिस्पर्धा के साथ कहीं अधिक तारतम्य प्रस्तुत करता है, यह होगी कि ब्राह्मणों को निकाल बाहर करने के बाद दोनों जातियों में बिलगाव हो गया। एक कम्युनिस्टों के साथ हो गई और दूसरी कांग्रेस के साथ 'इन दो प्रतिद्वन्द्वी जातियों को अब दंगल के लिए एक नया मैदान मिल गया।

1948 और 1951 के बीच आन्ध्र में कम्युनिस्ट आन्दोलन ने एक हिंसक स्वरूप ले लिया। "यह तथाकथित तेलंगाना आन्दोलन था, जिसे एक आम कम्युनिस्ट गुरिल्ला युद्ध की तरह ही एकमुश्त भूमि वितरण और समानान्तर ग्रामीण सरकार के आधार पर संगठित किया गया था। 1948 से 1950 के बीच, डेल्टा में गाँवों के कुछ समूह एवं हैदराबाद के सम्पूर्ण नालगोंडा और वारांगल जिले कम्युनिस्ट नियन्त्रण के दौर से गुजरे। आन्ध्र और तेलंगाना के कम्युनिस्ट नेताओं ने दोतरफा आक्रमण चलाया। उत्तर में तेलंगाना से और दक्षिण में 40 गाँवों के आधार पर कृष्णा जिले के मुनागला के जंगल के उत्तर-पश्चिम से यह कार्रवाई की गई। कम्युनिस्ट दस्ते रात को गाँवों पर धावा बोलते और दिन में पुलिस टुकड़ी पर। 1948 में भारतीय सेना ने हैदराबाद के निजाम के

खिलाफ 'पुलिस कार्रवाई' संचालित करने के बाद वारांगल और नालगोंडा में कम्युनिस्टों के सफाए के लिए वहाँ अपना पड़ाव डाला। इस इलाके में सामान्य स्थानीय प्रशासन फिर से बहाल करने में उन्हें 1951 तक का समय लग गया।" (पृ. 390)

हालाँकि कम्युनिस्ट हिंसा का कम्मा भूस्वामियों पर कोई असर नहीं पड़ा और इस बात पर भारतीय कम्युनिस्ट पार्टी के तत्कालीन सचिव श्री बी.टी. रणदिवे ने गौर किया था। उन्होंने कहा कि कम्युनिस्ट पार्टी पर "ग्रामीण बुद्धिजीवियों, धनी किसान के बेटों और मध्यवर्ती किसानों का वर्चस्व कायम हो गया है...पार्टी ने अपने आप को राजनीतिक रूप से मध्यवर्ती किसानों की ढुलमुल नीतियों पर आश्रित कर लिया है और यहाँ तक कि धनी लोगों की विचारधारा से भी प्रभावित हो जाने दिया है।"[21]

कम्मा लोगों ने 1951 के आम चुनावों में कम्युनिस्टों को समर्थन दिया। "कम्युनिस्टों और कम्मा प्रमुखों के बीच चाहे जो भी आपसी समझदारी रही हो, कम्मा लोगों के एक महत्त्वपूर्ण हिस्से ने साफ तौर पर अपना पैसा, प्रभाव और वोट कम्युनिस्ट कम्मा उम्मीदवारों के पीछे लगा दिया। ऐसा लगता है कि डेल्टा क्षेत्र में हार-जीत का फैसला तय करने में यह महत्त्वपूर्ण कारक बन गया। हालाँकि कम्मा लोगों का मत भी विभाजित था, फिर भी कम्युनिस्टों ने कम्मा समर्थन का जो हिस्सा प्राप्त किया था, उसने डेल्टा के 25 में से 14 निर्वाचन क्षेत्रों में जीत के लिए अतिरिक्त वोट उपलब्ध करवाया, जहाँ कम्युनिस्ट उम्मीदवार विजयी रहे।" (पृ. 395) हैरिसन का कहना है कि अनेक ऐसे दृष्टान्त हैं, जिनमें शक्तिशाली कम्मा समर्थकों ने कम्युनिस्ट उम्मीदवारों को और भी अधिक निर्णायक समर्थन प्रदान किया। उदाहरण के लिए, उन्होंने कम्युनिस्टों को ग्राम स्तरीय प्रशासक के रूप में प्रस्तुत किया। डेल्टा क्षेत्र में कम्मा लोगों का प्रभाव इतना समरूप ढंग से फैला हुआ था कि ऐसे डेल्टा निर्वाचन क्षेत्रों में भी, जहाँ गैर-कम्मा कम्युनिस्ट उम्मीदवार विजयी हुए, वहाँ भी सम्भवतः उन्हें कम्मा समर्थन मिल गया था।

1955 के आम चुनावों में कांग्रेस ने अपने एक सबसे योग्य संगठनकर्ता श्री एस. के. पाटील को पार्टी संगठन बनाने के लिए भेजा, ताकि चुनावों में कम्युनिस्टों को पराजित किया जा सके। आन्ध्र प्रदेश में कांग्रेस ने अपने अन्दरूनी मतभेदों को दूर कर अब संगठन को मजबूत कर लिया था। इससे कई उम्मीदवारों के बीच वोटों का आपसी विभाजन न्यूनतम स्तर पर पहुँच गया। यह 1951 के चुनावों की एक बहुत बड़ी विशेषता थी। कांग्रेस एक प्रमुख कम्मा नेता प्रोफेसर एन.जी. रंगा का समर्थन हासिल करने में सफल रही और उनका समर्थन कम्युनिस्ट उम्मीदवारों की पराजय में एक महत्त्वपूर्ण पहलू बन गया। श्री एस.के. पाटील ने जाति से जाति का मिलान कर उम्मीदवारों का चयन किया और इस तरह उन्होंने यह ध्यान रखा कि कम्युनिस्ट उम्मीदवार अपने प्रतिद्वन्द्वी कांग्रेसी उम्मीदवार के मुकाबले जाति का कोई लाभ न उठा सकें। अन्त में अन्धाधुन्ध कम्युनिस्ट विरोधी प्रचार ने कम्युनिस्ट समर्थक कम्मा समुदाय के बीच फूट डाल दी। कम्युनिस्ट अखबारों ने इसकी कटु शब्दों में शिकायत की कि सभी सम्पत्तिशाली तबके उनके खिलाफ गिरोहबन्द हो गए हैं, और दूसरी तरफ एन.जी.

रंगा ने यह दिखा दिया कि वे कांग्रेसी परिषदों के अन्दर अपनी जाति के लिए ऊँचा सौदा कर सकते हैं।

नवगठित आन्ध्र प्रदेश में राजनीतिक ताकतों का रुझान कैसा होगी, 25 अगस्त, 1956 के *टाइम्स ऑफ इंडिया* ने यह समाचार दिया, कि वहाँ दो गुट मौजूद थे। एक गुट तत्कालीन मुख्यमन्त्री बी. गोपालारेड्डी को समर्थन दे रहा था, तो दूसरा नवगठित आन्ध्र प्रदेश के कांग्रेस विधायक दल के नेतृत्व के लिए उप मुख्यमन्त्री श्री एन. संजीवारेड्डी का समर्थन कर रहा था। इस मुकाबले में तेलगा उपजाति (जिसके 22 विधायक थे) द्वारा गोपालारेड्डी का समर्थन करने के निर्णय ने उनकी सफलता की सम्भावनाओं को मजबूत कर दिया। श्री एन.जी. रंगा के समर्थकों ने भी गोपालारेड्डी को अपना समर्थन देने का निर्णय लिया। हरिजन लोग इस बात पर आपस में बहस कर रहे थे कि समर्थन किसे दिया जाए और ऐसा लग रहा था कि उनका वोट सबसे ऊँची बोली लगानेवाले को ही मिलेगा। तेलंगाना में राजनीतिक अखाड़े के असली नेता रेड्डी लोग हैं जो रायलसीमा के रेड्डियों से बिल्कुल अलग हैं। तेलंगाना के ब्राह्मण उनके स्थानीय प्रतिद्वन्द्वी हैं।

नवगठित आन्ध्र प्रदेश में गठबन्धनों और प्रतिस्पर्धाओं का एक बड़ा जटिल स्वरूप उभरनेवाला है। हैरिसन लिखते हैं, "तेलंगाना में रेड्डी ब्राह्मण और आन्ध्र में कम्मा-रेड्डी प्रतिद्वन्द्वी, अभी से ही सीमा पर अपने सम्बन्धों का विस्तार करने में लगे हुए देखे जा सकते हैं। तेलंगाना के कम्युनिस्ट नेतृत्व में जातिगत समरूपता का अभाव मामले को और पेचीदा बना देता है। रविनारायण रेड्डी और ब्राह्मण डी.वी. राव प्रतिद्वन्द्वी खेमों के नेता हैं। ये प्रतिद्वन्द्वी नेता डेल्टा के कम्युनिस्ट नेताओं के साथ अपने साझा सम्बन्धों का तालमेल कैसे बैठाएँगे ?" (पृ. 404)

यह दुख की बात है कि हैरिसन ने चुनावों का जैसा विश्लेषण किया है, वैसा भारत के अन्य हिस्सों के लिए नहीं मिलता है। लेकिन 1951-52 के आम चुनावों में सक्रिय राजनीतिक ताकतों का कुछ अन्दाजा अखबारों की रिपोर्टों से भी लगाया जा सकता है। यहाँ यह बताना प्रासंगिक होगा कि अब यह व्यापक तौर पर माना जा रहा है कि मद्रास में कांग्रेस पार्टी शिक्षा और नौकरियों में भर्ती के सिलसिले में जो नीति अपना रही है, उसे द्रविड़ कज़गम का समर्थन प्राप्त है। दरअसल, जैसाकि पहले बताया जा चुका है, मद्रास में कांग्रेस की सफलता का श्रेय कुछ हद तक उसकी उन नीतियों को दिया जा रहा है, जिसने एक गैर-ब्राह्मण पार्टी की जरूरत को ही समाप्त कर दिया है। 12 जुलाई, 1955 के *टाइम्स ऑफ इंडिया में* 'नेशनल सीन' नामक लेख में 'दारेम' ने लिखा है : "यह अस्वीकार करना बेकार है कि तमिलनाडु में ज्यादातर लोग (जिसका अर्थ गैर-ब्राह्मण बहुसंख्यक लोगों से है) कज़गम की विचारधारा से सहानुभूति रखते हैं। निश्चय ही मद्रास के मुख्यमन्त्री (के. कामराज) की विधानसभा में वापसी का श्रेय कज़गम के समर्थन को ही जाता है। इसके अलावा यह भी माना जाता है कि ज्यादातर कांग्रेसी कज़गम को सक्रिय समर्थन प्रदान करते हैं।"

चुनावों के दौरान भारतीय कम्युनिस्ट पार्टी ने 'सामाजिक आधार' वाले उम्मीदवारों और दलों को अपना समर्थन देने की नीति के अनुसार द्रविड़ कज़गम के उम्मीदवारों का समर्थन किया। कम्युनिस्टों ने यह तर्क दिया कि यद्यपि कज़गम का उदय पद्दलित गैर-ब्राह्मणों के ब्राह्मण विशेषाधिकारों के खिलाफ संघर्ष का परिणाम है, फिर भी इसका एक सामाजिक और आर्थिक आधार देखा जा सकता है, जो एक 'प्रगतिशील' या वामपन्थी आदर्शों के तहत आता है। (*टाइम्स ऑफ इंडिया,* 2 जनवरी, 1952) उसी रिपोर्ट में *टाइम्स ऑफ इंडिया* के संवाददाता ने टिप्पणी की है कि मद्रास में अनुसूचित जाति संघ काफी शक्तिशाली है तथा भूमिहीन मजदूर एवं समाज के अन्य दरिद्र तबकों के अन्तर्गत आने के कारण हरिजन, अतिवादी वामपन्थ की ओर हजारों की संख्या में आकर्षित हो रहे हैं। हरिजन जातियों के धर्म परिवर्तन किए हुए निर्धनतम ईसाई भी कम्युनिस्टों का समर्थन कर रहे थे, हालाँकि उनके मामले में चर्च का दक्षिणपन्थी प्रभाव इसे रोकने की कोशिश करता था।

उत्तरी अरकोट, दक्षिण अरकाट, सालेम ओर चेंगलपट जिले में क्षत्रिय जाति का वन्नीय कुल, छोटे भूस्वामी और किसानों के रूप में सबसे प्रभुत्वशाली जाति है। 1944 में इस जाति ने अपने हितों को प्रोत्साहित करने के लिए एक प्रेशर ग्रुप संगठित किया, लेकिन चुनावों से ठीक पहले इस जाति का दो दलों में विभाजन हो गया। एक टॉयलर्स पार्टी के नाम से जाना जाता है और दूसरा कॉमनवेल्थ पार्टी के नाम से। पहली पार्टी का कुछ वामपन्थी झुकाव था और यह पार्टी दक्षिण अरकाट एवं सालेम जिलों में सक्रिय थी, जबकि दूसरी पार्टी का कोई विशेष कार्यक्रम था ही नहीं। चुनावों में टॉयलर्स पार्टी को पीजेंट एंड वर्कर्स पार्टी और वामपन्थियों के संयुक्त मोर्चा, दोनों से ही समर्थन प्राप्त हुआ। *टाइम्स ऑफ इंडिया* के संवाददाता ने टिप्पणी की, "चुनावों में जितनी जातिगत भावना उभारी जा रही है, वह आश्चर्यजनक है।" (2 जनवरी, 1952)

मैंने मद्रास में द्रविड़ कज़गम आन्दोलन का उल्लेख पहले भी किया है। जून 1956 के आसपास कज़गम के संस्थापक श्री ई.वी. रामास्वामी नाइकर ने घोषणा की कि उन्होंने द्रविड़िस्तान के लक्ष्य से अपने हाथ धो लिये हैं। तथाकथित द्रविड़िस्तान के सम्प्रभुतासम्पन्न राज्य में तमिलनाडु, केरल, कर्नाटक और आन्ध्र—यानी दक्षिण भारत के चार द्रविड़ भाषी क्षेत्र शामिल होने थे। अब उन्होंने सिर्फ तमिलनाडु को लेकर ही इसे बनाने के पक्ष में अपना समर्थन जाहिर किया। यह इस बात की मौन स्वीकृति थी कि तमिल भाषी क्षेत्रों के बाहर इस आन्दोलन का कभी प्रसार हो ही नहीं पाया था। लेकिन द्रविड़ कज़गम की एक शाखा द्रविड़ मुनेत्र कज़गम ने अब भी द्रविड़िस्तान की स्थापना की अपनी माँग को नहीं छोड़ा है। सन् 1956 की मई के तीसरे सप्ताह में त्रिची में हुए द्रविड़ मुनेत्र कज़गम के एक सम्मेलन में, दक्षिण प्रदेश के बदले द्रविड़िस्तान के निर्माण की माँग करने का प्रस्ताव पारित किया गया।[22] दक्षिण प्रदेश की माँग से अलग द्रविड़िस्तान की माँग एक सम्प्रभुत्वसम्पन्न स्वतन्त्र राष्ट्र का कार्यक्रम रखती है। अभी भी सी. राजगोपालाचारी के नेतृत्व में दक्षिण प्रदेश के प्रवक्ताओं और स्वतन्त्र तमिल

राष्ट्र की वकालत करनेवालों के बीच तीव्र विवाद चल रहा है। लेकिन यहाँ हमें उसमें उलझने की कोई जरूरत नहीं है। यहाँ सिर्फ यह बताना प्रासंगिक होगा कि सी. राजगोपालाचारी ने अपने हाल के एक भाषण में द्रविड़ कज़गम और द्रविड़ मुनेत्र कज़गम दोनों पर आरोप लगाते हुए कहा, "...वे कुछ नृजातीय अटकलों और अलिखित एवं अप्रमाणित ऐतिहासिक संघर्षों के आधार पर घृणा के पन्थ का खुलेआम प्रचार कर रहे हैं।" " 'घृणा फैलानेवालों' द्वारा यह दावा किया जाता है कि द्रविड़ लोग अत्यन्त मजबूत और शक्तिशाली थे एवं वे आर्य, जिन्होंने द्रविड़ों पर विजय पाई थी, आजकल के ब्राह्मणों के पूर्वज ही थे। यह सिद्धान्त मात्र आधे घंटे के परीक्षण में भी टिक नहीं सकता।" उन्होंने पूछा, "क्या यह गौरतलब नहीं है कि घृणा का ऐसा प्रचार चल रहा है, लेकिन सत्ताधारी लोगों की तरफ से कोई विरोध या खंडन नहीं किया जा रहा है ?"[23]

आधुनिक मैसूर में भी जातिवाद चारों तरफ फैला हुआ है। आन्ध्र की तरह यहाँ भी कांग्रेस पर दो प्रमुख कृषक जातियाँ छाई हुई हैं। जिनमें से एक है लिंगायत और दूसरी है ओक्कालिगा। मामला चाहे सरकारी नौकरी में बहाली का हो या कॉलेज में दाखिले का या फिर स्थानीय निकायों और विधानसभा के चुनावों का, हरेक मामले में लिंगायत-ओक्कालिगा संघर्ष अपना रंग दिखलाता है। आधुनिक मैसूर में जातिवाद किस प्रकार सक्रिय है, इसकी विस्तृत रिपोर्ट कुछ समय पहले *इकनॉमिक वीकली* में छपी थी।[24]

मैसूर के ओक्कालिगा लोग इस बात से डरते हैं कि मैसूर कुर्ग, दक्षिणी कनारा तथा मद्रास, हैदराबाद और मुम्बई के कन्नड़-भाषी इलाकों को लेकर बनाए जानेवाले विशाल कन्नड़ राज्य में लिंगायत उन पर हावी हो जाएँगे। इसलिए वे चाहते थे कि मैसूर अलग राज्य ही बना रहे। राज्य पुनर्गठन आयोग द्वारा मैसूर समेत सभी कन्नड़-भाषी क्षेत्रों को निकालकर अलग राज्य बनाए जाने की सिफारिश कर दिए जाने के बाद वे अलग मैसूर राज्य के लिए दबाव डालते रहे। अन्ततः श्री हनुमन्थैया द्वारा राज्य पुनर्गठन आयोग की सिफारिश को समर्थन देने के बाद ही घटनाओं का क्रम बदल पाया। अलग मैसूर की माँग के समर्थकों ने एकीकृत कन्नड़-भाषी राज्य का मुकाबला करने के लिए दक्षिण प्रदेश के निर्माण का भी स्वागत किया क्योंकि दक्षिण प्रदेश में उन्हें उम्मीद थी कि कोई एक गुट अधिक प्रभावशाली नहीं हो पाएगा। आधुनिक भारत की सबसे बड़ी दुविधा यह है कि जहाँ छोटे राज्य के बनने से सरकार के साथ जनता के अधिक निकट सम्बन्ध स्थापित होने की सम्भावना है, यह आशंका भी है कि छोटे राज्यों में प्रभावशाली जातियाँ कहीं अपना अत्याचार न आरम्भ कर दें। भारत में सत्ता के विकेन्द्रीकरण का प्रश्न जातिवाद के कारण बुरी तरह उलझा हुआ है। राज्य पुनर्गठन आयोग के सदस्य ओक्कालिगा लोगों के भय से भलीभाँति परिचित थे : "हमें यह सुझाया गया है कि एक राज्य के बदले दो राज्य माँगे जाने का मुख्य कारण राजनीतिक या धार्मिक भय या फिर दोनों का संयुक्त भय है। यह अनुमान लगाया गया है कि आजकल मैसूर के बाहर कन्नड़-भाषी क्षेत्रों में लिंगायत या वीर शैवों की संख्या कुल आबादी का 35 से

40 प्रतिशत है। कन्नड़ लोगों का एक अन्य महत्त्वपूर्ण हिस्सा ओक्कालिगा इसी प्रकार मैसूर की कुल आबादी का 29 प्रतिशत है। यह भी अनुमान लगाया गया है कि संयुक्त कर्नाटक में लिंगायत कुल आबादी के 20 प्रतिशत, ओक्कालिगा 13-14 प्रतिशत एवं हरिजन 17-18 प्रतिशत होंगे। अतः यह साफ है कि कोई एक समुदाय अपना प्रभुत्व स्थापित करने में कामयाब नहीं हो सकता और यदि दूसरे सभी समुदाय आपस में मिल जाएँ तो कोई भी एक समुदाय आसानी से अल्पसंख्यक बना दिया जा सकता है। नए राज्य में समुदायों से सम्बन्धित यह अनुमान निश्चय ही अभी पुख्ता नहीं है, क्योंकि उद्धृत किए गए आँकड़ों में काफी अन्तर देखा जा सकता है। फिर भी इससे इस समस्या पर कुछ रोशनी तो पड़ती ही है।"[25]

श्री हनुमन्थैया द्वारा संयुक्त कन्नड़ राज्य की वकालत करने के बाद उन्हें मैसूर के मुख्यमन्त्री पद से हाथ धोना पड़ा। उनके इस कदम को ओक्कालिगों ने हानि पहुँचानेवाले कार्य के रूप में देखा। नए राज्य के निर्माण के मौके पर ओक्कालिगा लिंगायत सम्बन्ध बहुत ही कटु हो गए हैं। यह भी सम्भव है कि नए मैसूर में दोनों समुदायों के बीच सीधी तकरार के अलावा क्षेत्रीय संघर्ष भी भड़क उठे हैं। ऐसा लगता है कि दरअसल यदि सम्पूर्ण भारत में न भी सही, तो विन्ध्याचल के दक्षिण के भारत में क्षेत्रीयतावाद की तरफ झुकाव बढ़ेगा। यह भारतीय संघ के अन्दर बड़े राज्यों के निर्माण का एक अनिवार्य परिणाम है। क्षेत्रीयतावाद भाषावाद की उपज है और जातिवाद इन दोनों में ही सक्रिय है।

दक्षिण भारत के पश्चिमी समुद्र तट पर मलयालम-भाषी क्षेत्र केरल कई महत्त्वपूर्ण मामलों में बाकी दक्षिण भारत से बहुत भिन्न है। उदाहरण के लिए इस इलाके में ईसाइयों की एक विशाल और प्रभावशाली आबादी और राज्य के उत्तरी हिस्से में मुसलमानों का एक सुगठित समूह है। केरल के नम्बूदिरीपाद ब्राह्मण ब्राह्मणों में भी ब्राह्मण कहे जा सकते हैं। इन लोगों ने अंग्रेजी शिक्षा को उस प्रकार नहीं अपनाया है जैसाकि पूर्वी और उत्तरी भारत के ब्राह्मणों में देखा जा सकता है। हिन्दुओं के बीच नायर लोग शिक्षा, प्रशासन और राजनीति में सबसे प्रभुत्वशाली समुदाय हैं। इजवान या तिय्यान लोग पिछड़ी जाति के हैं जिनका पुश्तैनी धन्धा ताड़ी उतारना रहा है। इन लोगों ने अपने पूज्य नेता स्वर्गीय श्री नारायण गुरु के नेतृत्व में अपनी जीवन-शैली का संस्कृतीकरण कर लिया है। हिन्दुओं के बीच नायरों और इजवानों में प्रतिद्वन्द्विता हमें यह भी बताती है कि दूसरे लोग ब्राह्मणों की कर्मकांडीय सर्वोच्चता का उतना बुरा नहीं मानते जितना कि उनके राजनीतिक और आर्थिक वर्चस्व का।

सन् 1951 के चुनावों में त्रावणकोर-कोचीन क्षेत्र में सबसे बड़ी खाई हिन्दुओं और ईसाइयों के बीच मौजूद थी। चुनावों के एक साल पहले से ही डेमोक्रेटिक कांग्रेस ने डटकर एक जहरीला प्रचार आन्दोलन चलाया कि भारतीय राष्ट्रीय कांग्रेस की स्थानीय इकाइयों पर मूलतः ईसाइयों का कब्जा है। इसके कारण राष्ट्रीय कांग्रेस से कुछ नायर और इजवान बाहर निकल गए। इसके बाद अचानक राष्ट्रीय कांग्रेस और डेमोक्रेटिक

कांग्रेस के बीच चुनावी गठबन्धन हो गया। इससे राष्ट्रीय कांग्रेस के कई समर्थक भ्रम में पड़ गए। अनेक इजवान वामपन्थी हो गए। ईसाइयों ने राष्ट्रीय कांग्रेस को अपना वोट इसलिए नहीं दिया कि राज्य सरकार स्कूलों में उनका नियन्त्रण स्थापित करने का प्रयास कर रही थी, जबकि ज्यादातर स्कूल यहाँ ईसाई मिशनरियों द्वारा चलाए जाते रहे हैं। राज्य सरकार के इन प्रयासों का चर्च ने भारी विरोध किया और भारत सरकार ने बाद में राज्य सरकार के निर्णय को बदल भी दिया। परन्तु पादरियों और कैथलिक कांग्रेस पार्टी ने राष्ट्रीय कांग्रेस के उम्मीदवारों के खिलाफ निर्दलीय कैथलिक उम्मीदवारों को समर्थन दिया। त्रिचूर के निर्दलीय कैथलिकों ने अपने आप को कोचीन पार्टी का नाम दिया। जब हिन्दुओं ने देखा कि पादरी लोग कैथलिक उम्मीदवारों का समर्थन कर रहे हैं तो वे कांग्रेस के कैथलिक उम्मीदवारों के विरुद्ध हो गए और अपना समर्थन हिन्दू निर्दलियों और वामपन्थियों को सौंप दिया। इस प्रकार कांग्रेस को मिलनेवाले वोट बँट गए। विधानसभा के लिए निर्वाचित कुल 11 निर्दलीय सदस्यों में से 5 सदस्य त्रिचूर से चुने गए थे।[26]

27 अगस्त 1956 के *टाइम्स ऑफ इंडिया* में छपी एक रिपोर्ट में त्रावणकोर-कोचीन राज्य के उदय के समय से ही कार्यरत राजनीतिक ताकतों का एक सुन्दर विश्लेषण किया गया है—

> एक लम्बे समय से त्रावणकोर और कोचीन दो अलग-अलग राज्य रहे हैं, जिन पर दो राज परिवारों और दीवान कहे जानेवाले उनके सलाहकारों का शासन रहा है। उन दिनों किसी पर अनुग्रह करना पाप नहीं माना जाता था। कग-से-कम इनके राजसी अधिकार को कभी कोई चुनौती नहीं दी गई। ऐसे अनुग्रह बाँटने का सबसे अच्छा उपलब्ध क्षेत्र सार्वजनिक प्रशासन का निरन्तर बढ़ता दायरा ही था।
>
> जब एकतन्त्र की जगह स्वशासन आ गया, तब उसे पूरे-का-पूरा पुराना प्रशासन तन्त्र उत्तराधिकार में मिला। इस प्रशासनिक तन्त्र की इकाइयाँ और हिस्से-पुर्जे कभी गम्भीरतापूर्वक बदले ही नहीं गए। दरअसल इस प्रदेश में मन्त्री-सत्ता के कुछ आलोचकों ने इस तरफ इशारा किया है कि यहाँ प्रतिनिधि शासन के आरम्भिक उदय और उसके अस्थायी ह्रास के दौर में सेवारत अधिकारियों को पक्षपात से भरपूर लाभ उठाने का अत्यधिक अवसर प्राप्त हुआ।
>
> आम जनता, समाचार पत्र और जनता के अन्य प्रतिनिधि—सभी-के-सभी सरकारी कर्मचारियों को किसी-न-किसी समुदाय के प्रतिनिधि या समुदाय के समरूप देखने की कोशिश करते हैं। क्लर्कों और पुलिस सब इंस्पेक्टरों की बहाली एवं तरक्की की खबर अखबारों के पहले पन्ने पर छपती और मन्त्रिमंडल की बैठक की कार्यसूची में पहुँच जाती थी। सरकारी कर्मचारियों की असफलता और भाग्योदय उनके अपने-अपने समुदायों की असफलता

और भाग्योदय के रूप में देखे जाते थे। दुर्लभ विशेषाधिकारों का लाभ उठानेवाले कर्मचारी तुरन्त ही सार्वजनिक जीवन के नेताओं में अपने लिए 'गॉडफादर' और संरक्षक की खोज करते और उन्हें पाने में वे हमेशा सफल भी रहते।

इस छोटे से इलाके में हर कोई एक-दूसरे को जानता था। पारिवारिक सम्पर्क और साम्प्रदायिक पार्टियाँ सबसे अधिक महत्त्वपूर्ण हो गई थीं। व्यक्तिगत कृपा और अनुकम्पा, क्षमता और निरपेक्षता से कहीं ज्यादा महत्त्वपूर्ण हो गई थी। तरक्की रुक गई। जड़ता आ गई। यह जिम्मेदार अधिकारियों द्वारा राज्य के प्रादेशिक प्रशासनिक व्यवस्था के हाल के इतिहास का आलोचनात्मक विश्लेषण है।

ऐसे ही ठहरे हुए पानी के तालाब में राष्ट्रपति के एजेंट श्री पी.एस. राव आए। उन्होंने रोग पहचान लिया। उनका यह आदेश सभी विभागों में फैल गया कि राष्ट्रपति का शासन पूर्ण रूप से निष्पक्ष होगा। उन्होंने यह महसूस किया कि राज्य के बाहर से आए नए व्यक्ति होने के कारण वे इस दिशा में कुछ कर सकते हैं। उन्होंने कहा कि पदोन्नति के लिए सिर्फ वरिष्ठता ही आधार नहीं बनेगी, प्रशासन का मूल मन्त्र होगा कार्यकुशलता।

मुझे यहाँ एक टिप्पणी करने की अनुमति दें कि यह कतई असम्भव नहीं कि उत्तर भारत में शक्तिशाली ब्राह्मण समूहों के अभाव ने वहाँ गैर-ब्राह्मण आन्दोलन को पनपने से रोक दिया और इसी से एक आम धारणा बन गई कि जातिवाद उत्तर भारत के बजाय दक्षिण में ही अधिक मजबूत है। उत्तर भारत में जातिगत संघर्ष कभी आज के दक्षिण भारत जितना मजबूत होगा या नहीं, यह देखना अभी बाकी है।

1951 के आम चुनावों में बिहार कांग्रेस के अन्दर भी जबर्दस्त जातिगत वैर दिखाई दिया। वहाँ तीन प्रमुख जातिया थीं : राजपूत (श्री ए.एन. सिन्हा, वित्त एवं खाद्यमन्त्री के नेतृत्व में), भूमिहार (डॉ. श्रीकृष्ण सिंह, तत्कालीन मुख्यमन्त्री के नेतृत्व में) और कायस्थ (श्री के.बी. सहाय, राजस्व एवं आबकारी मन्त्री के नेतृत्व में)। *टाइम्स ऑफ इंडिया* (3 जनवरी, 1952) की एक रिपोर्ट में बताया गया कि कई कांग्रेसी गुप्त रूप से और कहीं-कहीं तो बिल्कुल खुलेआम निर्दलीय उम्मीदवारों और पार्टी के अधिकृत उम्मीदवारों के विरुद्ध खड़े हो गए असन्तुष्ट कांग्रेसियों को अपना समर्थन दे रहे थे। संक्षेप में, राजपूत राजपूत का और भूमिहार भूमिहार का, अक्सर दलीय निष्ठा के विरुद्ध जाकर भी समर्थन कर रहे थे। हालाँकि कायस्थ लोग दो गुटों में बँटे हुए थे, जिनमें एक गुट ए.एन. सिन्हा का समर्थन कर रहा था। जहाँ कुछ कांग्रेसी अपनी पार्टी के उम्मीदवारों के विरुद्ध जाकर अपनी जाति के उम्मीदवारों का समर्थन कर रहे थे, वहीं राजपूत भूस्वामियों की पार्टी जनता पार्टी (जिसके नेता रामगढ़ के राजा थे) के कुछ सदस्य श्री ए.एन. सिन्हा के लिए अपना झुकाव रखते थे। कांग्रेस ने इस चुनाव में जातिवाद के सिद्धान्त का भरपूर उपयोग किया। राजकुमारी अमृत कौर को आदिवासी

क्षेत्रों का दौरा करने के लिए लाया गया, जिससे कि ज्यादातर आदिवासी, जो ईसाई हैं और झारखंड नाम से एक भिन्न आदिवासी राज्य बनाने की अलगाववादी माँग का समर्थन करते हैं, उन्हें उससे अलग कर अपने पक्ष में किया जा सके। झारखंड पार्टी के नेता श्री जयपाल सिंह, जो स्वयं एक ईसाई आदिवासी थे, बिहार, मध्य प्रदेश और उड़ीसा के आदिवासी क्षेत्रों को काटकर एक अलग राज्य बनाना चाहते थे।

1951 में उत्तर प्रदेश में शोषित संघ नामक निचली जातियों का एक संगठन था, जिसका उद्देश्य इन जातियों की स्थिति में सुधार करना था।[27] यह इस बात का सूचक है कि उत्तर प्रदेश में भी जातिवादी चेतना बढ़ रही है। सम्भावना यह भी है कि निकट भविष्य में चमारों और राजपूतों के बीच राजनीतिक सत्ता के लिए होड़ और जोर पकड़ ले। ग्रामीण क्षेत्रों में अभी हाल-हाल तक एक अलग समूह के रूप में रहनेवाले राजपूत आज, अपने आप को अगले चुनावों में मजबूत बनाने के उद्देश्य से अन्य आकांक्षी समूहों को भी, राजपूत का दर्जा देने के लिए तैयार हो गए हैं।

उत्तरी भारत के कुछ हिस्सों में जमींदारी प्रथा के उन्मूलन का एक आकस्मिक असर यह पड़ा कि उत्तर प्रदेश और मध्य भारत के कुछ हिस्सों में बड़े पैमाने पर डकैतियाँ होने लगीं। उत्तर प्रदेश के डाकू गिरोह में ज्यादातर भर्ती ठाकुर, मल्लाह और गूजर जातियों से ही हुई और जहाँ-जहाँ ये अपराधी गए, वहाँ-वहाँ इन जातियों के लोगों ने इन्हें बचाने के लिए काफी असरदार तरीके से सहयोग दिया। उत्तर प्रदेश सरकार द्वारा दिसम्बर, 1952 से जनवरी, 1953 के दौरान इन प्रभावित क्षेत्रों में दंड देनेवाले पुलिस बल की नियुक्ति की गई। इसी प्रकार मध्य भारत में स्वाधीनता के बाद किए गए भूमि सुधार के फलस्वरूप बुरी तरह प्रभावित हुए राजपूत, ठाकुर और गूजर डाका डालने लगे।[28] 1952 के उत्तरार्द्ध में मध्य भारत के भिंड और मुरैना जिलों के कुछ गाँवों में इन डाकुओं ने हरिजनों को बार-बार लूटा, आगजनी और हत्या का शिकार बनाया। *टाइम्स ऑफ इंडिया* के संवाददाता द्वारा इन हमलों को जमींदारों (जो जमींदारी उन्मूलन से प्रभावित थे) द्वारा पहले दबाकर रखी गई जनता (हरिजन) के विरुद्ध छेड़ा गया एक प्रकार का वर्ग संघर्ष बतलाया।[29]

पंजाब में झगड़ा दो जातियों के बीच नहीं, वरन दो जाति प्रथाओं—हिन्दुओं और सिखों के बीच है। हिन्दू-सिख संघर्ष ने भाषायी संघर्ष का चोला पहन लिया है। और यह इस बात के बावजूद हो रहा है कि "पंजाब में बोली जानेवाली पंजाबी तथा हिन्दी भाषाएँ एक-दूसरे से बहुत मिलती-जुलती हैं। दोनों ही भाषाएँ पूरे प्रदेश में जनता के सभी तबकों द्वारा समझी जाती हैं।"[30] "अतः पंजाब में भाषा की समस्या दरअसल लिपियों की समस्या है।"[31] सिख लोग गुरुमुखी लिपि चाहते हैं जबकि हिन्दू देवनागरी के पक्षधर हैं। राज्य पुनर्गठन आयोग ने सिखों के पंजाबी-भाषी राज्य और हिन्दुओं के महापंजाब राज्य की स्थापना की दोनों माँगों को ठुकरा दिया। उसने पंजाब (हिसार जिले की लौहारी उप तहसील को छोड़कर), पेप्सू और हिमाचल प्रदेश को मिलाकर एक नए पंजाब के निर्माण का प्रस्ताव रखा। आयोग ने हिन्दू एवं सिख दोनों प्रकार की

साम्प्रदायिकता की भर्त्सना की और एक समझौता योजना को अपना समर्थन दिया : "जहाँ तक मौजूदा साम्प्रदायिक सन्तुलन में आज के पंजाब राज्य के विस्तार करने पर सम्भावित प्रतिकूल प्रतिक्रिया का सम्बन्ध है, स्थिति यह है कि इस इलाके के बारे में हम जो प्रस्ताव रख रहे हैं, उससे निश्चय ही एक और बड़ी क्षेत्रीय इकाई का निर्माण होगा। लेकिन आज के पंजाब राज्य में सिख जनसंख्या का जो अनुपात मौजूद है, उसी तुलना में उस बड़ी इकाई में उनका अनुपात प्रतिकूल रूप से प्रभावित नहीं होगा। दरअसल प्रस्तावित राज्य में सिख जनसंख्या का प्रतिशत कुछ हद तक यानी 1.5 प्रतिशत से कुछ अधिक बढ़ ही जाएगा और परिणास्वरूप हिन्दू जनसंख्या में उतने प्रतिशत की कमी आ जाएगी।"[32] यह विडम्बना ही है कि राज्य पुनर्गठन आयोग का प्रस्ताव उन्हीं साम्प्रदायिक भावनाओं को सम्बोधित करता है, जिनकी यह जोर-शोर से भर्त्सना करता है।

परम्परावादी सिखों के एक संगठन शिरोमणि अकाली दल ने पंजाबी-भाषी राज्य का विचार प्रस्तावित किया था। जिन कारणों से यह विचार प्रस्तावित किया गया था, उनका अनुमान लगाना कठिन नहीं है। पेप्सू के भूतपूर्व मुख्यमन्त्री सरदार ज्ञानसिंह राड़ेवाल ने हाल ही में अपने एक भाषण में कहा कि "पंजाबी भाषा और गुरुमुखी लिपि को उचित दर्जा" नहीं दिए जाने, सिख अनुसूचित जातियों के साथ भेदभाव करने एवं सिखों के साथ सरकारी नौकरियों में बहाली और तरक्की दोनों ही में भेदभाव करने के कारण आजादी के बाद से ही सिखों में एक निराशा-सी फैल गई है।'[33]

कांग्रेस सरकार ने हिन्दुओं द्वारा वर्चस्व जमा लेने के बारे में सिखों के भय को दूर करने के लिए एक 'क्षेत्रीय फॉर्मूला' निकाला है। हिन्दुओं ने इस सुझाव का विरोध किया। *टाइम्स ऑफ इंडिया* ने यह समाचार दिया कि 5 सितम्बर, 1956 के महापंजाब समिति की कार्यकारिणी की आपातकालीन बैठक में इस आशय का एक प्रस्ताव पारित किया गया कि "पंजाब के सम्बन्ध में देशद्रोही क्षेत्रीय फार्मूला असह्य है और समिति ने पहले जो कदम उठाए थे, उससे भी अधिक कठोर कदम उठाकर वह इसका प्रतिरोध करेगी।"[34]

आधुनिक भारत में जातिवाद की भूमिका के इस संक्षिप्त सर्वेक्षण के लगभग अन्तिम चरण में मैं पहुँच गया हूँ। परन्तु अपनी बात खत्म करने से पहले एक महत्त्वपूर्ण विषय का अपर्याप्त ही सही, लेकिन एक बार उल्लेख अवश्य करना चाहूँगा। संविधान के तहत किसी भी रूप में अस्पृश्यता बरतना मना है। अस्पृश्यता के कारण किसी को अयोग्य मानना कानून के तहत दंडनीय अपराध है। (अनुच्छेद 17)। अनुच्छेद 15, 25, 29 (2), 38 और 46 में अस्पृश्यता के सभी प्रत्यक्ष और अप्रत्यक्ष पहलुओं की चर्चा की गई है। मसलन, जनता के किसी समूह के प्रति भेदभाव बरतने के सभी तरीकों को समाप्त करना और साथ ही अस्पृश्यता के खात्मे के लिए सकारात्मक एवं प्रभावकारी कदम उठाना, जनता के कमजोर तबकों, खासकर अनुसूचित जातियों और जनजातियों के शैक्षणिक और आर्थिक हितों को प्रोत्साहित करने में मदद करना आदि।

संविधान अनुसूचित जातियों को वैधानिक सुरक्षा प्रदान करता है। इसके लिए विभिन्न सन्दर्भों में अलग-अलग प्रकार की सुरक्षा की गारंटी के लिए विशेष प्रावधान किए गए हैं। इसलिए लोकसभा और विधानसभाओं में अनुसूचित जातियों के लिए सीटें आरक्षित की गई हैं। लोकसभा की 495 सीटों में से 72 सीटें अनुसूचित जातियों के लिए आरक्षित हैं। प्रदेशों की विधानसभाओं की 3,283 सीटों में से 477 सीटें अनुसूचित जातियों के लिए आरक्षित हैं।

संविधान में केन्द्रीय तथा राज्य सरकारों की नौकरियों में बहाली हेतु अनुसूचित जातियों के लिए सीटों के आरक्षण का प्रावधान है। अनुच्छेद 35 के तहत केन्द्र और राज्य सरकारों की नौकरियों तथा अन्य पदों पर नियुक्ति करते समय प्रशासन की कार्यकुशलता को बनाए रखते हुए अनुसूचित जाति तथा जनजातियों के सदस्यों के अधिकारों को ध्यान में रखा जाता है। केन्द्रीय तथा अखिल भारतीय सेवाओं में बहाली के लिए आयोजित खुली प्रतियोगिता परीक्षाओं में अनुसूचित जातियों के लिए साढ़े बारह प्रतिशत स्थान सुरक्षित है। अखिल भारतीय स्तर पर खुली प्रतियोगिताओं के बजाय और किसी प्रकार इन सेवाओं और पदों पर भर्ती करने पर ऐसे आरक्षित पदों की संख्या 16.5 प्रतिशत तक बढ़ा दी गई है। इसके अलावा कई राज्य सरकारों ने अनुसूचित जातियों की आर्थिक, शैक्षणिक तथा सामाजिक दशाओं में सुधार करने के लिए भी कुछ प्रयास किए हैं। कुछ राज्य सरकारों ने अनुसूचित जातियों को विशेष संरक्षण देने के लिए विधेयकों का सहारा भी लिया है।[35]

सभी प्रबुद्ध भारतीयों का अन्तःकरण यह माँग करता है कि अस्पृश्यता को जड़मूल से उखाड़ फेंका जाए तथा अनुसूचित जातियों, जनजातियों एवं मोटे तौर पर पिछड़े वर्गों के तहत आनेवाले अन्य सभी समूहों को विकसित समुदायों के स्तर तक लाने के लिए सारे प्रयास किए जाने चाहिए। किन्तु यह बात दिन-प्रतिदिन और अधिक महसूस की जा रही है कि सामाजिक और आर्थिक समानता लाने के लिए उठाए जा रहे कदम कहीं खुद ही जाति प्रथा की बुराइयों को चिरस्थायी न बना दें। दरअसल यह सवाल पंडित पन्त ने अस्पृश्यता निवारण तथा जातिवाद पर आयोजित संगोष्ठी के अपने समापन भाषण में बहुत ही स्पष्ट रूप से उठाया था।[36] यह बात बिल्कुल समझी जा सकती है कि वे समूह, जिन्हें 'पिछड़ा' वर्गीकृत किया गया है, अब 'पिछड़पेन' के इस विशेषाधिकार को छोड़ने में हिचकिचाहट दिखा रहे हैं।

मेरे इस लेख को लिखते समय ही *टाइम्स ऑफ इंडिया* (5 सितम्बर, 1956) में एक रिपोर्ट ने पिछड़ी जाति आयोग के प्रतिवेदनों को अस्पष्ट एवं अपर्याप्त माना है क्योंकि वह 'पिछड़ेपन' की परिभाषा तय करने के लिए स्वीकार करने योग्य सिद्धान्त तथा उसके उद्देश्यों को स्थापित करने में असफल रहा है। इस आयोग की स्थापना संविधान के अनुच्छेद 340 के तहत 1953 में की गई, जिसके अध्यक्ष काका कालेलकर थे। इस आयोग को विचार के लिए दिए गए विषय इस प्रकार थे—अनुसूचित जातियों और जनजातियों के अतिरिक्त जनता के किन अन्य तबकों को सामाजिक और शैक्षणिक

दृष्टि से पिछड़ा माना जाए तथा पिछड़ेपन के निर्धारण के लिए कौन-कौन से मानदंड अपनाए जाएँ। इस आयोग के जिम्मे ऐसे समुदायों की सूची बनाने तथा उन तरीकों को सुझाने का कार्यभार भी दिया गया था, जिससे उनकी स्थिति में सुधार लाया जा सके।

इस आयोग की सूची में 2,399 समूह शामिल हैं। इनमें से सिर्फ 913 समूहों की ही अनुमानित आबादी करीब-करीब 11.6 करोड़ है, जबकि अनुसूचित जातियों और जनजातियों की आबादी इसके अतिरिक्त 7 करोड़ और है। सभी स्त्रियों को 'पिछड़ा' माना गया है, हालाँकि उन्हें पिछड़े वर्गों में दर्ज नहीं किया गया है, क्योंकि उन्हें एक अलग समुदाय नहीं माना जा सकता।

इस तरह आयोग के अनुसार देश की करीब तीन-चौथाई आबादी 'पिछड़ी' मानी जाएगी। यह समझना बहुत मुश्किल है कि देश के इतने बड़े हिस्से को विशेषाधिकार कैसे दिए जा सकते हैं। आयोग के प्रतिवेदन पर सरकार द्वारा भेजे गए ज्ञापन में भी इस बात को स्पष्ट रूप से स्वीकार किया गया है।

आयोग के ज्यादातर सदस्यों की राय यह थी कि जाति पिछड़ेपन की सीमा और विस्तार को निर्धारित करती है। भारत सरकार ने इस विचार को नामंजूर कर दिया। परन्तु उसने यह स्वीकार किया कि समतावादी समाज की स्थापना में जाति व्यवस्था सबसे बड़ी बाधा है। उसने यह चेतावनी भी दी कि एक पूरी जाति-विशेष को पिछड़ा स्वीकार करने से जाति के आधार पर वर्तमान भेदभाव को बनाए रखने में न केवल मदद ही मिल सकती है, बल्कि यह उस भेदभाव को शाश्वत भी बना दे सकती है।

इसीलिए यही समय है जबकि पिछड़ेपन के 'निरपेक्ष' सूचकों को तय करने पर गम्भीरता से विचार करना चाहिए। साथ ही, ये सूचक ऐसे भी होने चाहिए, जिनमें अनुसूचित जातियाँ और जनजातियाँ पूरी तरह शामिल हो जाएँ। साक्षरता, भूमि-स्वामित्व तथा नगद एवं अन्न के रूप में आमदनी के मानदंडों के आधार पर पिछड़ेपन के सभी मामलों को एक श्रेणी के अन्दर लाया जा सकता है।

एक अन्तिम बात। अन्य सभी लोगों के साथ-साथ जातिवाद की भर्त्सना करनेवाले लोग भी जात-पाँत को मौन रूप से एवं इतने व्यापक रूप से स्वीकार करते हैं कि वे भी इसे सभी जगह सामाजिक सक्रियता की प्रमुख इकाई मानते हैं। कुछ जातीय सम्मेलनों में उनके नेताओं ने यह अपील तक की है कि वे "पंचवर्षीय योजना के अन्तर्गत उपलब्ध कराए जा रहे अवसरों का भरपूर लाभ उठाएँ और (देश के) औद्योगिक विकास में अपना योगदान दें।"[37] मैसूर प्रदेश कांग्रेस समिति के अध्यक्ष श्री एस. चेन्नियाह ने अक्तूबर 1955 में नंजनागुडु में एक जाति-विशेष को सम्बोधित करते हुए व्यापक रूप से महसूस की जा रही भावनाओं को व्यक्त करते हुए कहा कि "आर्थिक और सामाजिक उत्थान के लिए जो साम्प्रदायिक संस्थाएँ काम कर रही हैं, उन्हें हानिकारक नहीं माना जा सकता। मानव मनोविज्ञान का स्वरूप ही ऐसा है कि मनुष्य साम्प्रदायिक एवं सामुदायिक सम्बद्धता से ही काम करने को प्रेरित होता है।"

उन्होंने इस बात पर प्रसन्नता व्यक्त की कि वे उस जाति-विशेष का विश्वास अर्जित करने में सफल हुए हैं। उन्होंने इस बात को रेखांकित किया कि वह छात्रावास, जो पहले उस जाति-विशेष के छात्रों के लिए ही बनाया गया था, उसके द्वार अब सभी जातियों के लिए खोल दिए गए हैं। उन्होंने यह आश्वासन दिया कि अगले चुनावों (1957) के लिए उम्मीदवारों का चयन करते समय उस जाति के सदस्यों के दावों की ओर उचित ध्यान दिया जाएगा। परन्तु चेन्नियाह तक ने यह बात कही कि जातिगत संगठनों की एक सीमा भी होनी चाहिए।

उपर्युक्त रिपोर्ट पर टिप्पणी करते हुए *टाइम्स ऑफ इंडिया* (23 अक्तूबर, 1955) ने एक अग्रलेख में कहा, "ऐसे राजनेता, जो यह चाहते हैं कि जाति और साम्प्रदायिक भेदभाव मिट जाएँ, वे भी इसके वोट दिलाने की ताकत से परिचित हैं। और इसलिए उनके सामने सचमुच एक दुविधा है। जब उससे साम्प्रदायिक संगठनों को मदद और संरक्षण देने की माँग की जाती है, तो वह अपनी सीमा रेखा कहाँ खींचे ? क्या एक केन्द्रीय मन्त्री को मराठों की एक उपजाति द्वारा आयोजित समारोह में उपस्थित होकर उसकी प्रतिष्ठा बढ़ानी चाहिए ? क्या कांग्रेस के नवनिर्वाचित अध्यक्ष को अपने जाति-भाइयों द्वारा आयोजित स्वागत समारोह में फूलमाला स्वीकार करनी चाहिए ? उस अग्रलेख में यह कहते हुए अन्त किया गया है कि : "राजनेताओं की दुविधा को दूर करने के लिए पहला कदम यह होगा कि जाति की व्यापक उपस्थिति और प्रभावों को स्वीकार किया जाए।" हालाँकि यह सिर्फ पहला कदम ही होगा।

सन्दर्भ एवं टिप्पणियाँ

1. हालाँकि केरल में नम्बूदरी ब्राह्मण सीमागत बिखराव से ऊपर थे। देखिए, एम.एन. श्रीनिवास द्वारा सम्पादित 'इंडियन विलेजेज' में डॉ. ई. मिलर का लेख 'विलेज स्ट्रक्चर इन नॉर्थ केरला', मुम्बई 1960।
2. जी.एस. घुर्ये, 'कास्ट एंड क्लास इन इंडिया, मुम्बई, 1952।
3. डॉ. बेली ने 1952-53 में उड़ीसा के फूलबानी जिले के एक गाँव बिसीपारा का क्षेत्र अध्ययन किया था। देखिए, उनकी पुस्तक 'कास्ट एंड दि इकॉनॉमिक फ्रंटियर', मैनचेस्टर, 1957।
4. देखिए, अध्याय 2।
5. देखिए, साउथ वेस्टर्न जनरल ऑफ एन्थ्रोपोलॉजी, अंक 12 (1956) में डॉ. ए.सी. मेयर के निबन्ध 'सम हाइरार्किकल आस्पेक्ट्स ऑफ कास्ट' का पृष्ठ 139 : "...बलाई लोग शूद्र-हरिजन वर्ण से शूद्र वर्ण में स्थानान्तरण की कोशिश कर रहे हैं।"
6. घुर्ये, वही, पृष्ठ 175-76
   हालाँकि प्रोफेसर जे.एच. हट्टन ने मुझे एक पत्र (दिनांक 24 अगस्त, 1957) लिखकर प्रोफेसर घुर्ये के दृष्टिकोण का खंडन किया है। मैं उनके पत्र के प्रासंगिक अंशों को यहाँ उद्धृत कर रहा हूँ। "(हिन्दुस्तानी सेना द्वारा बगावत के बाद) आमतौर पर *निचली* जातियों को ही निकाला गया। मुझे लगता है कि बगावत के बाद सभी जातियों के सैनिकों को एक साथ मिलाकर रखने की नीति अपनाई गई थी, लेकिन 1884 में कुछ निचली जातियों की भर्ती पर प्रतिबन्ध लगा दिया गया। 1891 में 'क्लास

कम्पनी' प्रणाली लागू की गई, जिससे रेजिमेंट के अन्दर ही सभी जातियाँ एक-दूसरे से अलग कर दी गईं। और इसमें निचली जातियों की और भी छँटनी हो गई। वैसे भी, 1893 में बंगाल आर्मी में 'क्लास कम्पनी' को हटाकर 'क्लास रेजिमेंट प्रणाली' ने जगह ले ली—ब्राह्मण, राजपूत, मुसलमान, जाट और गुरखे अलग-अलग रेजिमेंटों में भर्ती किए जाने लगे। मुझे ऐसा नहीं लगता कि इससे आपके सामान्य तर्कों पर कोई फर्क पड़ता है, पर मैं समझता हूँ कि आप तथ्यों की सटीकता को नापसन्द नहीं करेंगे। मैं यह मानता हूँ कि सेना में बिहारी ब्राह्मणों की भर्ती बेशक बन्द कर दी गई, जो बगावत में सबसे आगे थे, परन्तु राजपूतों और इसके साथ-साथ मराठा ब्राह्मणों को भी रंगरूटों का एक महत्त्वपूर्ण स्रोत हमेशा माना गया।

7. देखिए, 'दि प्रोसीडिंग्स ऑफ दि फर्स्ट प्रोविंसयल कान्फ्रेंस ऑफ दि लीग ऑफ नॉन ब्राह्मण यूथ' (सेंट्रल), मद्रास, 1927 : और 'दि एडमिनिस्ट्रेटिव रिपोर्ट ऑफ दि लीग ऑफ नॉन ब्राह्मण यूथ', मद्रास, 1926-27
8. *इंडियन डेली मेल* (मुम्बई), 14 अक्तूबर 1924 से उद्धृत, देखिए, घुर्ये, वही, पृष्ठ 183।
9. पाद टिप्पणी 7 में उल्लिखित रिपोर्ट देखिए, एवं एन. रामाराव, 'केलावु नेनापुगालु', बंगलूर, 1954, पृष्ठ 11 भी देखें।
10. घुर्ये, वही, पृष्ठ 175-183
11. देखिए, एम.एल.पी. पैटरसन, 'कास्ट एंड पॉलिटिक्स इन महाराष्ट्र', *इकॉनॉमिक वीकली,* जिल्द छह, संख्या 39 (15 सितम्बर, 1954), पृष्ठ 1065-67
12. घुर्ये, वही, पृष्ठ 202
13. वही, पृष्ठ 179, 197।
14. 'एडमिनिस्ट्रेटिव रिपोर्ट ऑफ दि लीग ऑफ नॉन ब्राह्मण यूथ', मद्रास, 1926-27
15. एम.एल.पी. पैटरसन, उद्धृत, पृष्ठ 1065-67
16. यह उल्लेखनीय है कि मद्रास प्रान्त में भी इसी प्रकार का प्रयत्न जारी था। मद्रास के गैर-ब्राह्मण आन्दोलन के नेता बेलगाम, सतारा तथा अमरावती के गैर-ब्राह्मण नेताओं से सम्पर्क साधे हुए थे। देखिए, 'प्रोसीडिंग्स ऑफ दि फर्स्ट प्रोविंसियल कान्फ्रेंस ऑफ दि लीग ऑफ नॉन-ब्राह्मण यूथ (सेंट्रल)', मद्रास, 1927
17. *टाइम्स ऑफ इंडिया,* अक्तूबर 1955
18. *अमेरिकन पॉलिटिकल साइंस रिव्यू* (जून 1956), पृष्ठ 378-404। हाल ही में उनकी प्रकाशित पुस्तक 'इंडिया : दि मोस्ट डेंजरस डिकेड्स', ऑक्सफोर्ड यूनिवर्सिटी प्रेस, मद्रास, 1960 भी देखिए।
19. एक जाति एवं एक क्षेत्र-विशेष के बीच इस प्रकार का सम्बन्ध भारत में काफी व्यापक तौर पर देखा जा सकता है। यह गौर करने की बात है कि जातीयतावाद अक्सर क्षेत्रीयतावाद के चोले में बाहर आता है। आधुनिक भारतीय प्रशासन की बड़े पैमाने पर फैली हुई एक विशेषता यह है कि अब पंचायतों को व्यापक अधिकार सौंपे जा रहे हैं। इससे स्थानीय रूप से प्रमुख जातियों द्वारा अन्य जातियाँ, खासकर आश्रित जाति के सदस्यों की कीमत पर अपने जाति भाइयों के लिए धन एवं शक्ति का उपयोग करने की प्रवृत्ति को बढ़ावा मिलेगा।
20. हैरिसन, वही, उद्धृत, पृष्ठ 384
21. हैरिसन, वही, उद्धृत, पृष्ठ 391, *कम्युनिस्ट,* अंक , (जून-जुलाई 1949) से उद्धृत करते हुए
22. *द हिन्दू,* मई 22, 1956
23. *द हिन्दू,* जून 16, 1956
24. देखिए, 'प्रोफाइल ऑफ ए सदर्न स्टेट—मैसूर', 'इकॉनॉमिक वीकली', जिल्द VIII, अंक 29 (जुलाई 21, 1956), पृष्ठ 859-65। अंक 32, पृष्ठ 943; और अंक 34, पृष्ठ 1005-6 भी देखिए।
25. राज्य पुनर्गठन आयोग की रिपोर्ट, अध्याय IV, पृष्ठ 91, पैरा 324। 1931 की जनगणना के अनुसार

उन क्षेत्रों में, जिनका कर्नाटक राज्य में शामिल किया जाना प्रस्तावित है, लिंगायत, ओक्कालिगा और हरिजनों की आबादी का प्रतिशत क्रमशः 17, 11 और 13 है।

26. *द टाइम्स ऑफ इंडिया,* जनवरी 26, 1952
27. *द टाइम्स ऑफ इंडिया,* नवम्बर 14, 195।
28. *द टाइम्स ऑफ इंडिया,* जनवरी 26, 1953
29. *द टाइम्स ऑफ इंडिया,* नवम्बर 25, 1952
30. राज्य पुनर्गठन आयोग की रिपोर्ट, पृष्ठ 141, एस 520
31. वही, पृष्ठ 143, एस 527
32. वही, पृष्ठ 153, एस 568; पृष्ठ 148-9, एस 550
33. *द हिन्दू,* जून 11, 1956
34. *द टाइम्स ऑफ इंडिया,* सितम्बर 7, 1956
35. रिपोर्ट ऑफ द सेमिनार ऑन कास्टिज्म एंड रिमूवल ऑफ अनटचेबिलिटी, मुम्बई 1955, पृष्ठ 98-100
36. वही, पृष्ठ 152
37. विरुदनगर में नादार महाजन संगम की रजत जयन्ती। देखिए, *द हिन्दू,* मई 29, 1956

संस्कृतीकरण और पश्चिमीकरण पर एक टिप्पणी

दक्षिण भारत के कुर्गों की सामाजिक और धार्मिक जीवन-शैली का विश्लेषण करते हुए संस्कृतीकरण की अवधारणा उपयोगी लगी। भारत के विभिन्न हिस्सों में जनजातियों और ग्रामीण समुदायों का अध्ययन कर रहे कुछ अन्य नृजातिशास्त्रियों (एंथ्रोपोलाजिस्ट) ने भी अपनी विषयवस्तु के विश्लेषण में इसे उपयोगी पाया है। इसी बात ने मुझे इस अवधारणा के पुनर्मूल्यांकन के लिए प्रयास करने को आकर्षित किया है।

संस्कृतीकरण का इस अर्थ में पहला प्रयोग मेरी पुस्तक 'रिलीजन एंड सोसाइटी एमंग कुर्ग्स ऑफ साउथ इंडिया' (ऑक्सफोर्ड, 1952, पृष्ठ 32) में इस प्रकार हुआ है :

"जाति प्रथा कोई ऐसी कठोर प्रणाली नहीं है जिसमें आनेवाले सभी कालों के लिए प्रत्येक घटक जाति की स्थिति हमेशा-हमेशा के लिए निर्धारित हो गई हो। खासतौर पर जाति श्रेणीक्रम के मध्यवर्ती तबकों में परिवर्तन की सम्भावना हमेशा रही है। शाकाहार, मद्य त्याग तथा अपने देवकुल एवं कर्मकांडों का संस्कृतीकरण कर एक निचली जाति एक या दो पीढ़ियों के अन्दर ही जाति श्रेणीक्रम में ऊँचे दर्जे पर पहुँच सकती थी। संक्षेप में कहें तो हालाँकि यह सैद्धान्तिक तौर पर प्रतिबन्धित था, फिर भी निचली जातियों द्वारा ब्राह्मणवादी जीवन-शैली अपनाना तथा जहाँ तक सम्भव हो, ब्राह्मणों के रीति-रिवाज, धार्मिक अनुष्ठान एवं मान्यताओं को अंगीकार कर लेना काफी आम बात थी। इस पुस्तक में इस प्रक्रिया को संस्कृतीकरण कहा है, जो 'ब्राह्मणीकरण' से अधिक उपयुक्त शब्द है; क्योंकि कुछ वैदिक अनुष्ठान केवल ब्राह्मणों एवं अन्य द्विज जातियों तक ही सीमित रहे हैं।"

इसमें कोई शक नहीं कि संस्कृतीकरण एक बेढब शब्द है, परन्तु ब्राह्मणीकरण की तुलना में इसे ज्यादा पसन्द करने के कई कारण हैं। ब्राह्मणीकरण ज्यादातर संस्कृतीकरण की व्यापक प्रक्रिया में समाहित हो जाता है हालाँकि कुछ बिन्दुओं पर ब्राह्मणीकरण और संस्कृतीकरण एक-दूसरे से बिल्कुल भिन्न भी हो जाते हैं। उदाहरण के लिए, वैदिक काल के ब्राह्मण सोम यानी एक तरह की शराब पीते[1], गोमांस खाते और रक्त की बलि चढ़ाते थे। इनका उत्तर-वैदिक काल में त्याग कर दिया गया था। ऐसा माना जाता है कि यह बौद्ध एवं जैन प्रभावों का ही एक परिणाम था। आज ज्यादातर ब्राह्मण शाकाहारी हैं और केवल सारस्वत, कश्मीरी तथा बंगाली ब्राह्मण ही सामिष भोजन करते हैं। हालाँकि ये सभी ब्राह्मण पारम्परिक रूप से शराब नहीं पीनेवालों में से रहे हैं। संक्षेप में कहा जाए तो भारत में बसने के बाद ब्राह्मणों के रीति-रिवाज एवं आदतों में परिवर्तन आया।

यदि ब्राह्मणीकरण शब्द का प्रयोग किया जाए तो यह स्पष्ट करना अनिवार्य हो जाता है कि तात्पर्य किस विशेष ब्राह्मण समुदाय एवं इसके लिखित इतिहास के किस विशेष कालखंड से है।

इसके अलावा संस्कृतीकरण के एजेंट (वाहक) हमेशा सिर्फ ब्राह्मण ही नहीं थे और न हैं। दरअसल, गैर-द्विज जातियों द्वारा ब्राह्मणों के रीति-रिवाज और अनुष्ठानों को अपनाने पर रोक थी और यह मानना गलत नहीं होगा कि एक विशेषाधिकार सम्पन्न समूह की हैसियत से कानून बनाने और घोषित करनेवाले ब्राह्मण समुदाय ही इस प्रतिबन्ध के लिए मूल रूप से जिम्मेदार रहे होंगे। परन्तु इस प्रकार के प्रतिबन्धों से निचली जातियों के रीति-रिवाजों और धार्मिक अनुष्ठानों के ब्राह्मणीकरण को कभी रोक नहीं पाए। दक्षिण के लिंगायत ने कर्नाटक की कई निचली जातियों के रीति-रिवाजों और धार्मिक अनुष्ठान के संस्कृतीकरण की प्रक्रिया में शक्तिशाली भूमिका निभाई है। लिंगायत आन्दोलन की स्थापना बासव नामक एक ब्राह्मण ने 12वीं शताब्दी में की एवं एक अन्य ब्राह्मण एकान्तदारमैय्या ने भी इसमें काफी महत्त्वपूर्ण भूमिका निभाई। परन्तु यह शब्द के अपने सच्चे अर्थों में एक लोक आन्दोलन था, जिसमें सभी जातियों और विशेष रूप से निचली जातियों के अनुयायियों को आकर्षित किया। यह अपने स्वर और आत्मा से भी ब्राह्मणवाद विरोधी था।[2] मैसूर के लिंगायत ब्राह्मणों की बराबरी का दावा करते हैं और कुछ कट्टर लिंगायत तो ब्राह्मणों द्वारा पकाया या छुआ हुआ खाना तक नहीं खाते हैं।

दक्षिण भारत के लुहार एक अन्य रोचक उदाहरण हैं : वे अपने को विश्वकर्मा ब्राह्मण कहते हैं और जनेऊ पहनते हैं और अपने धार्मिक अनुष्ठानों का भी संस्कृतीकरण कर चुके हैं। परन्तु उनमें से कुछ अब भी मांस खाते और शराब पीते हैं। फिर भी इसकी सुसंगत व्याख्या उपलब्ध नहीं है। उनकी गिनती बाएँ बाजू की जातियों में क्यों की जाती है और होलेया (अछूत) समेत दाएँ बाजू की कोई भी जाति उनके हाथ का छुआ खाना या पानी क्यों नहीं खाते-पीते ? हाल-हाल तक उन्हें कई दृष्टियों से अपात्र समझा जाता था। उन पर कई तरह के प्रतिबन्ध लगे हुए थे : उन्हें सिर्फ उन्हीं गाँवों में अपना विवाह समारोह करने की इजाजत थी, जिनमें उनकी जाति की देवी—काली—का कोई मन्दिर मौजूद हो। दाईं बाजूवाली जातियों के गाँवों की गलियों से इनकी शादी की बारात तक को निकलने नहीं दिया जाता था। इसके अलावा भी और कई तरह की पाबन्दियाँ थीं। आमतौर पर संस्कृतीकरण से जाति श्रेणीक्रम में ऊँचा स्थान प्राप्त करने में मदद मिलती है, पर लुहारों के मामले में इसका नतीजा उल्टे यह हुआ कि इन्हें सभी जातियों के गुस्से का सामना करना पड़ा। इसका कोई कारण नहीं मालूम है।

भारतीय समाज के विश्लेषण के लिए एक औजार के रूप में संस्कृतीकरण की अवधारणा की उपयोगिता, इसमें अन्तर्निहित जटिलताओं के साथ-साथ मौजूद ढीलेपन के कारण काफी सीमित हो जाती है। यहाँ संस्कृतीकरण की अवधारणात्मक सम्पूर्णता पर और अधिक विवेचना करने की कोशिश की जाएगी।

II

जाति हिन्दू समाज का संरचनात्मक आधार है और जिस संरचनात्मक ढाँचे में संस्कृतीकरण की यह प्रक्रिया घटित होती है, उसे समझे बगैर संस्कृतीकरण को ठीक से समझना सम्भव नहीं है। कहा जाए तो साधारणतया जाति श्रेणीक्रम में ऊपर की जातियाँ मध्यम और निम्न स्थानों पर मौजूद जातियों की तुलना में कहीं अधिक संस्कृतिनिष्ठ हैं और यही बात निचली जातियों के साथ-ही-साथ बाहरी जनजातियों के संस्कृतीकरण के लिए भी जिम्मेदार रही है। ऐसा लगता है कि निचली जातियाँ हमेशा से ऊपरी जातियों के रीति-रिवाजों और जीवन-शैली को अपनाने का प्रयास करती रही हैं। ब्राह्मणवादी आचार-विचार एवं धार्मिक अनुष्ठानों को निचली जातियों द्वारा अपनाए जाने पर लगाए गए प्रतिबन्धों की सैद्धान्तिक मौजूदगी कभी भी बहुत प्रभावकारी नहीं रही है। यह बात इस तथ्य पर विचार करने से बिल्कुल साफ हो जाती है कि कई गैर-ब्राह्मणवादी जातियों ने ब्राह्मणवादी रीति-रिवाजों और कर्मकांडों को अपना लिया है। निचली जातियों द्वारा ऊपरी जातियों के रीति-रिवाजों और अनुष्ठानों को अपनाने में एक बड़ी कारगर बाधा स्थानीय रूप से प्रभावशाली जाति या उस इलाके के राजा का शत्रुतापूर्ण रवैया रहा है। इनके मामले में शारीरिक बल प्रयोग द्वारा ही निचली जातियों को नियन्त्रण में रखना सम्भव हो सकता था।

इसमें गौर करने लायक सबसे मजेदार बात यह है कि कुछ बाधाओं की मौजूदगी के बावजूद ब्राह्मणवादी आचार-विचार और जीवन-शैली न केवल सभी हिन्दुओं, बल्कि दूर-दराज के जनजातीय लोगों के बीच फैलने में कामयाब हुई। यह कुछ हद तक इस कारण से भी है कि हिन्दू समाज एक ऐसा स्तरीकृत समाज है, जिसमें असंख्य छोटे-छोटे समूह मौजूद हैं और इनमें से हरेक उच्च स्थान-प्राप्त समूह का दर्जा हासिल करने की कोशिश में लगा रहता है। और ऊँचे स्थान का दावा करने का सबसे बढ़िया रास्ता यह है कि ऊँची जातियों के रीति-रिवाज और जीवन-शैली को अपना लिया जाए। ऊँची जातियों को छोड़कर बाकी सभी जातियों के अन्दर यह प्रक्रिया चल रही थी। नतीजा यह हुआ कि ब्राह्मणवादी आचार-विचार और जीवन-शैली सभी हिन्दू जातियों के अन्दर फैल गई। सम्भवतया निचली जातियों द्वारा ब्राह्मणवादी जीवन-शैली अपनाने पर जो प्रतिबन्ध लगाया गया था, उसका ठीक उल्टा असर हुआ।

हालाँकि दीर्घकालिक तौर पर निचली जातियों में ब्राह्मणवादी रीति-रिवाजों और अनुष्ठानों का ही प्रसार हुआ, परन्तु तात्कालिक रूप से सभी जातियाँ स्थानीय रूप से प्रभावशाली जातियों की नकल करती थीं; और स्थानीय रूप से प्रभुत्वशाली जातियाँ अक्सर ही ब्राह्मण नहीं होते थे। यह कहा जा सकता है कि निचले स्तर पर मौजूद असंख्य जातियों में ब्राह्मणवादी आचार-विचार एक शृंखलाबद्ध प्रतिक्रिया के माध्यम से पहुँचा यानी हरेक समुदाय अपने ऊपरवाले समुदाय से इसे लेता और बदले में इसे अपने से निचले समुदाय को दे देता था। कभी-कभी एक जाति अपनी सभी समवर्ती संरचनावाली

जातियों के ऊपर से छलाँग लगाने की कोशिश और ब्राह्मणों के बराबर होने का दावा पेश करती थी, जैसा कि दक्षिण भारत के लुहारों के मामले में देखा जा सकता है। इसी सामूहिक सामाजिक महत्त्वाकांक्षा के कारण लुहारों ने अन्य सभी लोगों की दुश्मनी मोल ली।

कभी-कभी हमें ऐसी जातियाँ भी मिलती हैं, जिन्हें आर्थिक और राजनीतिक शक्तियाँ तो प्राप्त थीं, लेकिन धार्मिक अनुष्ठानों में उनकी गिनती ऊपरी दर्जे में नहीं होती थी यानी उनके आर्थिक-राजनीतिक स्थान और कर्मकांडीय स्थान के बीच एक भारी अन्तराल होता था। ऐसे मामलों में देर-सबेर संस्कृतीकरण होता ही था क्योंकि उसके बिना ऊँचे स्थान का दावा कभी सम्पूर्ण रूप से प्रभावशाली नहीं हो सकता था। जाति प्रथा के अन्दर सत्ता के तीन प्रमुख आयाम हैं--कर्मकांडीय, आर्थिक और राजनीतिक; और इनमें से किसी एक आयाम में हासिल शक्ति आमतौर पर अन्य दो मोर्चों पर भी शक्तिशाली होने का रास्ता खोल देती थी। इसका मतलब यह नहीं है कि इसमें कोई विसंगति हुई ही नहीं--कभी-कभी ऐसा भी होता है कि एक धनी जाति की कर्मकांडीय स्थिति निम्न होती है और इसके उल्टे उच्च कर्मकांडीय स्थान प्राप्त जाति गरीब भी होती है।

III

जाति प्रथा में पद-सोपान की भावना सर्वव्यापी है। न केवल विभिन्न जातियाँ अपने ऊँचे-नीचे स्थान से एक पद-सोपान बनाती हैं, बल्कि वे जो काम-धन्धे करते हैं, उनके खाने-पीने में जो अलग-अलग वस्तुएँ होती हैं और वे जो विभिन्न रीति-रिवाजों को मानते हैं, उन सबका भी अलग-अलग पद-सोपान बन जाता है। इसलिए कसाई, चमड़ा पकाने, सूअर पालने और ताड़ी उतारने का धन्धा करनेवाली जातियों को निचले स्थान पर रख दिया जाता है। मछली और बकरे का मांस खाने की तुलना में सूअर या गाय का मांस खाना दूषित काम माना जाता है। जो जातियाँ अपने देवी-देवताओं को रक्त की बलि चढ़ाती हैं, उन्हें उन जातियों से निम्न माना जाता है जो फल और फूल चढ़ाती हैं। ऊँची जातियों की सम्पूर्ण जीवन-शैली इस पद-सोपान में धीरे-धीरे नीचे की तरफ रिसती रहती है। और जैसाकि पहले जिक्र किया जा चुका है, ब्राह्मणों की भाषा, खान-पान, वस्त्र-आभूषण और उनकी जीवन-शैली आखिरकार पूरे समाज में फैल जाती है।

ऐसा लगता है कि निचली जातियों के बीच संस्कृतीकरण के प्रसार में दो 'वैधानिक कल्पनाओं' का काफी योगदान रहा है। पहला, गैर-द्विज जातियों पर वैदिक कर्मकांड सम्पन्न करने की जो बन्दिश लगाई गई थी, उसके बीच से रास्ता बनाकर यह प्रतिबन्ध सिर्फ वैदिक मन्त्रों के उच्चारण तक सीमित कर दी गई यानी कर्मकांडों को उसके साथ जुड़े मन्त्रोच्चार से अलग कर दिया गया और इनको अलग कर देने से ब्राह्मणवादी कर्मकांड अछूतों सहित सभी हिन्दू जातियों में फैल गया। इस प्रकार मैसूर राज्य की कई

गैर-ब्राह्मण जातियों के विवाह समारोह के अवसर पर कन्यादान सहित अनेक अन्य वैदिक कर्मकांड प्रचलित हो गए।

और दूसरा यह कि एक ब्राह्मण पुरोहित इन विवाहों को सम्पन्न करवाता है। वह वैदिक मन्त्रों का उच्चारण नहीं करता है, बल्कि उसके बदले मंगलाष्टक स्तोत्र का पाठ करता है जो उत्तर वैदिक संस्कृत काव्य है। इन मन्त्रों द्वारा वैदिक मन्त्रों का स्थान ले लेना दूसरी 'वैधानिक कल्पना' है।

IV

गैर-ब्राह्मण जातियों ने न केवल ब्राह्मणवादी कर्मकांड अपनाए हैं, बल्कि कई ब्राह्मणवादी प्रथाओं और जीवन-मूल्यों को भी अपनाया है। शादी-विवाह, रिश्तेदारी और महिलाओं के सन्दर्भ में मैं अपनी बात को स्पष्ट (करने की कोशिश) करूँगा। यहाँ मैं यह बात भी जोड़ दूँ कि इस पूरे लेख में मैंने मैसूर रियासत की परिस्थितियों से सम्बन्धित अपने अनुभवों को ही आधार बनाया है, उसे छोड़कर जहाँ मैंने अन्य सन्दर्भों का उपयोग किया है, वहाँ उसे स्पष्ट कर दिया (गया) है।

हाल-हाल तक ब्राह्मण अपनी कन्याओं का विवाह यौवनारम्भ से पहले ही कर दिया करते थे और वे माता-पिता जो अपनी बेटियों के विवाह के लिए यौवनारम्भ से पहले ही वर खोजने में असफल रहते थे, उन्हें बहुत बड़े अपराध का भागी माना जाता था। सैद्धान्तिक रूप से ब्राह्मणों का विवाह अविच्छेद्य माना जाता है और एक ब्राह्मण विधवा, चाहे वह बाल विधवा ही क्यों न हो, को सिर मुँडवाना पड़ता है एवं उसे जेवर और तड़क-भड़कवाले कपड़ों का भी त्याग करना पड़ता है। उसे अशुभ माना जाता था (और आज भी कुछ हद तक ऐसा ही माना जाता है)। उसे यौन सुख की मनाही है। हिन्दुओं में सामान्यता वधुओं में कुँवारापन, पत्नियों में पतिव्रता और विधवाओं के संयम को सबसे अधिक पसन्द किया जाता है और विशेष रूप से ऊँची जातियों में यह ज्यादा स्पष्ट है।

विवाह तथा यौन सम्बन्धों के धरातल पर 'निचली' जातिगों की सामाजिक प्रथाएँ ब्राह्मणों के मुकाबले कहीं अधिक उदार रही हैं। लड़कियों का विवाह यौवनारम्भ के बाद भी उनके बीच होता है, विधवाओं को अपने सिर मुँडवाने की जरूरत नहीं होती तथा तलाक एवं विधवा विवाह दोनों ही न केवल स्वीकृत हैं, बल्कि व्यवहार में भी लाए जाते हैं। आमतौर पर महिलाओं के प्रति उनके यौनाचार सम्बन्धी नियम उतने कठोर नहीं हैं जितने कि ऊँची जातियों, विशेष रूप से ब्राह्मणों में पाए जाते हैं। परन्तु जैसे-जैसे एक जाति श्रेणीक्रम में ऊपर उठती जाती है और उसके तौर-तरीके अधिक संस्कृतिनिष्ठ होते जाते हैं, वैसे-वैसे वे ब्राह्मणों के यौनाचार एवं विवाह सम्बन्धी नियमों को अपनाने लगते हैं। संस्कृतीकरण का परिणाम महिलाओं के लिए काफी कठोर रहा है।

दाम्पत्य सम्बन्धों पर संस्कृतीकरण का बहुत ही महत्त्वपूर्ण प्रभाव पड़ा है। उदाहरण

के लिए, ब्राह्मणों में स्त्रियों से अपने पति को देवता मानने की अपेक्षा की जाती है। अपने पति के भोजन करने से पहले ही पत्नी का भोजन कर लेना बहुत ही असामान्य होता है और रूढ़िवादी परिवारों में अब भी पत्नियाँ अपने पतियों की जूठी पत्तल में ही खाना खाती हैं। आमतौर पर ऐसी पत्तलें छुई नहीं जातीं क्योंकि उन्हें छूने से हाथ अपवित्र हो जाता है। साधारणतया वे औरतें जो इन पत्तलों को उठाती हैं, उस जगह को गोबर से लीपती हैं और उसके बाद अपने हाथ को साफ करती हैं। लेकिन पति ने जूठी पत्तल छोड़ी है तो उसमें खाने में कोई अपवित्रता नहीं होती है।

रूढ़िवादी ब्राह्मण स्त्रियाँ कई प्रकार के व्रत करती हैं जिनमें से कुछ व्रतों का पालन वे अपने पतियों की दीर्घायु की कामना से करती हैं। एक औरत की इच्छा यह होती है कि वह अपने पति से पहले ही मर जाए ताकि उसे विधवा नहीं होना पड़े। पति से पहले मरनेवाली औरतों को न केवल भाग्यशाली, बल्कि उत्तम माना जाता है जबकि विधवा बनना पूर्वजन्म के पापों का फल माना जाता है। अपने पति के प्रति अगाध श्रद्धा रखनेवाली पत्नियों को आदर्श के रूप में देखा जाता है और उन्हें पतिव्रता माना जाता है। यानी एक ऐसी स्त्री, जो अपने पति की सेवा को अपना सबसे बड़ा कर्त्तव्य मानती है। ऐसे कई मिथक प्रचलित हैं जिनमें कुछ सन्त महिलाओं का अपने पति के प्रति समर्पण और स्वामीभक्ति का वर्णन किया जाता है। कुछ विशेष अवसरों पर (इन महिलाओं) के प्रति भी खास सम्मान प्रकट किया जाता है।

हालाँकि बहुपत्नी-प्रथा भी स्वीकृत है। परन्तु एकनिष्ठ विवाह आदर्श माना गया है। रामायण का नायक राम भी एक पत्नी के आदर्श के प्रति समर्पित (एक पत्नीव्रती) है। दाम्पत्य जीवन को एक पवित्र स्थिति माना गया है एवं पति-पत्नी को साथ मिलकर अनेक धार्मिक कृत्य सम्पन्न करने पड़ते हैं। विवाहित व्यक्ति की तुलना में अविवाहित व्यक्ति का धार्मिक स्थान निम्न होता है और पितरों को छोड़ा पिंडदान जैसे कुछ महत्त्वपूर्ण धार्मिक कृत्यों को सम्पन्न करने का अधिकार नहीं होता है। विवाह एक धार्मिक कर्त्तव्य है। गंगा या किसी अन्य पवित्र नदी में स्नान करते समय पति-पत्नी अपने वस्त्रों के छोर को एक गाँठ में बाँध लेते हैं। पति द्वारा किए गए व्रत, पूजा और तपस्या से प्राप्त पुण्य में पत्नी को आधे का हिस्सेदार माना जाता है।

रिश्तेदारी के मामले में संस्कृतीकरण वंश की महत्ता पर जोर देता है जो एक प्रकार से ब्राह्मणों की पितृसत्तात्मक परम्परा होती है। मृत पूर्वजों को देवता मान लिया जाता है और वंश के पुरुष सदस्यों द्वारा समय-समय पर उन्हें भोजन और पेय पदार्थ अर्पित किए जाते हैं। यदि पूर्वजों को यह अर्पण न किया जाए तो पितर 'पुत' नामक एक नरक में चले जाते हैं। बेटे के लिए संस्कृत शब्द है 'पुत्र' जिसका लोक प्रचलित अर्थ होता है वह व्यक्ति जो पितरों को 'पुत' नामक नरक से मुक्त कराए।[3] संक्षेप में पुत्रों को एक धार्मिक आवश्यकता बनाने के परिणामस्वरूप संस्कृतीकरण पुत्र-प्राप्ति को अति महत्त्वपूर्ण बना देता है। साथ-ही-साथ इसका असर लड़कियों की महत्ता घटा देता है। जैसाकि पहले कहा जा चुका है, माता-पिता का अब कर्तव्य हो जाता है कि वे लड़कियों

का यौवनारम्भ से पहले ही अपनी उपजाति के किसी उपयुक्त व्यक्ति से विवाह कर दें। ऐसा व्यक्ति खोजना अक्सर एक समस्या होती है और हाल के वर्षों में दहेज प्रथा के कारण यह समस्या काफी अधिक बढ़ गई है।

मैसूर के गैर-ब्राह्मणों में हालाँकि लड़के अधिक पसन्द किए जाते हैं, लेकिन लड़कियों का जन्म भी बुरा नहीं माना जाता। दरअसल उनमें लड़कियों की काफी माँग है। और यौवनारम्भ से पहले ही लड़कियों का विवाह कर दिए जाने का कोई धार्मिक दायित्व भी नहीं है। उनकी महिलाओं को जिन नियमों में बँधकर जीना पड़ता है, वे इतने कठोर भी नहीं हैं जितने ब्राह्मणों में हैं। गैर-ब्राह्मण जातियाँ भी पितृसत्तात्मक हैं और पितृसत्तात्मक वंश परम्परा उन लोगों में काफी विकसित है। मृत पूर्वजों को समय-समय पर भोजन और पेय पदार्थ अर्पित किए जाते हैं। परन्तु फिर भी इतना कहा जा सकता है कि गैर-ब्राह्मण वंश परम्पराओं में ब्राह्मणों के मुकाबले धार्मिक तत्त्व कम प्रभावशाली है।

V

संस्कृतीकरण का अर्थ केवल नए रीति-रिवाजों और आदतों को अपनाना भर ही नहीं है, बल्कि उन नवीन विचारों और जीवन मूल्यों से साक्षात्कार होना भी है जिनका वर्णन अक्सर ही विशाल धार्मिक और धर्मेतर संस्कृत साहित्य में किया गया है। कर्म, धर्म, माया, पाप, संसार और मोक्ष संस्कृत धर्मशास्त्रों में आनेवाली सर्वाधिक प्रचलित अवधारणाओं के कुछ उदाहरण हैं और जब एक बिरादरी का संस्कृतीकरण हो जाता है तो उनके आपसी बातचीत में ये शब्द आमतौर पर आने लगते हैं। आम लोगों तक ये विचार संस्कृत मिथकों और कहानियों के माध्यम से पहुँचते हैं। *हरिकथा* का आयोजन निरक्षरों के बीच संस्कृत कहानियों और विचारों के प्रसार में मदद देता है। *हरिकथा* में पंडित धार्मिक कथाओं का पाठ करने के साथ-साथ उसे अपने श्रोताओं को समझाता चलता है। एक मन्दिर में रोज शाम को कुछ घंटों के लिए श्रोतागण जमा होते हैं और तब जाकर एक कथा को समाप्त होने में कुछ सप्ताह लगते हैं। वैसे तो हरिकथा कभी भी आयोजित की जा सकती है, परन्तु दशहरा, रामनवमी, शिवरात्रि और गणेश चतुर्थी जैसे त्योहार हरिकथा सुनने के लिए खासतौर पर उपयुक्त माने जाते हैं। श्रद्धालु मानते हैं कि ऐसी कथाओं के श्रवण से धार्मिक पुण्य प्राप्त होता है। यह अपने खाली समय के उचित उपयोग का पारम्परिक रूप से मान्य एक तरीका रहा है।

ब्रिटिश शासनकाल में संस्कृत धर्मशास्त्रीय विचारों के प्रसार में तेजी आई। यातायात के विकास ने संस्कृतीकरण को उन इलाकों में भी पहुँचा दिया जो पहले दुर्गम थे और साक्षरता का प्रसार जाति श्रेणीक्रम के निचले तबकों में भी इसे ले गया। रेलवे इंजन, प्रेस, रेडियो और हवाई जहाज जैसी पश्चिमी तकनीकों ने संस्कृतीकरण के प्रसार को मदद पहुँचाई है। उदाहरण के लिए पिछले कुछ वर्षों के अन्दर मैसूर शहर में हरिकथा

की लोकप्रियता और बढ़ी है क्योंकि वाहक अब माइक्रोफोन के इस्तेमाल द्वारा पहले के मुकाबले कहीं बड़े जनसमुदाय को एक बार में सम्बोधित कर सकता है। भारतीय फिल्में महाकाव्यों और पुराणों से कहानियों तथा घटनाओं को उठाकर उन्हें और भी लोकप्रिय बना रहे हैं। नन्दनार, पोतना, तुकाराम, चैतन्य, मीरा, त्यागराज और तुलसीदास जैसे सन्तों के जीवन पर फिल्में बनाई गई हैं। आजकल महाकाव्यों, पुराणों और अन्य धार्मिक-अर्द्धधार्मिक पुस्तकों के सस्ते और लोकप्रिय संस्करण कई स्थानीय भाषाओं में उपलब्ध हो रहे हैं।

अंग्रेजों द्वारा संसदीय लोकतन्त्र जैसी पश्चिमी राजनीतिक संस्थाओं की शुरुआत ने भी देश के संस्कृतीकरण को बढ़ाने में अपना योगदान दिया है। भारत गणराज्य के संविधान में मद्य निषेध जैसे संस्कृतिनिष्ठ जीवन-मूल्य को दर्ज किया गया है और हरेक प्रान्त की कांग्रेस सरकार ने सम्पूर्ण अथवा आंशिक रूप से अपने-अपने प्रान्तों में इसे लागू किया है।

मैसूर राज्य में ग्राम देवताओं को रक्त बलि चढ़ाए जाने के खिलाफ आन्दोलन चलाने में स्थानीय कांग्रेस पार्टी काफी व्यस्त है। दक्षिण भारत में कांग्रेस पर गैर-ब्राह्मणों का प्रभुत्व है जिनका ज्यादातर हिस्सा समय-समय पर अपने देवताओं को पशुबलि चढ़ाता है। इसके बावजूद कांग्रेस के नेतागण पशुओं के बदले फल-फूल चढ़ाने की वकालत कर रहे हैं। यह फिर एक तरह से बहुसंख्यक जनता के जीवन-मूल्यों पर संस्कृतिवादी, हालाँकि उत्तर-वैदिक जीवनमूल्यों की (फिर एक तरह से) जीत है।

अभी तक मैंने केवल उन तरीकों का जिक्र किया है जिनसे एक समूह के पश्चिमीकरण से उसके संस्कृतीकरण में भी योगदान मिला है। हालाँकि कई दूसरे अर्थों में संस्कृतीकरण और पश्चिमी मूल्यों में आपसी विरोध भी है। उदाहरण के लिए, ज्ञान के विभिन्न क्षेत्रों में वैज्ञानिक प्रणाली के सुसंगत उपयोग से उत्पन्न विश्वदृष्टि और पारम्परिक धर्मों की विश्वदृष्टि के बीच एक संघर्ष सामने आ रहा है।

आधुनिक भारतीय सामाजिक जीवन का कोई विश्लेषण पश्चिमीकरण और संस्कृतीकरण के साथ उनके पारस्परिक सम्बन्धों पर विचार किए बगैर पूरा नहीं हो सकता है। 19वीं शताब्दी में अंग्रेजों ने भारत में दासता, नरबलि, सती, ठगी और देश के कुछ भागों में बालिका-दध की प्रथाओं को देखा। अंग्रेजों ने अपने पास उपलब्ध सभी शक्तियों का उपयोग कर इन प्रथाओं से संघर्ष किया जिसे वे बर्बर मानते थे। इसके अलावा भी कई ऐसी प्रथाएँ थीं जिन्हें उन्होंने स्वीकृत नहीं किया था, परन्तु कई कारणों से उन्हें समाप्त करने का उन्होंने प्रत्यक्ष रूप से कोई प्रयास नहीं किया।

इस देश पर ऐसे विदेशियों का अधिकार हो गया जो यहाँ के निवासियों के जीवन के कई पहलुओं को हेय दृष्टि से देखते थे और कुछ चीजों को तो सरासर बर्बर ही मानते थे। इस तथ्य ने भारतीय नेताओं को बचाव का रुख अपनाने के लिए मजबूर कर दिया। ब्रह्मसमाज जैसे सुधारवादी आन्दोलन का उद्‌देश्य हिन्दू धर्म की असंख्य 'बुराइयों' पर नियन्त्रण पाना था।[4] वर्तमान इतना अन्धकारपूर्ण था कि अतीत ही

सुनहला लगने लगा। हिन्दू धर्म के तहत एक अन्य सुधारवादी आन्दोलन आर्यसमाज वैदिक हिन्दू धर्म की तरफ लौटने की आकांक्षा पर जोर डालने लगा जो तत्कालीन हिन्दूवाद से भिन्न था। पश्चिमी विद्वानों द्वारा संस्कृत का ज्ञान प्राप्त करने तथा पश्चिमी एवं भारत के पश्चिम-प्रभावित विद्वानों द्वारा भारतीय अतीत के टुकड़ों को जोड़कर सुव्यवस्थित करने आदि की घटना ने भारतीयों को पश्चिमी देशों के सामने खड़े होने के लिए अति आवश्यक आत्मविश्वास दिया। मैक्समूलर जैसे पश्चिमी विद्वानों द्वारा भारतीय संस्कृति की महानता के प्रति समर्पित प्रशस्ति को भारतीय नेताओं द्वारा आभार सहित स्वीकार किया गया। (उदाहरण के लिए, देखें, महात्मा गाँधी के हिन्द स्वराज का परिशिष्ट)[5] शिक्षित भारतीयों के बीच अपनी संस्कृति को बढ़ा-चढ़ाकर पेश करना और पश्चिमी संस्कृति को भौतिकवादी एवं अध्यात्महीन कहकर नीचा दिखाना आम बात हो गई थी।

भारतीय नेतागण जिन जातियों और वर्गों से आए थे, वह भी इस सन्दर्भ में महत्त्वपूर्ण है। ऊपरी जातियों में एक साहित्यिक परम्परा थी एवं वे पशुबलि के विरोधी भी थे, परन्तु कई अन्य रीति-रिवाजों और आदतों के मामले में वे अंग्रेजों से निचली जातियों के भी मुकाबले कहीं अधिक दूरी रखते थे। निचली जातियाँ मांस खाती थीं और उनमें से कुछ तो गाय और सूअर का मांस भी खाती थीं; वे शराब पीते थे, उनके समाज में औरतों को ज्यादा आजादी मिली हुई थी, तलाक और विधवा-विवाह पर कोई प्रतिबन्ध नहीं था। अतः भारतीय नेतागण एक दुविधा में पड़े हुए थे। उन्होंने देखा कि कई ऐसे रीति-रिवाज और आदतें, जिन्हें वे अब तक हेयदृष्टि से देखते रहे हैं, उनके नए स्वामियों में भी मौजूद हैं। गाय और सूअर का मांस खाने और शराब पीनेवाले अंग्रेजों के पास आर्थिक और राजनीतिक सत्ता, नई तकनीक, वैज्ञानिक जानकारी और एक महान साहित्य मौजूद था। पश्चिम का अनुकरण करनेवाली ऊँची जातियों ने उन आदतों और रीति-रिवाजों को अपनाना शुरू कर दिया जो उन रिवाजों से अलग नहीं थे जिन्हें वे पहले नीची दृष्टि से देखते थे। एक दूसरा नतीजा यह हुआ कि हिन्दू समाज की ऊपरी जातियों की बुराइयों को पूरे समाज के दोष के रूप में देखा जाने लगा।

भारत में पश्चिमीकरण की गति और स्वरूप एक क्षेत्र से दूसरे क्षेत्र में तथा आबादी के एक हिस्से से दूसरे हिस्से में अलग-अलग रहा है। उदाहरण के लिए, आबादी के एक तबके का पहनावा, खान-पान, चाल-चलन, बोलचाल, खेलकूद और तरह-तरह के सामानों के इस्तेमाल के मामले में ज्यादा पश्चिमीकरण हुआ तो दूसरे ने पश्चिमी ज्ञान-विज्ञान और साहित्य को ज्यादा आत्मसात् किया, लेकिन बाहरी तत्त्वों में पश्चिमीकरण अपेक्षाकृत मुक्त रहा पर यह स्पष्ट है कि ऐसा अन्तर हमेशा कठोर ही नहीं रहा है और यह सिर्फ एक चीज पर अपेक्षाकृत कम या ज्यादा जोर डालने की बात है। लेकिन देश में विभिन्न समूहों के पश्चिमीकरण के विभिन्न प्रकारों के बीच अन्तर करने के लिए यह करना आवश्यक है।

उदाहरण के लिए मैसूर राज्य में पश्चिमीकरण के मामले में ब्राह्मण अन्य जातियों

से आगे रहे। यह स्वाभाविक ही था क्योंकि ब्राह्मणों के पास साहित्यिक परम्परा तो थी ही, इसके अलावा उनमें से कई ग्रामीण अर्थव्यवस्था के श्रेणीक्रम में भूस्वामी की हैसियत से सबसे ऊपर खड़े थे। (पहले ब्राह्मणों को दान में जमीन देने की प्रथा थी। विशिष्ट ब्राह्मण प्रशासकों को भी उपहार में जमीन दी गई थी।) ब्रिटिश शासन स्थापित होने के बाद उत्पन्न नए अवसरों को उन्होंने सबसे पहले महसूस कर लिया और अपने खानदानी गाँवों को छोड़कर मैसूर और बंगलूर जैसे शहरों में बसने लगे ताकि अंग्रेजी शिक्षा का फायदा उठाया जा सके। नई व्यवस्था में अंग्रेजी शिक्षा रोजगार प्राप्त करने का अनिवार्य साधन बन गई थी।

हालाँकि ब्राह्मणों की विद्वत्तापूर्ण परम्परा ने उन्हें नवीन ज्ञान प्राप्त करने के लिए एक सुविधापूर्ण स्थिति प्रदान की परन्तु कुछ अन्य मामलों में वे पश्चिमीकरण की दौड़ के लिए नितान्त अक्षम थे। ऐसा खासतौर पर दक्षिण में था जहाँ उनकी ज्यादातर आबादी शाकाहारी और शराब से दूर रहनेवाली थी। छुआछूत के डर ने उन्हें दूसरों के बनाए भोजन करने और अपवित्र समझे जानेवाले धन्धों को अपनाने से रोक दिया। एक कट्टर ब्राह्मण की नजर में गाय और सूअर का मांस खानेवाला, शराब और सिगरेट या पाइप पीनेवाला अंग्रेज कर्मकांडीय अपवित्रता की साक्षात मूर्ति थी। परन्तु दूसरी तरफ उन्हीं अंग्रेजों के पास आर्थिक और राजनीतिक शक्ति थी, जिस कारण से उनकी प्रशंसा की जाती थी, सम्मान किया जाता था एवं उनसे भय होता था, घृणा की जाती थी।

ब्राह्मणों के पश्चिमीकरण का कुल नतीजा यह निकला कि उन्होंने अंग्रेजों और शेष देशी आबादी के बीच अपने को स्थित कर लिया। परिणामस्वरूप पारम्परिक जाति प्रथा के ऊपर एक नई और धर्मेतर जाति प्रथा थोप दी गई जिसमें अंग्रेज, जो नए क्षत्रिय थे, सबसे ऊपर खड़े रहे जबकि ब्राह्मणों ने दूसरे स्थान पर कब्जा कर लिया और बाकी अन्य लोग इस पिरामिड में नीचे के धरातल पर बने रहे। ब्राह्मण अंग्रेजों को अपने ऊपर मानते और बाकी लोग अंग्रेजों और ब्राह्मणों, दोनों को अपने ऊपर पाते थे। चूँकि अंग्रेजों के कुछ रीति-रिवाज और जीवन-मूल्य ब्राह्मणवादी तौर-तरीकों के विरोधी थे, अतः परिस्थिति काफी भ्रामक हो गई थी। हालाँकि ऐसा विरोधाभास जाति प्रथा में हमेशा से निहित रहा है, लेकिन बह इतना स्पष्ट रूप से कभी सामने नहीं आया था। क्षत्रिय और ब्राह्मणवादी मूल्य हमेशा एक-दूसरे के कुछ हद तक विरोधी रहे हैं और अन्य सभी जातियों के ऊपर ब्राह्मणों की सैद्धान्तिक सर्वोच्चता के बावजूद अपनी राजनीतिक शक्ति (और उसके माध्यम से आर्थिक शक्ति) के कारण क्षत्रिय हमेशा एक वर्चस्व की स्थिति में रहे हैं। जाति प्रथा पर अंग्रेजों के आरोपण ने इस विषमता को और स्पष्ट कर दिया।

इस नए श्रेणीक्रम में ब्राह्मणों की स्थिति बहुत महत्त्वपूर्ण थी। वे उस चलनी की तरह थे, जिससे छनकर पश्चिमीकरण मैसूर के शेष हिन्दू समाज में पहुँचा। इन्होंने प्रायः पश्चिमीकरण की प्रक्रिया में मदद की क्योंकि अन्य जातियाँ ब्राह्मणों के तौर-तरीकों की

नकल करने की आदी थीं। लेकिन जहाँ एक तरफ ब्राह्मणों के पश्चिमीकरण ने पूरे हिन्दू समाज के पश्चिमीकरण को सम्भव बना दिया, वहीं स्वयं ब्राह्मण पश्चिमीकरण के कुछ पहलुओं, जैसे—अंग्रेजी खान-पान, पहनावे और छुआछूत के विचार से मुक्ति को स्वीकार करने में कठिनाई महसूस कर रहे थे। (शायद अन्य जातियाँ इसे स्वीकार करने में इतनी दिक्कत महसूस नहीं करतीं। उदाहरण के लिए, कुर्गों ने अंग्रेजी खान-पान और पहनावे तथा खेलकूद, शिकार एवं नाच-गान जैसी कुछ गतिविधियों को काफी आसानी से स्वीकार कर लिया।)

मैसूर के ब्राह्मण वैदिक अर्थात् पुरोहितों और लौकिक अर्थात् सामान्य गृहस्थों में बँटे हुए हैं। इसी प्रकार के अन्तर भारत के अन्य हिस्सों के ब्राह्मणों में भी देखे जा सकते हैं। सिर्फ वैदिक ब्राह्मण ही पुरोहित का काम करते हैं जबकि लौकिक अन्य धर्मेतर पेशों को अपनाते हैं। कर्मकांड की दृष्टि से पुरोहितों की स्थिति, लौकिकों से ऊपर रही है, परन्तु चूँकि लौकिक अक्सर राजनीतिक और आर्थिक शक्तियाँ प्राप्त कर लेते हैं इसलिए धर्मेतर मामलों में लौकिक ब्राह्मणों ने ज्यादा ऊँचा स्थान प्राप्त कर लिया। ब्रिटिश शासन ने इन दोनों के बीच की खाई को और चौड़ा करने दिया क्योंकि इसने लौकिक ब्राह्मणों को सम्पत्ति और शक्ति प्राप्त करने का अमूल्य अवसर प्रदान किया। अंग्रेजी शासन का एक दीर्घकालीन प्रभाव यह पड़ा कि भारतीय जीवन का धर्मनिरपेक्षीकरण धीरे-धीरे बढ़ता चला गया। धर्मनिरपेक्षीकरण के साथ-साथ आर्थिक क्षितिज के विस्तार ने पुरोहितों की स्थिति को पहले से भी नीचे धकेल दिया। साथ ही पारम्परिक संस्कृत अध्ययन का न तो अब कोई आदर रह गया और न ही वैसा फायदा जैसाकि पश्चिमी शिक्षा से प्राप्त होता था। आरम्भ में ये पुरोहित पश्चिमी रंग में रँगे लौकिकों के खिलाफ आक्रामक हुए, परन्तु जैसे-जैसे पश्चिमीकरण के खेमे में संख्या बढ़ने लगी उन्हें अपना बचाव करने के लिए अधिक मजबूर कर दिया गया। हालात तब और बदतर हो गए जब स्वयं पुरोहित समूह भी अपना पश्चिमीकरण करने लगा। वे भी अपने घरों में बिजली के बल्ब, रेडियो और नलके का पानी चाहते थे। वे भी साइकिलों पर चढ़ने लगे। साइकिल में लगी चमड़े की सीट अपवित्र मानी जाती थी, इसीलिए शुरू-शुरू में इसे शुद्ध और पवित्र मृगचर्म से ढक दिया जाता था। धीरे-धीरे कुछ समय के बाद उस मृगचर्म को भी छोड़ दिया गया और चमड़े की 'नंगी' सीट का इस्तेमाल शुरू हुआ। नलके के पानी का भी शुरू-शुरू में ही विरोध हुआ क्योंकि पानी चमड़े के एक छल्ले से गुजरता था। लेकिन धीरे-धीरे इस आपत्ति को भी दरकिनार कर दिया गया। अन्ततः पुरोहितों ने भी अपने बेटों को पश्चिमी तौर-तरीके के स्कूलों में भेजना शुरू कर दिया और अक्सर इसका अर्थ यह होता था कि परिवार में पिता के पेशे को अपनानेवाला कोई बच ही नहीं जाता था।

हालाँकि आधुनिक भारत में एक ऐसी प्रवृत्ति मौजूद है जोकि पुरोहितों के अधिकार और स्थिति को समर्थन भी प्रदान कर रही है। शिक्षित और पश्चिमी रंग में रँगे भारतीय भी संस्कृत एवं प्राचीन भारतीय संस्कृति में कुछ रुचि दिखा रहे हैं और आमतौर पर

देश में नेतागण संस्कृत शिक्षा के महत्त्व पर जोर डालते अक्सर सुने जा सकते हैं। पंडित नेहरू की 'भारत की खोज' ने अनेक युवकों को देश के अतीत का अध्ययन करने के लिए प्रवृत्त किया है, साथ ही, अनेक विदेशी विद्वानों ने एकाएक भारत, भारतवासियों और भारतीय संस्कृति में कई नए गुण खोजने आरम्भ कर दिए हैं, जिसके परिणामस्वरूप अधिक-से-अधिक भारतीय अपनी संस्कृति का बेहतर परिचय प्राप्त करने के इच्छुक हो गए हैं।

मैसूर के ब्राह्मणों के जीवन में पश्चिमीकरण से कई परिवर्तन आए। उनके कपड़ों और चेहरे-मोहरों में एक परिवर्तन आ गया। चुटिया की जगह छँटे हुए बालों ने ले ली और परम्परागत पोशाक की जगह कम-से-कम आंशिक रूप से पश्चिमी तौर-तरीके के वस्त्रों और जूतों ने ले ली। पोशाक में परिवर्तन कर्मकांडीय पवित्रता से सम्बन्धित विचारों के धीरे-धीरे कमजोर होते जाने का सूचक था। उदाहरण के लिए, पहले भोजन एक प्रकार का अनुष्ठान था और ब्राह्मणों को भोजन करते या परोसते समय आनुष्ठानिक रूप से पवित्र वस्त्र पहनने पड़ते थे। इसका मतलब था ताजा धुली सूती या रेशमी धोती और एक पवित्र अंगवस्त्र। शर्ट पहनना एकदम वर्जित था। परन्तु जैसे-जैसे पश्चिमी पोशाक प्रचलित होती गई, ब्राह्मण पुरुष शर्ट पहनकर भोजन करने लगे। और आज सभी समृद्ध परिवारों में मेज पर भोजन करना साधारण सी बात होती जा रही है।

पहले प्रातःकालीन भोजन परिवार के सदस्यों को परोसने से पहले गृहदेवता को अर्पित किया जाता था और यज्ञोपवीत धारण करनेवाले परिवारों के सभी पुरुष भोजन करने से पहले कुछ धार्मिक अनुष्ठान सम्पन्न किया करते थे। आजकल हालाँकि अनेक ब्राह्मणों ने यज्ञोपवीत पहनना छोड़ दिया है, परन्तु उनके उपनयन संस्कार, जिसमें पहली बार यज्ञोपवीत पहनाया जाता है, अभी भी सम्पन्न किए जाते हैं। मात्र कुछ औपचारिक भोजों के अवसर पर ही, उसमें भी जहाँ कुछ रूढ़िवादी ब्राह्मण मौजूद हों, भोजन के पूर्व के अनुष्ठान कुछ हद तक पूरे किए जाते हैं। जहाँ अब भोजन मेज पर किया जाता है, वहाँ गोबर से लीपकर पवित्र नहीं किया जाता। ब्राह्मणों के भोजन में अब कुछ ऐसी सब्जियाँ शामिल हो गई हैं जो पहले खाने में प्रतिबन्धित थीं। जैसे—प्याज, आलू, गाजर, मूली और चुकन्दर। कई तो अब स्वास्थ्य लाभ के लिए कच्चा अंडा तक खाने लगे हैं और ऐसी दवाइयाँ पीने लगे हैं जिनके विषय में उन्हें मालूम है कि वे पशुओं के विभिन्न अंगों से तैयार की जाती हैं। हालाँकि मांसाहार अभी भी कम हैं, लेकिन विदेशी शराब का सेवन अब इतना दुर्लभ नहीं है। शिक्षित लोगों के बीच सिगरेट पीना तो आम बात है।

ब्राह्मणों ने कई नए काम-धन्धे भी अपना लिये हैं। इस सदी के तीसरे दशक में भी ब्राह्मण लोग ऐसे काम-धन्धे या पेशे अपनाने से कतराते थे जिनमें शारीरिक श्रम करना पड़ता हो, परन्तु उस समय की मौजूदा आर्थिक मन्दी ने उन्हें नए-नए काम-धन्धों को स्वीकार करने के लिए मजबूर कर दिया और अन्ततः द्वितीय विश्वयुद्ध ने इस

प्रक्रिया को पूर्णता प्रदान की। कई ब्राह्मण फौज में भर्ती हुए जिससे उनके दृष्टिकोण और आदतों में भारी परिवर्तन आया। द्वितीय विश्वयुद्ध से पहले वे नवयुवक जो नौकरी की तलाश में मुम्बई, कलकत्ता या दिल्ली जाना चाहते थे, उन्हें परिवार में अपने से बड़ों के विरोध का सामना करने के लिए तैयार रहना पड़ता था। पर युद्ध के बाद ऐसे अनेक युवक न केवल भारत के सभी भागों, बल्कि विदेशों में भी देखे जाने लगे। एकाएक ब्राह्मणों की भौगोलिक और सामाजिक सीमाएँ विस्तृत हो गईं। पहले ब्राह्मण डॉक्टर बनने का विरोध करते थे क्योंकि उस पेशे में सभी जाति के लोगों, यहाँ तक कि अछूतों और मुर्दों को भी छूना पड़ता था। पर अब यह अतीत की बात हो गई है। अब तो कुछ ऐसे शिक्षित ब्राह्मण भी हैं जिनके अपने विशाल मुर्गी पालन केन्द्र हैं। उनमें से एक तो सूअर पालन केन्द्र भी खोलना चाहता है।

करीब सत्तर साल पहले मैसूर ब्राह्मणों के कुछ हिस्सों में वधू का मूल्य चुकाने की प्रथा थी। परन्तु पश्चिमीकरण के साथ-साथ जैसे-जैसे नौकरीपेशा शिक्षित युवकों की माँग बढ़ती गई, वैसे-वैसे दहेज का चलन बढ़ता गया। लड़का जितना पढ़ा-लिखा हो, उतने ही अधिक दहेज की माँग उसके माँ-बाप करते हैं। लड़कियों के विवाह की उम्र बढ़ गई है। पच्चीस वर्ष पहले तक ब्राह्मणों के लिए यौवनारम्भ से पहले ही अपनी कन्याओं का विवाह सम्पन्न कर देने का रिवाज था। आजकल शहरी और मध्यवर्गीय ब्राह्मण विरले ही अपनी लड़कियों की शादी अठारह वर्ष की उम्र से पहले कर पाते हैं। और ऐसी कई लड़कियाँ हैं जो बीस वर्ष से ऊपर हो जाने के बाद भी अविवाहित ही हैं। बाल-विधवाएँ दुर्लभ हैं और विधवाओं द्वारा सिर मुँडवाने की प्रथा तो अब गुजरे जमाने की बात हो गई है।

पिछले डेढ़ सौ वर्षों में हिन्दू जीवन का आमतौर पर एक धर्मनिरपेक्षीकरण हुआ और इसका ब्राह्मणों पर खासतौर पर असर पड़ा है जिनका जीवन पहले तरह-तरह के कर्मकांडों से भरा पड़ा था। हिन्दुओं में किसी भी जाति का जीवन इतना कर्मकांडीय नहीं था। आधुनिक हिन्दू सामाजिक जीवन की एक सबसे मजेदार विसंगति यह है कि जहाँ ब्राह्मणों का अधिक-से-अधिक पश्चिमीकरण हो रहा है, वहीं दूसरी जातियों का ज्यादा-से-ज्यादा संस्कृतीकरण हो रहा है। जाति श्रेणीक्रम के निचले हिस्सों में मौजूद जातियाँ उन्हीं रीति-रिवाजों को अपनाती जा रही हैं जिन्हें ब्राह्मण त्यागने में व्यस्त हैं। जहाँ तक इन जातियों का सवाल है, ऐसा लगता है कि जैसे संस्कृतीकरण पश्चिमीकरण की अनिवार्य पूर्वशर्त है।

आधुनिक भारत में होनेवाले सामाजिक परिवर्तनों की संस्कृतीकरण और पश्चिमीकरण के रूप में की गई व्याख्या एक प्रकार से संरचनात्मक शब्दावली के बजाय सांस्कृतिक शब्दावली में की गई एक व्याख्या है। संस्कृति के सन्दर्भ में किए गए विश्लेषणों की तुलना में संरचनात्मक विश्लेषण कहीं अधिक कठिन होता है। ब्राह्मणों के सामाजिक परिधि के विस्तार और उसका स्वयं उनके ऊपर एवं सम्पूर्ण जातिप्रथा पर क्या असर हो सकता है, इसका अध्ययन वृहत रूप से करना आवश्यक है। संस्कृतीकरण और

पश्चिमीकरण के दोहरे एवं कभी-कभी पड़नेवाले विरोधी दबावों का परिणाम अपने आप में सुसंगत समाजशास्त्रीय विश्लेषण के लिए एक रोचक क्षेत्र प्रदान करता है।

उपर्युक्त लेख पर एक टिप्पणी[6]

भारत पर अंग्रेजों की जीत ने अनेक प्रकार की शक्तियों–जैसे राजनीतिक, आर्थिक, सामाजिक और तकनीकी–को गतिशील बना दिया। इन शक्तियों ने इस देश के सामाजिक और सांस्कृतिक जीवन के हरेक बिन्दु को बड़ी गहराई से प्रभावित किया। भारत से अंग्रेजों के चले जाने का मतलब यह बिल्कुल नहीं कि उन शक्तियों का ह्रास हो गया है, बल्कि इसके ठीक उल्टे वे शक्तियाँ और मजबूत हो गई हैं। उदाहरण के लिए, अंग्रेजों ने पूँजीपतियों के स्वामित्व में नवीन तकनीकों के धीरे-धीरे प्रसार और मुक्त व्यापार की विचारधारा को लाकर जिस आर्थिक क्रान्ति की शुरुआत की थी, उसकी जगह अब समाजवाद और लोकतन्त्र की विचारधारा के तहत देश के व्यापक और नियोजित विकास ने ले ली है। पंचवर्षीय योजनाओं के विचार को अंग्रेजों द्वारा इस देश का आर्थिक और औद्योगिक रूपान्तरण करने के लिए किए जानेवाले धीमे और अनियोजित प्रयासों की चरम परिणति माना जा सकता है। अंग्रेजों ने जिस राजनीतिक एकीकरण की शुरुआत की थी, उसे अब और भी व्यापक बनाया जा रहा है, हालाँकि भारत और पाकिस्तान का विभाजन इस महाद्वीप के एकीकरण को विपरीत दिशा में ले जाता है। पर इसका अर्थ यह नहीं है कि भारतीय समाज में अन्तर्निहित शक्तियाँ ब्रिटिश प्रभाव से नष्ट हो गई हैं। उनमें थोड़ा सा बदलाव आया है और कुछ मामलों में तो वे और मजबूत ही हो गई हैं। ब्रिटिश पूर्व भारतीय अर्थव्यवस्था में एक ऐसा ठहराव आ गया था, जिसमें मुद्रा का प्रचलन अपेक्षाकृत कम हो गया था और ग्रामीण इलाकों में वस्तु-विनिमय बड़े पैमाने पर प्रचलित था। लोगों के बीच आपसी सम्बन्धों का विशेषीकरण नहीं हुआ था, बल्कि यह सम्बन्ध बहुआयामी और व्यक्तियों के सामाजिक रुतबे पर निर्भर करता था। अंग्रेजों ने धीरे-धीरे एक मौद्रिक अर्थव्यवस्था का प्रादुर्भाव किया जिसमें किसी खास जाति के जन्म के कारण किसी भी व्यक्ति या समूह की भागीदारी पर कोई प्रतिबन्ध नहीं लगा था। उदाहरण के लिए, अंग्रेजों द्वारा दास प्रथा के उन्मूलन ने कुर्ग में अछूत जातियों के लिए अपने भूतपूर्व स्वामियों को छोड़कर यूरोपीयों द्वारा शुरू की गई कॉफी की खेती में मजदूरी करना सम्भव बना दिया।[7] इस तरह के मुक्तिदायी कानून के बगैर नई आर्थिक व्यवस्था में उनकी भागीदारी बिल्कुल सम्भव नहीं थी। इस बात का उपयोग हमें यह याद रखने के लिए भी करना चाहिए कि अंग्रेजी शासन से नए जीवन मूल्यों और नवीन विश्व-दृष्टिकोण का संचार हुआ।

मैंने एक-दूसरे लेख में यह तर्क करने की कोशिश की है[8] कि पारम्परिक एवं अंग्रेजों के आने से पहले की जाति व्यवस्था में भी कुछ हद तक समुदायों के सामाजिक दर्जे के बदलाव की अनुमति थी। इस प्रणाली के सिर्फ बाहरी किनारे ही अपेक्षाकृत नियत

थे, बाकी उसके अन्दर हलचल होती रहती थी। इस जाति श्रेणीक्रम में मध्यवर्ती हिस्से में आनेवाली जातियों के परस्पर स्थान को लेकर जो अस्पष्टता बनी हुई थी, उसी के कारण यह सम्भव हो पाता था। आम धारणाओं के विपरीत जाति व्यवस्था की कार्यप्रणाली की मुख्य बात जातियों के आपसी दर्जे को लेकर बनी हुई एक अस्पष्टता ही है।[9] अंग्रेजों के आने के बाद जातियों की गतिशीलता बड़े पैमाने पर बढ़ी। अंग्रेजों से पहले के जमाने में जो जातियाँ मुश्किल से दो जून के खाने से अधिक किसी और चीज का सपना तक नहीं देख सकती थीं, उन्हें अचानक पैसा कमाने का मौका मिल गया और एक बार पैसा कमाने के बाद अपनी ऊँची सामाजिक हैसियत का दावा ठोकना चाहती थीं। उनमें से कुछ जातियों ने तो उच्च सामाजिक स्थान प्राप्त भी कर लिया। अंग्रेजों के आने से पहले एकदम धीमी पड़ चुकी सामाजिक गतिशीलता अब अंग्रेजों के समय में कई गुना ज्यादा बढ़ गई थी। लेकिन फिर भी यह सिर्फ एक मात्रात्मक परिवर्तन था।

इसलिए ऐसा लगता है कि एक समुदाय के जीवन में आर्थिक खुशहाली उसके रीति-रिवाजों के संस्कृतीकरण का मार्ग प्रशस्त कर देता है। कभी-कभी एक समुदाय अपनी शुरुआत राजनीतिक शक्ति जमाने से करता है और अन्ततः उनका परिणाम आर्थिक खुशहाली और संस्कृतीकरण के रूप में सामने आता है। हालाँकि इसका यह कतई मतलब नहीं कि आर्थिक उन्नति से संस्कृतीकरण होना अनिवार्य ही है। असल में खास बात यह है कि उनमें दोस्तों, पड़ोसियों और प्रतिद्वन्द्वियों की दृष्टि में ऊँचे उठने की सामूहिक इच्छा होती है और नतीजा यह होता है कि वे समूह उन रास्तों को अपनाने लगते हैं जिनसे उनके समुदाय का सामाजिक दर्जा ऊँचा हो जाए। यह एक सच्चाई है कि ऐसी आकांक्षा पैदा होने से पहले सम्पत्ति बटोरने की घटना जरूरी होती है, फिर भी मैं इस बात पर जोर डालने में असमर्थ हूँ कि आर्थिक उन्नति संस्कृतीकरण की पूर्वशर्त है। उदाहरण के लिए, मैसूर राज्य के रामपुरा गाँव के अछूतों का अधिक-से-अधिक संस्कृतीकरण हो रहा है। ऐसा लगता है, यह उनके वर्तमान नेतृत्व के कारण हो रहा है। और उसके अलावा आज की पीढ़ी अपने माता-पिता की तुलना में बाहरी दुनिया के सम्पर्क में भी अधिक है। साथ-ही-साथ यदि स्थानीय लोगों द्वारा सुनाई गई बातों पर विश्वास किया जाए, तो बाहर के अछूत नेतागण रामपुरा के अछूतों पर अपनी जीवन-शैली बदलने के लिए भी दबाव डाल रहे हैं। पिछले सत्तर सालों में अछूतों की आर्थिक स्थिति में कोई सुधार हुआ है अथवा नहीं, यह निश्चित रूप से कहना आसान नहीं है, परन्तु इसकी काफी सम्भावना है कि अस्सी वर्ष पहले इस इलाके में सिंचित भूमि का विस्तार होने के बाद आमतौर पर चारों ओर जो समृद्धि बढ़ी, उसका कुछ फायदा इन्हें भी मिला होगा। संक्षेप में कहा जाए तो जहाँ एक तरफ हमारे पास इस बात का कोई सबूत नहीं है कि सभी मामलों में संस्कृतीकरण से पहले धनवान होना आवश्यक है, वहीं हमारे पास जितने प्रमाण मौजूद हैं, उनके आधार पर यह भी नहीं कहा जा सकता है कि एक समुदाय की आर्थिक उन्नति के सन्दर्भ के बिना भी

संस्कृतीकरण हो सकता है। आर्थिक उन्नति, राजनीतिक सत्ता की प्राप्ति, शिक्षा, नेतृत्व और सामाजिक श्रेणीक्रम में ऊँचा उठने की आकांक्षा, ये सभी संस्कृतीकरण के लिए महत्त्वपूर्ण पहलू हैं और संस्कृतीकरण का प्रत्येक मामला यह दिखाता है कि ये सभी या उनमें से कुछ पहलू विभिन्न परिमाणों में उसमें मौजूद रहते हैं।

परन्तु इस बात पर जोर डालना जरूरी है कि संस्कृतीकरण अपने आप ही किसी समुदाय को कोई ऊँची सामाजिक हैसियत प्रदान नहीं कर देता। उस समुदाय को साफ तौर पर अपना दावा पेश करना पड़ता है कि वे वैश्य, क्षत्रिय या फिर ब्राह्मण वर्ण के सदस्य हैं। उनके लिए अपने रीति-रिवाजों, खान-पान और जीवन-शैली में पर्याप्त बदलाव लाना भी अनिवार्य है। और यदि उनके दावे में कोई असंगति है तो उसकी एक समुचित मिथक के माध्यम से 'स्पष्टीकरण' देने की कोशिश करना भी आवश्यक है। इसके अलावा समुदाय एक लम्बे समय तक प्रतीक्षा से सन्तुष्ट रहने के लिए तैयार हो और इस अवधि के दौरान अपने दावे के सम्बन्ध में लगातार दबाव जरूर बनाए रखे। दावे को स्वीकार किए जाने की शुरुआत तक एक-दो पीढ़ियों का आमतौर पर गुजर जाना भी जरूरी होता है। ऐसा इसलिए होता है कि वे लोग जो पहली बार ऐसे दावों के बारे में सुनते हैं, वे यह जानते रहते हैं कि अमुक जाति जो असलियत में कुछ और है, उसके बजाय किसी दूसरे रूप में अपने को मान्य करवाना चाहती है, इसलिए ऐसे दावों के लिए बेहतर मौका उनके बेटे-पोतों के समय तक ही सामने आ पाता है। कुछ मामलों में तो जातियाँ एक जाति या जनजातीय समुदाय द्वारा बिना स्वीकृत हुए ही लम्बे समय तक अपना दावा सामने रखे रहती हैं। यहाँ मैं केवल दूसरी जातियों द्वारा स्वीकृति प्रदान करने की बात ही ध्यान में रख रहा हूँ और वैसे संशयशील लोगों की बात नहीं कर रहा हूँ जो वैसे भी हमेशा मौजूद रहेंगे।

यह भी सम्भव है कि कोई जाति अपनी उच्चता के दावे को प्रस्तुत करने में जरूरत से ज्यादा ही बढ़ जाए जिसके परिणामस्वरूप वे ऊपर उठने के बजाय उल्टे दूसरों द्वारा बहिष्कृत हो जाएँ। यह भी असम्भव नहीं कि एक दावा जो एक क्षेत्र-विशेष अथवा समय-विशेष में स्वीकार कर लिया गया है, बाद में किसी और जगह अस्वीकार कर दिया जाए। एक विकसित इतिहासबोध ऐसे दावों में बाधक ही साबित होगा। परन्तु अभी तक यह ज्ञान हमारी जनता में आया ही नहीं है।

जाति-प्रथा की एक विशेषता यह भी है कि इसमें एक पूरा समुदाय ही ऊपर या नीचे जाता है। जबकि वर्ण-व्यवस्था में एक व्यक्ति और उसका परिवार मात्र ऊपर उठता या गिरता है। समूह की सामाजिक गतिशीलता का एक आशय यह होता है कि या तो वह समूह पर्याप्त रूप से इतना बड़ा हो कि उसमें सजातीय विवाह होते रहें या वह मूल समूह से विवाह के लिए लड़कियाँ तो ले, पर बदले में अपनी लड़कियों को उन्हें नहीं दे। इसका मतलब यह होता है कि मूल समुदाय इस तथ्य के प्रभाव में आ जाता है कि टूटा हुआ समुदाय उससे उच्च सामाजिक स्थिति में है। नहीं तो वह एकतरफा एवं हीन स्थिति को कभी स्वीकार नहीं करेगा। दक्षिण की तुलना में उत्तर

भारत के सजातीय विवाह समूह के गठन के लिए अधिक संख्या में व्यक्तियों की आवश्यकता होती है क्योंकि उत्तर भारत के रिश्तेदारों के साथ विवाह निषिद्ध है। इसके अलावा गाँव में बहिर्विवाह विवाहों पर जोर दिया जाता है जबकि दूसरी ओर दक्षिण में ममेरे-फुफेरे भाई-बहनों तथा मामा-भानजी में विवाह ज्यादा पसन्द किए जाते हैं। लेकिन गाँव असगोत्रीय इकाई नहीं होते हैं। खैर, मैं यहाँ पर मूल विषयवस्तु से हट रहा हूँ; मैं यहाँ इस बात पर जोर देना चाहता हूँ कि संस्कृतीकरण जाति प्रथा के अन्दर विखंडन का एक स्रोत है और इससे कभी-कभी विखंडित समूह और उस मूल जाति के बीच अति गोत्रीय विवाह सम्बन्ध होते हैं जिससे वह समूह टूटकर निकला हुआ होता है। यह न केवल सामाजिक गतिशीलता के पहले आता है, बल्कि उस पर अपनी स्वीकृति की मुहर भी लगाता है। यह इस प्रकार किसी भी क्षेत्र की जाति व्यवस्था को तत्कालीन राजनीतिक-आर्थिक स्थिति के निकट ले आता है। यदि ऐसा न होता तो जाति प्रणाली भारी दबाव के अन्दर आ गई होती। इसने इस प्रणाली के अन्दर परिवर्तन की आकांक्षा की अभिव्यक्ति को पारम्परिक माध्यम प्रदान किया और ब्रिटिश शासन काल तथा उसके बाद के भारत में परिवर्तन की मात्रा में विशाल वृद्धि के बावजूद यह माध्यम अच्छी तरह बना रहा। इसने परिवर्तनों को इस प्रकार नियन्त्रित किया कि अखिल भारतीय जीवन मूल्य बने रहें तथा पूरे हिन्दू समाज की समरूपता बढ़ी। जातियों के संस्कृतीकरण के निरन्तर चलते रहने का सम्भवतया यह परिणाम निकले कि कालान्तर में समस्त हिन्दू समाज में एक विशाल सांस्कृतिक और संरचनात्मक परिवर्तन आ जाए। लेकिन संस्कृतीकरण का परिणाम हमेशा उस जाति की उच्च सामाजिक हैसियत के रूप में सामने नहीं आता है और अछूतों के सन्दर्भ में यह बात साफ-साफ दिखाई देती है। एक अछूत समुदाय का संस्कृतीकरण चाहे कितना भी व्यापक और गहरा क्यों न हुआ हो, वे अस्पृश्यता की दीवार को कभी लाँघ नहीं पाते। यह बात सचमुच पुरानी हो गई है कि ऐसे समुदाय जो मूल रूप से हिन्दू व्यवस्था के बाहर रहे हैं, ऐसे जनजातीय समूह या फिर विदेशी कबीले इत्यादि हिन्दुओं की जमात में शामिल होने में सफल रहे हैं और कई बार वे काफी ऊपरी दर्जे में प्रवेश पाने में सफल रहे हैं। लेकिन एक अछूत जाति हमेशा-हमेशा के लिए अछूता बने रहने के लिए मजबूर हो गई है। उनके ऊपर उठने की एकमात्र गुंजाइश अपने पुश्तैनी गाँवों को छोड़कर दूर चले जाने में है, ताकि उनके बारे में उस नए इलाके में किसी को कुछ पता नहीं हो। परन्तु अंग्रेजों के आने से पहले एक जगह से दूसरी जगह जाकर बसना बहुत मुश्किल था : इसका अर्थ था उपलब्ध सुरक्षा को खो देना और सम्भवतः शत्रु सरकार के इलाके में प्रवेश करना और वहाँ सभी प्रकार के जोखिम का सामना करना। इस प्रकार उनके लिए एक जगह से दूसरी जगह जाना करीब-करीब असम्भव ही था। खासकर यदि हम यह याद रखें कि अछूत लोग आमतौर पर हिन्दू जमींदारों के यहाँ कृषि दास के रूप में बँधे रहते थे।[10]

इस तथ्य के बावजूद कि संस्कृतीकरण अछूतों को ऊपर उठने में मदद नहीं करता, संस्कृतीकरण की लोकप्रियता कम नहीं हुई है। अछूतों के अन्दर समूचे भारत में एक

स्पष्ट और कमोबेश ऐसा मजबूत आन्दोलन देखा जा सकता है जिसमें अछूत जातियाँ गाय, मरे हुए पशुओं और पालतू सूअर का मांस खाने तथा ताड़ी पीने की आदत को छोड़कर संस्कृतिनिष्ठ रीति-रिवाजों, मान्यताओं और देवी-देवताओं को अपनाती जा रही हैं। इसकी काफी सम्भावना है कि अगले बीस से तीस वर्षों में समूचे देश के अन्दर अछूतों की संस्कृति में गम्भीर परिवर्तन आ जाए। यह भी सम्भव है कि उनमें से कुछ जातियाँ तो कई शूद्र जातियों से भी अधिक संस्कृतिनिष्ठ हो जाएँ। संविधान ने अस्पृश्यता को अमान्य घोषित किया है और इस कानूनी प्रतिबन्ध को व्यावहारिक रूप से लागू करने के लिए प्रयास किए जा रहे हैं। भविष्य के हिन्दू समाज में अछूतों की स्थिति क्या होगी, यह स्वाभाविक रूप से अनुमान का विषय है।

भारतीय नृजातिशास्त्र के अनेक छात्रों ने कई बार मुझसे यह सवाल किया है कि क्या मैं संस्कृतीकरण को एकतरफा प्रक्रिया मानता हूँ ? और इसमें क्षेत्रीय संस्कृति क्या मात्र ग्रहण ही करती रहती है ? जवाब साफ है : यह एक दोहरी प्रक्रिया है। लेकिन ऐसा लगता है कि स्थानीय संस्कृतियों ने जितना दिया है, उससे कहीं ज्यादा लिया है। इस सम्बन्ध में यह याद रखना चाहिए कि पूरे भारतीय इतिहास के दौर में संस्कृतिनिष्ठ मान्यताओं, मिथकों और रीति-रिवाजों के मुख्य ढाँचे के अन्दर भी स्थानीय तत्त्व प्रवेश पाते रहे हैं। और समूचे भारत की लम्बाई-चौड़ाई में अपनी यात्रा के दौरान संस्कृतिनिष्ठ संस्कृति भी भिन्न-भिन्न इलाकों में अलग-अलग तरह के परिवर्तनों के दौर से गुजरती रही है। इसमें कोई शक नहीं कि समूचे देश में दशहरा, होली और दीपावली जैसे त्योहारों में कई समान विशेषताएँ देखी जा सकती हैं। फिर भी उनके अन्दर महत्त्वपूर्ण क्षेत्रीय अन्तर भी मौजूद हैं। कुछ त्योहारों के मामले में तो यह भी कहा जा सकता है कि सिर्फ उनके नाम ही एक जैसे हैं, बाकी सब चीजें भिन्न हैं—एक ही नाम विभिन्न क्षेत्र के लोगों के लिए भिन्न-भिन्न अर्थ रखते हैं। इसी प्रकार सभी क्षेत्रों के पास रामायण और महाभारत के नायकों को लेकर लोकसाहित्य का अपना अलग भंडार होता है जिसमें अक्सर महाकाव्य के चरित्रों और घटनाओं को वहाँ की खास स्थानीय भौगोलिक विशेषताओं से जोड़ दिया जाता है। भारत में सभी भागों में ऐसे ब्राह्मण देखे जा सकते हैं जो अखिल भारतीय हिन्दू वाद के विराट देवताओं के साथ-साथ महामारी, पशुओं, बच्चों के जीवन और फसलों के अधिष्ठाता स्थानीय देवी-देवताओं की पूजा करते हैं। ऐसी बातें भी अज्ञात नहीं हैं कि एक ब्राह्मण इन देवी-देवताओं पर अपने किसी गैर-ब्राह्मण दोस्त के माध्यम से रक्त की बलि चढ़ाते हैं। भारतीय इतिहास के समूचे दौर में संस्कृतिनिष्ठ हिन्दू धर्म स्थानीय और लोकसंस्कृति के तत्त्वों को अपने अन्दर समाहित करता रहा है और ऐसे तत्त्वों की मौजूदगी आगे ऐसे ही और तत्त्वों को आत्मसात् करने को आसान बना देती है। यह आत्मसातीकरण इस प्रकार होता है कि लोक एवं धर्मशास्त्रीय या दार्शनिक स्तरों के बीच एक निरन्तरता बनी रहती है। इससे एक तरफ लोक स्तर की संस्कृति का धीरे-धीरे धर्मशास्त्रीयकरण में रूपान्तरण होता रहता है और दूसरी तरफ धर्मशास्त्रीय स्तरों का 'देहातीकरण' होता रहता है।

मैंने पिछले लेख में यह कहा था कि ऐसा लगता है जैसे मैसूर की गैर-ब्राह्मण जातियों के लिए संस्कृतीकरण पश्चिमीकरण की अनिवार्य पूर्वशर्त हो। मैं यहाँ यह जोर देकर कहना चाहता हूँ कि यह सिर्फ अनुभव पर आधारित अवलोकन की एक बात है और यह किसी भी तरह पश्चिमीकरण से पहले संस्कृतीकरण की तार्किक अनिवार्यता को सिद्ध नहीं करता है। यह सम्भव है कि पहले संस्कृतीकरण की प्रक्रिया से गुजरे बिना भी पश्चिमीकरण हो जाए। ऐसा शहरों के साथ-साथ जनजातियों और गाँवों में रहनेवाले समुदायों और व्यक्तियों के लिए नितान्त सम्भव है। खासतौर पर पंचवर्षीय योजनाओं के माध्यम से अपेक्षित तीव्र औद्योगिक विकास के कारण ऐसा होने की खास सम्भावना है। पश्चिमीकरण में वृद्धि से लोगों के दृष्टिकोणों का धर्म निरपेक्षीकरण हो सकता है। और इसके साथ-साथ वर्तमान सरकार द्वारा 'जातिविहीन और वर्गविहीन समाज' की स्थापना के लिए किए गए वायदे और उसके लिए उठाए गए कदमों के परिणामस्वरूप हो सकता है, हिन्दू धर्म पूरी तरह विलुप्त ही हो जाए। यह सवाल कि क्या पश्चिमीकरण से धर्म को खतरा विश्व के सभी देशों में नहीं है ? और क्या यह कोई हिन्दू धर्म की ही खास समस्या है ? इसका जवाब यह है कि ईसाई और इस्लाम धर्म पश्चिमीकरण के दबाव को झेलने के लिए प्रायः बेहतर रूप से तैयार हैं क्योंकि इनके पास एक मजबूत संगठन है जबकि हिन्दू धर्म के पास जाति प्रथा को छोड़कर सभी प्रकार के संगठनों का अभाव है। यदि और जब भी कभी जाति प्रथा विलुप्त हो जाएगी तो हिन्दू धर्म भी समाप्त हो जाएगा। और शायद इस बात पर जोर डालने की कोई जरूरत नहीं है कि देश में दबदबा रखनेवाले विचारों का जो मौजूदा माहौल है, वह जाति प्रथा के भयंकर खिलाफ है। यहाँ तक कि ऐसे लोग भी, जो जातिवाद की समाप्ति के लिए किए जा रहे प्रयासों की सफलता पर गहरा सन्देह रखते हैं, वे लोग भी यह मानते हैं कि औद्योगिकीकरण और शहरीकरण लम्बे दौर में जातिवाद के लिए कारगर रूप से विनाशकारी साबित होगा। सवाल यह है कि यह दौर कितना लम्बा होगा ? हालाँकि यहाँ एक चेतावनी इस गलतफहमी के खिलाफ जरूर दे देनी चाहिए कि पश्चिमीकरण के सामने जाति मक्खन की डली की तरह नहीं पिघल जाएगा। जातिवाद का अध्ययन करनेवाले इसकी महान शक्ति और नई परिस्थितियों के अनुरूप अपने को ढालने की इसकी क्षमता से बहुत प्रभावित हैं। यह याद रखना उचित होगा कि पिछले सौ वर्षों में जातिवाद कई मामलों में कुछ ज्यादा मजबूत हो गया है और पश्चिमीकरण ने कुछ सीमा तक संस्कृतीकरण में मदद पहुँचाई है। एक सामाजिक संस्था के रूप में जातिवाद की ताकत और परिवर्तन की प्रक्रिया में निहित कई जटिलताओं को देखते हुए यह मान लेना कि इन दोनों में साफ और सीधा-सीधा विरोध है और इसमें अन्ततः जीत पश्चिमीकरण की ही होगी, ऐसा सोचना मेरे हिसाब से अति सरल परिकल्पना है।

इस बात पर जोर डालना जरूरी है कि संस्कृतीकरण एक अत्यन्त जटिल और विषम अवधारणा है। यह भी सम्भव है कि इसे एक अवधारणा मानने के बजाय कई

अवधारणाओं का पुलिन्दा मानना कहीं अधिक लाभदायक होगा। सबसे जरूरी चीज यह याद रखना है कि संस्कृतीकरण एक व्यापक सामाजिक और सांस्कृतिक प्रक्रिया का नाम है और हमारा मुख्य कर्तव्य इस प्रक्रिया के चरित्र को समझना है। जिस पल ऐसा लगे कि यह अवधारणा इसके विश्लेषण में मदद करने के बजाय रोड़ा अटका रही है, इसे जल्द-से-जल्द और बिना किसी पछतावे के तुरन्त ही छोड़ देना चाहिए।

संस्कृतीकरण की अवधारणा की विषमताओं के प्रसंग में यह कहा जा सकता है कि इसमें सम्भवतया पश्चिमीकरण की तरह ही अनेक परस्पर विरोधी मान्यताएँ अन्तर्निहित हैं। उदाहरण के लिए, वर्ण की अवधारणा में ऐसी मान्यताएँ शामिल हैं जो आदर्श रूप से तो उसकी पूरक हैं, परन्तु असलियत और ऐतिहासिक तथ्य यह है कि वे यदि परस्पर संघर्षरत नहीं, तो भी प्रतिद्वन्द्वी जरूर रहे हैं। इस सन्दर्भ में यह जोड़ना भी जरूरी है कि चार वर्णों को चार दर्जों में बाँटने की जो बात विख्यात पुरुषसूक्त और परवर्ती लेखनों में पाई जाती है, वह किसी ऐसी सामाजिक व्यवस्था को प्रतिबिम्बित नहीं करती जो सभी कालों और स्थानों में हमेशा मौजूद रही हो। जातिवाद के इतिहासकारों ने वैदिक काल में ब्राह्मणों और क्षत्रियों के बीच संघर्ष को दर्ज किया है और प्रोफेसर घुर्ये ने यह मत व्यक्त किया है कि बौद्ध और जैन आन्दोलन आंशिक रूप से ब्राह्मणों की सर्वोच्चता के खिलाफ क्षत्रियों और वैश्यों का संघर्ष था।[11]

आज हम पाते हैं कि देश के विभिन्न भागों में भिन्न-भिन्न जातियाँ अपना प्रभुत्व रखती हैं और अक्सर ऐसा देखा जाता है कि एक से अधिक जातियों का वर्चस्व रहता है। कुर्ग क्षेत्र में कुर्ग लोग समृद्ध भूस्वामी और अभिजात हैं एवं उनमें कई वीरोचित परम्पराएँ और गुण मौजूद हैं। अनेक निम्न जातियों ने उनका अनुसरण किया है। परन्तु स्वयं कुर्गों ने लिंगायतों और ब्राह्मणों का अनुकरण किया है। ब्राह्मणों के पास यहाँ राजनीतिक सत्ता कभी भी नहीं रही है और इतना तो कम-से-कम कहा ही जा सकता है कि इस जाति के साथ जोड़ी गई कुछ पारम्परिक विशेषताओं का कुर्गों ने कभी आदर नहीं किया है। तथापि जैसा कि यूरोपीय मिशनरियों के लेखनों से प्रमाणित होता है, वे कुर्गों के ऊपर एक प्रकार का नियन्त्रण बनाए हुए थे। कुर्गों द्वारा लिंगायतों का अनुकरण करने के पीछे तथ्य यह है कि लगभग दो शताब्दी तक कुर्ग क्षेत्र में लिंगायत राजाओं ने शासन किया है।

लेकिन फिर मैं अपने विषय से बहक रहा हूँ। जिस बात पर मैं जोर डालना चाहता था, वो यह थी कि संस्कृतीकरण के अध्ययन में यह जानना बहुत महत्त्वपूर्ण है कि खास इलाके में किस जाति का प्रभाव अधिक है। यदि वे ब्राह्मण हैं या फिर लिंगायतों के समान कोई जाति तो संस्कृतीकरण की रफ्तार तेज होगी और वहाँ ब्राह्मणवादी मूल्यों का प्रसार होगा और यदि वहाँ क्षत्रिय या वैश्य का वर्चस्व है तो संस्कृतीकरण की गति धीमी होगी एवं उसकी मान्यताएँ भी ब्राह्मणवादी नहीं होंगी। गैर-ब्राह्मण जातियाँ ब्राह्मणों की अपेक्षा आमतौर पर कम संस्कृतिनिष्ठ होती हैं और वे जहाँ भी प्रभावशाली होती हैं, वहाँ गैर-संस्कृतिनिष्ठ रीति-रिवाज जनता में फैल सकते हैं। यह भी असम्भव नहीं

है कि कभी-कभी इससे अनुकरण करनेवाली जातियों का प्रतिसंस्कृतीकरण हो जाए।

संस्कृतीकरण की अवधारणा को अधिक सरल एवं समरूप अवधारणाओं में विभाजित करने का एक तरीका यह भी हो सकता है कि संस्कृतिनिष्ठ संस्कृतियों का ऐसा इतिहास लिखा जाए जिसमें अन्तर्निहित विभिन्न मूल्य प्रणाली और क्षेत्रीय अन्तरों को रेखांकित किया जा सके। यदि अंग्रेजों के शासन से आरम्भ होनेवाले काम का अध्ययन छोड़ भी दिया जाए तो भी यह विशालकाय काम होगा। ऐसे किसी अध्ययन के लिए सामने आने की निकट भविष्य में कोई सम्भावना नहीं है, इसलिए नृजातिशास्त्रियों के लिए यही उचित सलाह होगी कि वे उसी प्रकार संस्कृतीकरण का अपना अध्ययन आगे भी जारी रखे जैसाकि वे अभी कर रहे हैं : संस्कृतीकरण के प्रत्येक विशेष उदाहरण का अध्ययन स्थानीय प्रभावशाली जाति और अन्य पहलुओं के सन्दर्भ में ही करें। दूसरा काम होगा, संस्कृतीकरण के विभिन्न उदाहरणों का उसी सांस्कृतिक क्षेत्र में तुलनात्मक अध्ययन करना और तीसरी जिम्मेदारी होगी तुलनात्मक अध्ययन की सीमा का विस्तार कर उसमें सम्पूर्ण भारत को शामिल कर लेना। यह तरीका शायद हमें ऐतिहासिक सवालों को स्थानिक सवालों के रूप में प्रस्तुत करने लायक बना सकता है। हालाँकि यह पूर्णतावादियों को सन्तुष्ट नहीं कर पाएगा, लेकिन पूर्णतावाद अक्सर अनुर्वरता का चोला होता है।

संन्दर्भ तथा टिप्पणियाँ

1. 'इनसाइक्लोपीडिया ऑफ रिलीजन एंड एथिक्स' में 'सोमा', जिल्द XI, पृष्ठ 685-6 देखें।
2. ई. थर्स्टन, 'कास्ट्स एंड ट्राइब्स ऑफ सदर्न इंडिया', मद्रास, 1909, जिल्द V, पृष्ठ 237 और आगे देखें, इनसाइक्लोपीडिया ब्रिटैनिका, 14वाँ संस्करण, जिल्द XIV, पृष्ठ 162।
3. एम. मोनियर-विलियम्स, 'ए संस्कृत-इंग्लिश डिक्शनरी' दूसरा संस्करण, ऑक्सफोर्ड, 1899, पृष्ठ 632 देखें "पुत और पुद (एक शब्द, जो पुत्र या पुत-त्र को स्पष्ट करने के लिए खोजा गया है, देखें निरूक्त II, 11) नरक (जिसमें सन्तानहीनों को जाने की सजा दी जाती है)" और पुत्र (व्युत्पत्ति सन्देहास्पद ...पारम्परिक रूप से पु-त्र 'पुत' नामक नरक से बचानेवाला) बेटा, सन्तान..."
4. 'ब्रह्मसमाज', इनसाइक्लोपीडिया ऑफ रिलीजन एंड एथिक्स, जिल्द II, पृष्ठ 813-4 देखें।
5. अहमदाबाद 1946। परिशिष्ट देखें, जिसमें भारतीय संस्कृति की महानता के सन्दर्भ में महत्वपूर्ण व्यक्तियों के प्रमाण दिए गए हैं। महत्त्वपूर्ण व्यक्तियों में हैं—मैक्समूलर, जे. सैमौर की, एम-पी, विक्टर कजिन, कर्नल थॉमस मुनरो और ऐबे दुबियो।
6. उपर्युक्त लेख को लिखे हुए करीब एक साल हो गया और इस बीच मैंने इस विषय पर कुछ और विचार किया है। इसके परिणामस्वरूप यह टिप्पणी लिखी है, जिससे मैंने संस्कृतीकरण, पश्चिमीकरण की दोहरी प्रक्रिया के सम्बन्ध में कुछ और अवलोकन किए हैं। इस सम्बन्ध में मैं स्कूल ऑफ ओरिएंटल एंड अफ्रीकन स्टडीज, लन्दन, के डॉ. एफ.जी. बेली का आभारी हूँ, जिन्होंने मुझे भेजे एक पत्र में मेरे इस लेख की विस्तृत आलोचना करने का कष्ट किया है। मुझे शिकागो विश्वविद्यालय के डॉ. मैक्किम मैरियट और मद्रास में 5 से 7 अक्टूबर, 1955 तक आयोजित नृतत्त्वशास्त्रियों के सम्मेलन में भाग लेनेवाले प्रतिनिधियों का भी आभार मानना चाहिए, जिन्होंने लेख पढ़े जाने के बाद अपनी आलोचनाएँ प्रस्तुत कीं।

7. देखें, रिलीजन एंड सोसाइटी एमंग दि कुर्ग्स ऑफ साउथ इंडिया, पृष्ठ 19
8. देखें, इसी पुस्तक में अध्याय 3, 'वर्ण और जाति'।
9. वही।
10. यद्यपि डॉ. एड्रियन मेयर कहते हैं कि मालवा के गाँवों में बलाई (अछूत), जिनका वे अध्ययन कर रहे हैं, शूद्र वर्ण में आने का प्रयास कर रहे हैं। यह देखना काफी रोचक होगा कि वे अपने प्रयास में सफल होते हैं या नहीं। देखें, डॉ. मेयर का निबन्ध, 'सम हाइरार्किकल आस्पेक्ट्स ऑफ कास्ट्स', साउथ वेस्टर्न जनरल ऑफ एन्थ्रोपोलॉजी, जिल्द XII, संख्या 2, पृष्ठ 117-44
11. देखें, कास्ट एंड क्लास इन इंडिया, मुम्बई, 1952, पृष्ठ 65

वर्ण और जाति

इस संक्षिप्त लेख में जाति के वास्तविक स्वरूप और *वर्ण* की पारम्परिक अवधारणा में सम्मिलित स्वरूप के बीच जो सम्बन्ध है, उस पर विचार किया गया है। 'नृजातिगत यथार्थ' की व्याख्या पर *वर्ण* की अवधारणा का इतना गहरा असर है कि इनके बीच के सम्बन्धों पर ध्यान देना न केवल बहुत जरूरी है, बल्कि हम काफी देर कर चुके हैं। *वर्ण* एक ऐसा प्रतिमान है, जिसमें सभी अपने नजरिए के मुताबिक तथ्यों को जोड़ते रहे हैं। यह शिक्षित भारतीयों के बारे में तो सच है ही, कुछ हद तक समाजशास्त्री भी इसके शिकार रहे हैं।

आम आदमी *वर्ण* की जटिलताओं से वाकिफ नहीं है। उसके लिए तो इसका मतलब मात्र हिन्दू समाज के चार भागों में विभाजन से है, यानी ब्राह्मण (परम्परा से पुजारी और पंडित), क्षत्रिय (शासक और सैनिक), वैश्य (व्यापारी) और शूद्र (कृषक, मजदूर और सेवक)। इनमें से प्रथम तीन जातियाँ 'द्विज' हैं क्योंकि इन जातियों के पुरुष *उपनयन* के वैदिक संस्कार द्वारा जनेऊ धारण के अधिकारी हैं, जबकि शूद्रों को इसका अधिकार नहीं है।

वर्ण के बारे में किसी आम व्यक्ति की धारणा अपेक्षाकृत कुछ बाद की है। *वर्ण* का शब्दशः अर्थ रंग है, जो मूलतः आर्य और दास के बीच भेद बताता था। प्रोफेसर घुर्ये लिखते हैं, "...ऋग्वेद में इनमें से किसी भी वर्ण के लिए '*वर्ण*' का उपयोग नहीं हुआ है (ब्राह्मण, क्षत्रिय आदि)। केवल आर्य *वर्ण* या आर्य लोगों की दास *वर्ण* से तुलना की गई है। दूसरी तरफ *शतपथ ब्राह्मण* में चार वर्गों को चार *वर्णों* के रूप में देखा गया है। *वर्ण* का मतलब ही रंग है और सम्भवतः इसीलिए आर्य की तुलना दासों से करते समय उनके क्रमशः गोरे और काले रंगों को बताने के लिए इस शब्द का उपयोग किया गया है। इस शब्द का निहितार्थ रंग इतना सशक्त था कि बाद में जब वर्ग का मतलब *वर्ण* से आमतौर पर लगाया जाने लगा, तब चारों रंगों में विभेद करना भी लाज़िमी हो गया।"[1] आगे वे बताते हैं कि ऋग्वेद में आर्य और दास के बीच जो अन्तर बताया गया, वही बाद में आर्य और शूद्र के बीच का अन्तर बन गया।[2]

ऋग्वेद में, आर्य और दास के बीच अन्तर के साथ-साथ, समाज का भी तीन श्रेणियों में विभाजन बताया गया है, यानी—ब्रह्म, क्षत्रिय और विश।

पहली दो श्रेणियाँ मोटे तौर पर दो पेशों—कवि पुजारी और योद्धा प्रमुख का प्रतिनिधित्व करती हैं। तीसरी श्रेणी प्रायः सभी आम लोगों का समूह था। वह तो केवल

बहुत बाद के एक प्रख्यात स्तोत्र *पुरुषसूक्त* में आदिपुरुष के बलिदान से समाज की चार श्रेणियों के उद्भव का सन्दर्भ मिलता है। इन चार श्रेणियों का नाम ब्राह्मण, राजन्य (क्षत्रिय), वैश्य और शूद्र बताया गया है, जो स्रष्टा के क्रमशः मुख, भुजाओं, जंघाओं और पैरों से उत्पन्न माने गए हैं। इन श्रेणियों से जुड़े अंग विशेष और समाज में इनका क्रम सम्भवतः समाज में इनके दर्जे का संकेत देते हैं। हालाँकि ऐसी कोई स्पष्ट व्याख्या इस स्तोत्र में नहीं दी गई है।[3]

दिलचस्प बात यह है कि ऋग्वेद में तीनों श्रेणियों का उल्लेख होने के बावजूद इनके लिए किसी एक शब्द विशेष का प्रयोग नहीं हुआ है। जिस शब्द का मूलतः विजेताओं (आर्य) और विजित आदिम जातियों (दस्यु) के बीच रंग-रूप में भेद बताने के लिए उपयोग हुआ है वही बाद में समाज के श्रेणीबद्ध विभाजन की अभिव्यक्ति के लिए प्रयुक्त किया जाने लगा।

वेदों की वर्ण व्यवस्था में केवल चार क्रम हैं और अछूतों का इसमें कोई स्थान नहीं है। लेकिन वैदिक साहित्य में अयोगव, चांडाल, निषाद और पौलकस जैसे समूहों का उल्लेख मिलता है जो वर्ण व्यवस्था के बाहर और तिरस्कृत थे।

"यह मानना कहीं ज्यादा तर्कसंगत है कि चांडाल और पौलकस ये दोनों आदिम जातियों के अंग थे, जिनका किन्हीं कारणों से आर्य लोग विशेष रूप से तिरस्कार करते थे। दूसरी तरफ निषाद एक ऐसा समूह था, लगता है, जिसे आर्य कुछ हद तक पसन्द करते थे। शायद इसलिए कि वे आर्यों की मान्यताओं को स्वीकार करते थे। वैदिक शब्द 'पंचजनः' की व्याख्या परवर्ती काल की परम्परा से मिलती है। जिसमें चार वर्ण और निषाद आते हैं। यह तथ्य जाहिर करता है कि इस समय तक आते-आते आर्यों ने इन्हें मान्यता दे दी थी।"[4]

संक्षेप में, "...ऋग्वेद के आरम्भिक भाग में उल्लिखित तीनों वर्ग बाद में चार समूहों का रूप ले लेते हैं, जो कमोबेश सुसम्बद्ध था, और इनके अलावा तीन या चार और समूहों का अलग से उल्लेख मिलता है।"[5] और "पहली बार शूद्रों तथा यज्ञ के सन्दर्भ में अस्पृश्यता की अवधारणाओं की अक्षरशः अभिव्यक्ति मिलती है।"[6]

II

अब मैं वर्ण व्यवस्था में निहित जाति व्यवस्था के लक्षणों का वर्णन करूँगा और यह जानने की कोशिश करूँगा कि वास्तव में यह व्यवस्था जिस तरह काम करती है, उससे ये लक्षण किन मायनों में भिन्न या प्रतिकूल हैं।

पहली बात यह है कि वर्ण व्यवस्था के मुताबिक अछूतों को छोड़कर केवल चार जातियाँ ही हैं और यह संख्या भारत के सभी भागों में समान है। लेकिन वैदिक काल में भी ऐसे पेशेवर समूह थे, जो किसी वर्ण के अन्तर्गत नहीं आते थे। यद्यपि यह मालूम नहीं है कि आज के समाजशास्त्री जाति को जिस अर्थ में लेते हैं, ये समूह उन्हीं अर्थों

में जातियाँ थे या नहीं। किसी भी भाषा क्षेत्र में आज अनेक जातियाँ पाई जाती हैं। प्रोफेसर घुर्ये के अनुसार प्रत्येक भाषा क्षेत्र में तकरीबन दो सौ जाति समूह हैं जो आगे लगभग तीन हजार ऐसी छोटी इकाइयों में उपविभाजित हैं जो अपने ही समुदाय के अन्दर विवाह करते हैं और अपने प्रत्येक सदस्य की सामाजिक गतिविधि के प्रभावी क्षेत्र को निर्धारित करती हैं।[7] वर्ण व्यवस्था दरअसल समाज के विभाजन को मोटे तौर पर ही दर्शाती है, न कि इसकी वास्तविक और सक्रिय इकाइयों को। इतना ही नहीं, समाज के सिर्फ मुख्य विभाजनों के बारे में संकेत करने पर भी गम्भीर खामियाँ नजर आती हैं। पहले यह देखा जा चुका है कि अछूत इस रूपरेखा से बाहर हैं, लेकिन अगर वास्तव में देखा जाए, तो वे भी समाज के अभिन्न अंग हैं। जो अधिकार ऊँची जातियों को प्राप्त हैं, वे उन्हें हासिल नहीं हैं, पर इसका मतलब यह नहीं कि वे समाज के अभिन्न अंग नहीं हैं।

दरअसल शूद्र की कोटि में बड़ी संख्या में ऐसी अब्राह्मण जातियाँ भी आ जाती हैं जिनके बीच बहुत कम समानताएँ हैं। इसमें जहाँ एक तरफ समृद्ध, शक्तिशाली और अत्यधिक संस्कृतिनिष्ठ समूह भी हो सकते हैं वहीं दूसरी तरफ ऐसी जनजातियाँ भी हो सकती हैं जिन्हें हिन्दू समाज में नाममात्र को ही जगह दी गई है। शूद्र कोटि के अन्तर्गत संरचनात्मक और सांस्कृतिक विभिन्नताओं का विस्तार इतना अधिक है कि उसकी समाज-वैज्ञानिक उपयोगिता अत्यन्त सीमित हो जाती है।

यह सर्वविदित है कि अक्सर आर्थिक और राजनीतिक शक्ति हासिल करने के बाद शूद्र जातियों ने अपने रीति-रिवाज और तौर-तरीकों को संस्कृतिनिष्ठ कर लिया और क्षत्रिय होने का दावा पेश करने में सफलता प्राप्त की। इसका एक सबसे अच्छा उदाहरण राजगोंडों का है। ये मूलतः एक कबीला था, जो मध्य भारत के एक हिस्से का शासक बनने के बाद क्षत्रिय कहलाने में सफल हो गए। यह वर्ण विभाजन की कमजोरी को प्रकट करता है। मसलन क्षत्रिय शब्द सीमित शासक समूह का द्योतक नहीं है जबकि यह वैदिक काल से ही विद्यमान है। ज्यादातर यह किसी स्थानीय समूह द्वारा या उस पर हक जताई गई स्थिति का उल्लेख करता है। साथ ही उसकी परम्परा और उसका भाग्य उसको राजनीतिक और आर्थिक शक्ति हासिल करने में मदद देते हैं। वास्तव में दक्षिण भारत में सही मायनों में क्षत्रिय और वैश्य हैं ही नहीं। इस क्षेत्र में ये श्रेणियाँ निम्न जातियों की द्योतक हैं जिन्होंने अपने व्यवसाय और वैवाहिक परम्परा के कारण क्षत्रिय और वैश्य होने का दावा किया। उनके इस दावे का किसी ने गम्भीरतापूर्वक खंडन नहीं किया है जबकि ब्राह्मण होने के दावे बहुत कम पाए गए हैं।

वर्ण की अवधारणा ने जाति की एक विकृत और गलत छवि प्रस्तुत की है। अगर कोई समाजशास्त्री जाति व्यवस्था को समझना चाहता है, तो उसे वर्ण की इस अवधारणा से मुक्त होना जरूरी है। यहाँ यह कहना आवश्यक नहीं कि किसी गैर-भारतीय के मुकाबले भारतीय समाजशास्त्री के लिए यह ज्यादा मुश्किल है।

स्थानीय श्रेणीक्रम में प्रत्येक जाति का क्या स्थान है, यह अक्सर स्पष्ट नहीं होता

है। हालाँकि यह सच है कि देश के अधिकांश भागों में ब्राह्मण उच्चतम स्थान पर और अछूत निम्नतम स्थान पर होते हैं और अधिकतर लोग जानते हैं कि कौन ब्राह्मण है और कौन अछूत। लेकिन दक्षिण भारत में लिंगायत ब्राह्मणों से श्रेष्ठ नहीं तो कम-से-कम उनके बराबर होने का दावा करते हैं। कट्टरपन्थी लिंगायत तो ब्राह्मणों द्वारा पकाया या छुआ खाना तक नहीं खाते। लिंगायतों के पुजारी उन्हीं की जाति के होते हैं। ये पुजारी कुछ अन्य गैर-ब्राह्मण जातियों के लिए भी कार्य करते हैं। ब्राह्मणों की धार्मिक श्रेष्ठता को ऐसी चुनौती अनोखी तो नहीं, पर यह कोई आम बात नहीं है। लेकिन किसी जाति-विशेष द्वारा ब्राह्मण होने के दावे को चुनौती कहीं ज्यादा दी जाती है। उदाहरण के लिए, मैसूर के मार्का ब्राह्मणों द्वारा पकाया या छुआ भोजन अधिकतर हिन्दू, यहाँ तक कि हरिजन भी नहीं खाते।

जाति व्यवस्था का आज जो स्वरूप है, उसके सबसे महत्त्वपूर्ण लक्षणों में से एक है इसके श्रेणीक्रम में स्पष्टता का अभाव, खासकर मध्यवर्ती क्षेत्रों में। इसके चलते परस्पर धार्मिक दर्जे को लेकर अनन्त वाद-विवाद चलते रहे हैं और इसी अस्पष्टता के कारण किसी जाति के लिए श्रेणीक्रम में ऊपर उठना सम्भव हो जाता है। हरेक जाति यह साबित करना चाहती है कि यह अपने से 'उच्चतर' जाति के समकक्ष है और अपने 'समकक्षों' से उच्चतर है। ऐसी उच्चता साबित करने के लिए तर्क प्रस्तुत किए जाते हैं। शाकाहारी जातियों का स्थान श्रेणी में सबसे ऊँचा है और कमोबेश शाकाहार ऊँचे स्थान के प्रमाण के रूप में रखा जाता है। शराब पीना, गन्दी चीजें खानेवाला, पालतू सूअर खाना, गोमांस खाना—यह सब किसी जाति को धार्मिक श्रेणीक्रम के निचले दर्जे में ले जाता है। इसी प्रकार कसाई का हीन व्यवसाय, या बाल बनाने, चमड़े के जूते बनाने जैसे अपवित्र काम धार्मिक श्रेणीक्रम में निचली जातियाँ ही करती हैं। आहार तथा व्यवसाय में भी एक श्रेणीक्रम है जो अलग-अलग क्षेत्र में अलग-अलग होता है। जिस जाति के व्यक्ति के हाथ का पका भोजन और पानी ग्रहण किया जा सके, वह या तो बराबर की जाति का होता है या उच्चतर जाति का। इसके विपरीत अगर किसी के हाथ का पका भोजन या पानी ग्रहण न किया जा सके, वह निचली जाति का होता है। इसी तरह विधवाओं के सिर मुँडवाना, तलाक का नियम इत्यादि जैसे कुछ रिवाज भी श्रेणीक्रम पर निर्भर करते हैं। अक्सर कुछ लोग अपनी जाति की कुछ प्रथाओं के प्रचलन को ऊँची जाति का लक्षण बताते हैं, जबकि दूसरे लोग कुछ अन्य प्रथाओं के प्रचलन को निम्न जाति का प्रमाण बताते हैं। लुहार (अचारी) जैसी जाति के मामलों में, जाति द्वारा दावा किए गए दर्जे और दूसरों द्वारा स्वीकार की गई उनकी स्थिति में सचमुच भारी असमानता है। ऐसा लगता है कि दक्षिण भारत के लुहारों ने अपने रीति-रिवाजों का बजाप्ता संस्कृतीकरण करके जाति व्यवस्था में ऊपर चढ़ने की कोशिश की, लेकिन इससे उनको मनचाहा स्थान मिलने के बजाय अन्य जातियों से दुश्मनी नहीं तो कम-से-कम तिरस्कार जरूर मिला। आज हरिजन समेत बहुत कम ऐसी जातियाँ हैं जो किसी लुहार के हाथ का भोजन स्वीकार करती हैं। अभी हाल तक लुहारों को गाँव

के अन्दर विवाह करने, लाल चप्पल पहनने आदि की इजाजत नहीं थी।[8] यहाँ इस बात पर बल देना जरूरी है कि किसी भी क्षेत्र में असंख्य ऐसी छोटी-छोटी जातियाँ हैं, जिनको इस व्यवस्था में स्पष्ट और स्थायी स्थान हासिल नहीं है। जाति व्यवस्था की जैसी अवधारणा है, व्यवहार में उससे बिल्कुल भिन्न इसकी श्रेणियों की अस्पष्टता में ही इसका सार है। जाति व्यवस्था की वास्तविकताओं के बारे में भ्रम के पीछे वर्ण की अवधारणा है। हाल में हुए एक क्षेत्र अनुसन्धान (फील्ड स्टडी) से यह बात उभरकर आई है कि श्रेणीक्रम में किसी जाति का स्थान एक गाँव से दूसरे गाँव में भिन्न हो सकता है। न केवल अलग-अलग क्षेत्र के श्रेणीक्रमों में अस्पष्टता है, और जातियाँ कालक्रम में इस क्षेत्र से उस क्षेत्र जाती रही हैं, बल्कि श्रेणीक्रम भी कुछ हद तक स्थानीय ही होता है। वर्ण प्रणाली इसकी ठीक विपरीत छवि प्रस्तुत करती है।

वर्ण प्रणाली शब्दश: एक 'श्रेणीक्रम' ही है, क्योंकि विषमताओं का आधार धार्मिक रीति-रिवाज ही हैं। यह सच है कि आमतौर पर ऊँची जातियाँ सम्पन्न भी होती हैं, और निचली जातियाँ ही सबसे गरीब होती हैं, लेकिन मूलतया आर्थिक या राजनीतिक आधार पर जातियों का वर्गीकरण, धार्मिक आधार पर जातियों के वर्गीकरण से भिन्न श्रेणीक्रम बनाएगा। अक्सर जाति की धार्मिक और आर्थिक या राजनीतिक स्थिति में काफी अन्तर रहता है। मिसाल के तौर पर, मैसूर के रामपुरा गाँव का जाति से कृषक (ओक्कालिगा) ग्राम-प्रमुख ब्राह्मण पुजारी का हर दृष्टि से सम्मान करता है। हालाँकि वह ग्राम-प्रमुख उस गाँव और पूरे क्षेत्र का सबसे धनी व्यक्ति, सबसे बड़ा जमींदार और साहूकार, गाँव का प्रधान और आमतौर पर बहुत ही प्रभावशाली व्यक्ति तो है ही, उस राम मन्दिर के व्यवस्थापकों में भी है, जिसका पुजारी वह ब्राह्मण है। धर्मेतर मामलों के लिए पुजारी ग्राम-प्रमुख पर ही आश्रित होता है। 1952 की गर्मियों में पुजारी का सबसे बड़ा पुत्र निम्न माध्यमिक दर्जे की परीक्षा में प्रथम दर्जे से उत्तीर्ण हुआ और यह खबर मिलते ही पुजारी ग्राम प्रधान के घर की ओर भागा। वह खुश तो था, पर कुछ ऊहापोह में और थोड़ा चिन्तित भी हो रहा था। वह चाहता था कि अपने बेटे को आगे पढ़ाए जिसमें पैसों की जरूरत होती और साथ ही इसके लिए उसे मैसूर जाना पड़ता जो पुरोहित के लिए एक अनजान और बहुत दूर का शहर था। (जबकि वास्तव में, रामपुरा से मैसूर मात्र 22 मील दूर है।) पुजारी ग्राम प्रधान से इस मामले पर विचार-विमर्श कर रहा था (लेकिन पुरोहित की चिन्ताओं के प्रति ग्राम प्रधान का रवैया कुछ विनोदपूर्ण ही था)। उसके बाद वह ग्राम प्रधान की माँ से मिला, जो पूरे 70 साल की कुलमाता थीं। वह उनसे कुछ फीट दूर हटकर बैठा और उनसे बातचीत की। बातचीत के दौरान वह किसी कृषक की तरह ही थोड़ी-थोड़ी देर पर उनको *अव्वा* (माँ—ब्राह्मण माँ को *अम्मा* या *ताई* कहते हैं, लेकिन दिलचस्प बात यह है कि पुरोहित ने यहाँ ग्राम प्रधान की माँ को *अव्वा* कहकर सम्बोधित किया, जिसका प्रयोग सभी कृषक सम्मान से करते हैं) कहकर पुकारता रहा। वह उनके मशविरों को बड़े आदर से सुनता रहा, जबकि वर्ण व्यवस्था के मुताबिक वह *शूद्र* जाति की थी।

अक्सर उच्चतर जाति के लोग सलाह या मदद के लिए किसी निचली जाति के धनी-मानी और प्रभावशाली व्यक्ति के पास जाते हैं। इससे साफ जाहिर होता है कि ऐसे मामलों के लिए वह उन पर आश्रित होता है। जब विभिन्न जातियों के सदस्य एक जगह इकट्ठा होते हैं, तो ऐसी स्थिति में एक-दूसरे की तुलना में उनका स्थान उनके इकट्ठा होने के सन्दर्भ से तय होता है। मसलन, किसी धार्मिक सन्दर्भ में, पुरोहित का स्थान सबसे ऊँचा होगा, जबकि किसी अन्य दुनियावी सन्दर्भ में, ग्राम प्रधान ऊँचे स्थान पर होगा। लेकिन इस तरह स्थान निर्धारण का तरीका बहुत सन्तोषजनक नहीं है क्योंकि दिए गए सन्दर्भों में ही स्थायी स्थान होते हैं। उपर्युक्त उदाहरण में, ग्राम प्रधान और उसकी माँ यह जानती थी कि वे किसी साधारण कृषक से नहीं, बल्कि एक ऐसे ब्राह्मण से बातचीत कर रहे हैं, जो एक पुरोहित भी है। आमतौर पर उसे काफी सम्मान मिलता था। खासतौर से राम मन्दिर का पुरोहित होने के नाते ग्राम प्रधान की मदद और सहारा माँगने का उसे विशेषाधिकार प्राप्त था। उसकी सहायता करनेवाले को पुण्य या धार्मिक यश की प्राप्ति होगी। वैसे तो किसी भी गरीब की सहायता करने पर यश मिलेगा, पर अगर वह गरीब व्यक्ति एक ब्राह्मण भी है और पुरोहित भी, तो यश की मात्रा और भी ज्यादा बढ़ जाएगी। ग्राम प्रधान को भी पुरोहित की सेवाओं की जरूरत है और जब उसका कोई प्रभावशाली ब्राह्मण बन्धु रामपुरा पधारता है तो वह पुरोहित से उनके लिए भोजन की व्यवस्था करने को कहता है।

वर्ण व्यवस्था ने जाति की छवि को बेशक विकृत किया, परन्तु इसने आम लोगों को एक ऐसा सीधा और सरल रास्ता दिखाया, जिससे वे जाति व्यवस्था को समझ सकें और जो भारत के हरेक हिस्से पर लागू होती है। वर्ण ने एक ऐसी सामान्य सामाजिक भाषा को जन्म दिया है, जो पूरे भारत पर लागू होती है या यह समझा जाता है कि यह लागू होती है। तथ्यों पर आधारित न होने के बावजूद सिर्फ एक परिचय की भावना से ही एकता को बल मिलता है।

यह रोचक तथ्य है कि किसी जाति की गतिशीलता को अक्सर वर्ण की भाषा में व्यक्त किया गया है, न कि स्थानीय जातिगत स्थिति की भाषा में। इसका एक आंशिक कारण यह है कि हरेक जाति का एक नाम है और उसके अपने रीति-रिवाज और परम्पराएँ हैं जो उस स्थान विशेष में उनके लिए विशिष्ट हैं। और कोई भी अन्य जाति उसका नाम नहीं ओढ़ सकती। कुछ इक्के-दुक्के व्यक्ति या परिवार किसी स्थानीय ऊँची जाति का होने का दावा कर सकते हैं, पर पूरी जाति नहीं। यहाँ तक कि इन इक्के-दुक्के लोगों के लिए भी यह काम उतना आसान नहीं होता क्योंकि इनके और इनके परिवारों के सम्बन्ध कहाँ-कहाँ हैं, ये सब वहाँ के सभी स्थानीय लोगों को मालूम ही होगा। दूसरी तरफ किसी स्थानीय जाति के लिए खुद को ब्राह्मण, क्षत्रिय या वैश्य कहलाना इतना मुश्किल नहीं होगा। यहाँ भी विरोध की सम्भावना है, पर कल के रईस अपने नाम के साथ कुछ प्रत्यय जोड़कर अपने आपको स्थानीय ब्राह्मण, क्षत्रिय या वैश्य से अलग बता सकते हैं। इस प्रकार मैसूर के बेदाओं के लिए खुद को ओक्कालिगा (कृषक) या कुरूब

(गडरिया) कहना सम्भव नहीं होगा। लेकिन बाल्मीकि ब्राह्मण कहलाने में कोई मुश्किल नहीं होगी। बहुत पहले ब्रिटिश पूर्व काल में ही दक्षिण भारत के लुहारों ने अपना नाम विश्वकर्मा ब्राह्मण रख लिया। भारत में अंग्रेजों के जमाने में समय-समय पर होनेवाली जनगणना के दौरान इस प्रवृत्ति को खास बढ़ावा मिला जब निचली जातियों ने अपने नाम बदलकर श्रेणीक्रम में ऊपर उठने का प्रयत्न किया।

सन्दर्भ एवं टिप्पणियाँ

1. देखें, 'कास्ट एंड क्लास इन इंडिया', मुम्बई, 1950, पृष्ठ 47
2. वही, पृष्ठ 52
3. वही, पृष्ठ 45
4. वही, पृष्ठ 54
5. वही।
6. वही, पृष्ठ 52-8
7. वही, पृष्ठ 28
8. ऊँची स्थिति प्राप्त करने में लिंगायत लोग क्यों सफल रहे और लुहार क्यों असफल रहे, यह बात ऐतिहासिक समाजशास्त्री के लिए एक अत्यन्त दिलचस्प समस्या है। ऐसा लगता है कि दोनों ही जातियों ने 'आक्रामक नीति (शॉक टैक्टिक्स) का प्रयोग किया, जिसमें लिंगायतों को तो सफलता मिली पर लुहार सफल नहीं हो पाए।

जातियाँ : क्या कल के भारत में उनका अस्तित्व सम्भव है ?

जिस सवाल का जवाब मुझसे पूछा जा रहा है, वह कुछ अस्पष्ट-सा है। लेकिन इस अस्पष्टता का एक औचित्य भी है। यह दो सवालों पर ध्यान देने की माँग करता है। पहला—क्या कल के भारत में जातियों के अस्तित्व का कोई औचित्य है ? और दूसरा, क्या इनका अस्तित्व बना रहेगा ? पहला सवाल आदर्श स्थिति के बारे में है। और दूसरा यथार्थ स्थिति के बारे में। मैं सर्वप्रथम पहले सवाल पर विचार करूँगा।

सबको यह बात साफ होनी चाहिए कि इस देश के बहुत थोड़े से लोग ही जाति व्यवस्था के समाप्त होने की आकांक्षा रखते हैं। हालाँकि संख्या की दृष्टि से ऐसे लोग बहुत ही गौण हैं, पर ये काफी शक्तिशाली हो सकते हैं या शायद हैं भी। आबादी का ज्यादातर हिस्सा खासकर हिन्दू लोग न केवल जाति व्यवस्था का अन्त होते नहीं देखना चाहते, बल्कि उनके लिए किसी जातिविहीन सामाजिक व्यवस्था की कल्पना करना भी प्रायः बहुत मुश्किल होगा। ग्रामीण इलाकों में बसनेवाले ज्यादातर लोगों के लिए जाति का मतलब आसपास के गाँवों समेत सभी प्रकार के सगोत्री और विवाहजन्य रिश्तेदारों के सिवाय और कुछ नहीं है। हमारे समाज में लोगों को संयुक्त परिवार और जाति से कुछ ऐसी सुविधाएँ हासिल हैं जो पश्चिम के औद्योगिक रूप से विकसित देशों के कल्याणकारी राज्यों में ही लोगों को हासिल हैं। अक्सर किसी व्यक्ति के आरम्भिक मित्र उसकी जाति के होते हैं, उसके रिश्तेदार भी उसी की जाति के होते हैं और यह सब मिलकर उसके परिचय के दायरे का एक महत्त्वपूर्ण हिस्सा बन जाते हैं। कोई जाति अपने आप में स्वायत्त नहीं हो तो भी कुछ हद तक सांस्कृतिक एकरूपता का स्वरूप तो रखती ही है।

मैं यहाँ जिस बात पर बल देना चाहता हूँ, वो यह है कि केवल मुट्ठी-भर लोग ही जाति को हमारे राष्ट्रीय जीवन के लिए खतरनाक समझते हैं। मैं यह सहर्ष स्वीकार करता हूँ कि उनकी संख्या दिन-प्रतिदिन बढ़ती जा रही है और आजकल तो ग्रामीण इलाकों में भी शहर की हवा खाए ऐसे युवक नजर आने लगे हैं जो यह कहते हैं कि लोगों के आपसी सम्बन्धों में जाति जहर घोल रही है। पर अब भी यह उतना ही सच है कि बहुत बड़ी संख्या में ऐसे लोग हैं जो जातिवाद में कोई बुराई नहीं देखते। इस तथ्य को याद रखना जरूरी है क्योंकि जब तक लोग खुद ही इस बात को समझ न

लें कि जाति का अनिवार्य अर्थ जातिवाद ही है और उससे मिलनेवाली सुविधाओं के बदले पूरे देश को बहुत भारी कीमत चुकानी पड़ती है, तब तक कुछ नहीं हो सकता है। इस तथ्य से आम जनता को वाकिफ कराना कोई आसान काम नहीं है और अभी तक न तो किसी राजनीतिक और न ही किसी सामाजिक कार्यकर्ता ने ऐसी किसी समस्या के प्रति कोई दिलचस्पी दिखाई है। यहाँ सबसे पहले यह समझना जरूरी है कि सिर्फ शुभेच्छाएँ रखना ही काफी नहीं होता, बल्कि इससे इच्छा के ठीक विपरीत परिस्थिति भी पैदा हो सकती है।

मैं किसी पर आक्षेप नहीं कर रहा। पर सचमुच मुझे सन्देह है कि बहुत से ऐसे लोग जिन्होंने हाल में खुलेआम जातिविहीन और वर्गविहीन समाज के पक्ष में बोलना शुरू कर दिया है, पता नहीं कहाँ तक अपनी बात पर अमल कर पाएँगे। अब जबकि इस आदर्श को हमारे संविधान में भी शामिल कर लिया गया है और चूँकि पंडित नेहरू एक बहुत शक्तिशाली विश्व स्तर पर सम्मानित व्यक्ति हैं, इसलिए कांग्रेसी विधायक एवं अन्य नेता उनके साथ मतभेद रखने से ज्यादा आसानी उनकी हाँ-में-हाँ मिलाने में पाते हैं। हममें से ज्यादातर न केवल राजनीतिक नेता, बल्कि हमारे बुद्धिजीवी लोग भी ऐसी कुछ बातों में अपनी सहमति जताने पर मजबूर हैं, ताकि उन्हें कोई गलती से भी 'प्रतिक्रियावादी' न समझ बैठे। यहाँ तक कि उस विषय पर बातचीत करना भी निषेध है। जाति के मामले में तो यह रोग इस हद तक फैल चुका है कि इस बात का पूरा डर है कि हमारी बातचीत और नीतियाँ बहुत दूर न हो जाएँ। दूसरी बात, प्रतिक्रियावादी कहलाने के डर से तथ्यों के मूल्यांकन के प्रति भी दोषपूर्ण और चतुराई से भरा रवैया रहा है। मैं यह जानता हूँ कि मैं जो कह रहा हूँ वह परस्पर विरोधी बात लग सकती है, पर ऐसा सचमुच है नहीं। प्रगतिशील प्रस्तावों के प्रति सहमति जताने से हमारा विवेक सन्तुष्ट होता है और यह हमें अपनी व्यावहारिक सफलताओं के प्रति आश्वस्त करता है, जबकि इसके साथ-ही-साथ हम यह भी जानते हैं कि कोई गम्भीरता के साथ कुछ करनेवाला नहीं है और जातिवाद वैसे-का-वैसा ही बना रहेगा जैसा कि अभी है। इस तरह से दोनों स्थितियों के मजे मिलते हैं।

1954 के अप्रैल में मैं मैसूर राज्य के मंड्या जिले के एक गाँव में था। इस गाँव में मेरे आने के कुछ ही दिनों पहले पड़ोस के एक गाँव में होलेया (हरिजनों) और ओक्कालिगा (कृषकों) के बीच जमकर लड़ाई हुई थी। इस लड़ाई में कई लोग गम्भीर रूप से घायल हुए थे। एक ओक्कालिगा नेता ने मुझसे शिकायत की, "होलेया लोग अपनी औकात से बाहर जा रहे हैं। ये अब शादी में हमसे अपनी लड़की देने की माँग कर रहे हैं।" मैंने कांग्रेस और गणतन्त्र के लक्ष्यों और आदर्शों के बारे में उसे समझाने की कोशिश की और यह भी कहा कि कांग्रेस को वोट देकर उसने अनकहे ही कांग्रेस की नीतियों के प्रति अपनी सहमति दे दी है। उसने जवाब दिया, "तो वे (निर्वाचित प्रतिनिधि) होलेया लोगों को अपने घर खाने पर बुलाएँ और अपनी बेटियाँ विवाह में दें। उसके बाद हम भी उनकी बात मान लेंगे।" इस तरह उसने अपनी ग्रामीण चतुराई

से समस्या के मूल पर प्रहार कर दिया। कितने निर्वाचित प्रतिनिधि हरिजनों के हाथ का पकाया भोजन खाना चाहते हैं और अपनी बेटियाँ हरिजन युवाओं से ब्याहना चाहते हैं ? जवाब जाहिर है। पर वही प्रतिनिधिगण दिल्ली या बंगलूर या अवाड़ी में मिलेंगे तो एक जातिविहीन और वर्गविहीन समाज के लिए अपना वोट जरूर डालेंगे। जातीयता की भावना हमारे राजनीतिक और सामाजिक जीवन में इतनी गहराई तक जड़ जमा चुकी है कि नेता समेत हर कोई अप्रत्यक्ष रूप से यह मानता है कि राज्यों के मन्त्रिमंडलों में हरेक प्रमुख जाति का एक मन्त्री किसी भी कीमत पर होना चाहिए। (और यह सिद्धान्त हमारी प्रान्तीय राजधानी से ग्राम पंचायतों तक जा पहुँचा है—आजकल ग्राम पंचायतों में तो हरिजन समेत प्रत्येक जाति को प्रतिनिधित्व मिल रहा है।) श्री के.सी. रेड्डी के नेतृत्व में मैसूर राज्य के पहले लोकप्रिय मन्त्रिमंडल में जाति के आधार पर केवल मन्त्री ही नहीं, बल्कि उनके सचिव भी उनकी अपनी खास उपजाति के ही चुने गए। आज मैसूर राज्य में इस सिद्धान्त का पालन न केवल हरेक नियुक्ति के समय में, बल्कि स्कूल और कॉलेजों के सीटों के वितरण के समय भी किया जाता है। मैसूर पर अब किसी मिथकीय राक्षस महिषासुर का राज नहीं, बल्कि एक बिल्कुल वास्तविक वर्णासुर का राज्य है। रामपुरा के एक ओक्कालिगा ने बड़े ही क्रुद्ध स्वर में मुझसे कहा, "श्री हनुमन्थैया (मैसूर के तत्कालीन मुख्यमन्त्री) बड़ी सख्ती और निष्पक्षता से शासन करना चाहते हैं, पर उनको यह समझना चाहिए कि मतदाता ऐसा नहीं चाहते। वे चाहते हैं कि जिन लोगों ने उन्हें चुना है, उनको इसके बदले कुछ अनुग्रह प्राप्त हो। हम अपने काम का प्रतिदान चाहते हैं।" मुझे खेद है कि उस ओक्कालिगा की बात सच थी। मतदान जाति के आधार पर होता है, और इसलिए मतदाता यह नहीं समझ सकते कि उनके सजातीयों और ग्रामीणों के लिए निर्वाचित मन्त्री से मदद माँगना अनुचित है। साथ-ही-साथ यह हनुमन्थैया के लिए प्रशंसा की बात है कि वे जाति के आधार पर विचार नहीं करते। लेकिन उनकी पार्टी ऐसा करती है। लोग ऐसा करते हैं। और इस सच्चाई को भुलाया नहीं जा सकता। प्रसंगवश भारत के किसी भी भाग में बिना जातीय सन्दर्भ के प्रान्तीय राजनीति की व्याख्या करना सम्भव नहीं है।

केवल प्रस्ताव और कानून बनाना तो और भी फिजूल है क्योंकि इससे हमें भ्रम होता रहता है कि हम सचमुच ही कुछ कर रहे हैं और मैं आपको यह बात साफ कर देना चाहता हूँ कि अगर आप यह सोचते हैं कि आपको जातिवाद से छुटकारा आसानी से मिल जाएगा तो आप भूल कर रहे हैं। जाति की संस्था में असाधारण शक्ति निहित है और इसको खत्म करना अत्यन्त कठिन है। यहाँ सबसे पहली सीख तो यह लेनी चाहिए कि अपने 'शत्रु' की ताकत को कभी कम करके नहीं आँकना चाहिए। यह इतना ताकतवर और व्यापक है तथा इसकी पकड़ इतनी मजबूत है कि इस संघर्ष में इसकी शक्ति का सही अनुमान लगाना ही पहला कदम होगा।

हालाँकि मैं यहाँ बता देना चाहता हूँ कि अस्पृश्यताविरोधी कानून का जो भी थोड़ा बहुत असर है, उसका मुख्य कारण यह है कि कुछ पढ़े-लिखे और सम्पन्न हरिजन इस

कानून को लागू करवाने की कोशिश कर रहे हैं। लेकिन यह उनके लिए उतना आसान काम नहीं है। स्वाभाविक है कि उनके इन प्रयासों ने सवर्ण हिन्दू और हरिजनों के बीच मौजूद तनाव को और बढ़ाया ही है। लेकिन इस तनाव को बढ़ाए बिना और सम्भवतया लड़ाई तथा खून-खराबा किए बिना हरिजनों को संविधान द्वारा दिए गए अधिकार कभी हकीकत में नहीं बदल पाएँगे। खासकर गाँवों में अगर ऐसी लड़ाइयाँ भविष्य में और भी बढ़ीं तो मुझे कोई हैरत नहीं होगी। जैसे-जैसे शिक्षित हरिजनों की संख्या बढ़ेगी और उनकी आर्थिक स्थिति में सुधार होगा वैसे-वैसे हिन्दू बहुसंख्यकों के उन कठोर आदेशों के खिलाफ उनका आवाज उठाना भी अवश्यम्भावी है जिनके कारण वे पंगु हैं। जो भी हो, ये हिन्दू उनकी माँगों के आगे इतनी सहजता से झुकनेवाले नहीं हैं और यह लड़ाई एवं खून-खराबा होगा, तभी आम जनता इन मुद्दों के बारे में जागरूक होगी। तभी हर जगह सड़कों, चाय की दुकानों और बरामदों में उन मुद्दों पर बहस-मुबाहिसा होगा जिन पर इन दिनों समाजशास्त्री और सामाजिक कार्यकर्ता विवाद कर रहे हैं।

हरिजनों को मताधिकार देना भी एक निर्णायक कदम है। विधानसभा में सवर्ण हिन्दू अब और भी ज्यादा सुरक्षात्मक होते जाएँगे क्योंकि हरिजनों की स्थिति में सुधार लाने के लिए उठाए गए कदमों के खिलाफ वे खुलकर सामने आने की हिम्मत नहीं जुटा पाएँगे। सम्भावना तो यही है कि वे मुँह पर समझौता और पीठ फेरते ही काम बिगाड़ने का रास्ता चुनेंगे तथा इसमें उनके साथ-साथ उनके सहधर्मियों का पूरा हुजूम चलेगा।

अब मैं दूसरे सवाल पर विचार करूँगा। "क्या ऐसी सम्भावना है कि कल के भारत में जातिवाद रहेगा ही नहीं ?" इस सवाल का जवाब देने से पहले हाल की कुछ घटनाओं पर एक नजर डालना लाजिमी है। जिस समय अंग्रेजों ने भारत पर अपना राज कायम किया उस समय यहाँ के समाज को हम मोटे तौर पर 'सामन्तवादी' समाज कह सकते हैं। पूरे उपमहाद्वीप में बिखरे थोड़े से शहरों में जनता का एक बहुत छोटा सा हिस्सा बसता था, जबकि गाँवों में ही अधिकांश लोग रहते थे। बहरहाल, वे नगर आधुनिक औद्योगीकृत नगरों से भिन्न थे। उन नगरों में बसनेवालों को पारम्परिक जीवन-शैली से बहुत ज्यादा दूर जाने की जरूरत नहीं पड़ती थी। गाँवों में एक निर्वाह योग्य अर्थव्यवस्था थी। व्यक्तियों और समूहों के बीच सम्बन्धों का निर्धारण अनुबन्धों के आधार पर नहीं, बल्कि हैसियत के आधार पर होता था। यानी जिस परिवार और जाति में व्यक्ति ने जन्म लिया, उसी आधार पर उसके अधिकार और कर्तव्य निर्धारित होते थे। ये सम्बन्ध 'बहुआयामी' होते थे—यानी लोग एक-दूसरे से अन्य कई प्रकार के सम्बन्धों को लेकर भी आपस में जुड़े हुए होते थे। वस्तु-विनिमय की प्रथा प्रचलित थी और इसी का महत्त्व ज्यादा था, जबकि मुद्रा की भूमिका न्यूनतम थी। राजनीतिक व्यवस्था स्थानीय मुखियों पर आधारित थी जो या तो दूर बैठे किसी राजा के सामन्त या फिर उससे भी दूर बैठे किसी सम्राट के प्रतिनिधि हुआ करते थे। इन मुखियों के बीच एवं मुखिया और राजा अथवा सम्राट के प्रतिनिधि के बीच के सम्बन्ध हमेशा अस्थायी ही होते थे। अक्सर इनमें युद्ध छिड़ जाया करता था। इस राजनीतिक व्यवस्था ने दो सरदारों के इलाकों

के बीच बिल्कुल अभेद्य-सी दीवार खड़ी कर दी थी। इसके कई महत्त्वपूर्ण नतीजे सामने आए जिनमें से एक यह था कि इसने दो जागीरदारियों के बीच की सीमा के आर-पार जातिगत एकता में बाधा डाली और एक ही क्षेत्र की विभिन्न जातियों को परस्पर निर्भर होने के लिए मजबूर कर दिया।

गाँव के स्तर पर जातियाँ न केवल एक-दूसरे पर आश्रित होती थीं, बल्कि वे इस सच्चाई से भी भलीभाँति वाकिफ थे। लुहार, कुम्हार, नाई, धोबी और पुजारियों को प्रतिवर्ष अन्न के रूप में किया जानेवाला भुगतान इसका साक्षात् प्रमाण बन गया। जहाँ एक तरफ हरेक जाति की अपनी-अपनी एकता थी, वहीं वे दूसरी जातियों के साथ मिलकर रहने के प्रति भी सचेत थे। मसलन, हरेक लुहार भूस्वामियों के शुल्क को लेकर, अन्य लुहारों से प्रतिस्पर्धा रखता है। इन प्रतिस्पर्धाओं के अतिरिक्त मालिक और नौकर भूस्वामी और काश्तकार, साहूकार और कर्जदार तथा संरक्षक और आश्रित जैसे अन्य प्रकार के सम्बन्ध जातिगत विभाजनों से परे थे। दूसरी बात, अपने गाँव के प्रति निष्ठा सर्वव्यापी थी और यह बात ब्राह्मणों से लेकर हरिजनों तक सभी जातियों के लिए एक जैसी थी। यहाँ यह बता देना जरूरी है कि कभी-कभार हरिजन भी ऊँची जातियों के लोगों पर अपना प्रभाव रखते थे। खासकर दक्षिण भारत में ऐसा था। कई शताब्दी पहले का ऐतिहासिक साक्ष्य ग्राम प्रशासन की सभाओं में उनकी सक्रिय भागीदारी की मिसाल देता है। यहाँ तक कि कोई पचास साल पहले भी केरे गाँव के होलेया चेलूवाड़ी (ग्राम पंचों के पुश्तैनी नौकर) ने मैसूर के एक धनी लुहार को इस बात पर पीट दिया कि उसने लाल चप्पल (चाडवु) पहनने की धृष्टता की थी। उस क्षेत्र में उन्हें इसका अधिकार नहीं था। वह लुहार एक प्रभावशाली व्यक्ति था और उसने उस गाँव को हजारों रुपए का कर्ज दिया था।

ऊपरी स्तर पर आस-पड़ोस के कई गाँवों रिश्तेदारी, आर्थिक और धार्मिक प्रथाओं के बन्धन आदि के कारण आपस में जुड़े हुए थे। युद्धरत सरदार क्षेत्रीय सीमा के बाहर सम्बन्धों के विस्तार को रोकते थे। लेकिन फिर भी कहीं-कहीं हम पाते हैं कि पुरोहितों के पद पर होने के नाते ब्राह्मणों को इन राजनीतिक मतभेदों से ऊपर समझा जाता था। एक ही क्षेत्र में जातिगत सम्बन्धों की 'डिब्बाबन्दी' और उस क्षेत्र में बसनेवाली सभी जातियों के अन्योन्याश्रित सम्बन्धों पर व्युत्पन्न बल ब्रिटिश-पूर्व भारत की एक खास पहचान थी। हालाँकि पूरे उपमहाद्वीप पर अंग्रेजी राज कायम होने और सामाजिक तथा प्रशासनिक दोनों ही दृष्टियों से जरूरी संचार साधनों में तेजी से विकास होने के साथ ही जातियों को भी विस्तृत क्षेत्र में फैलने का अवसर मिला।

जाति की क्षैतिज एकता में वृद्धि होने से एक ही क्षेत्र में बसनेवाली विभिन्न जातियों की ऊर्ध्व एकता पर बुरा असर पड़ा। मुद्रण की शुरुआत, नियमित डाक सेवा, क्षेत्रीय समाचार पत्रों तथा किताबों के प्रकाशन, तार, रेलवे एवं बस द्वारा यातायात की सुविधा ने विभिन्न क्षेत्रों में बसनेवाली जातियों के प्रतिनिधि को अपने सामान्य हितों और समस्याओं पर मिलकर विचार करना सम्भव बना दिया। पश्चिमी शिक्षा ने

स्वाधीनता और समानता जैसे नए राजनीतिक मूल्यों से अवगत कराया। शिक्षित नेताओं ने जाति-विशेष की पत्रिकाएँ शुरू कीं और जाति सम्मेलन आयोजित किए। खास जाति के संगठन और उसके गरीब सदस्यों की मदद के लिए अनुदान राशि जमा की जाने लगी। जाति-विशेष के छात्रावास, अस्पताल, सहयोग समितियाँ आदि शहरी जीवन में आम बात हो गई थी। कुल मिलाकर यह बात पूरे विश्वास के साथ कही जा सकती है कि पिछले सौ सालों में जातिगत एकता में अत्यधिक विकास हुआ है और इसके साथ-ही-साथ एक ही क्षेत्र में बसनेवाली विभिन्न जातियों के बीच अन्योन्याश्रित सम्बन्ध की भावना काफी कम हुई है।

जातियों की क्षैतिज एकता और इसके साथ-साथ विभिन्न जातियों के बीच के तनावों को बढ़ाने में कुछ अन्य तत्त्वों का भी योगदान रहा है। अगर ब्राह्मण नहीं भी तो ऊँची जातियों, जिनका नई नौकरियों के ऊपर लगभग एकाधिकार-सा था, उसके कारण अंग्रेजों ने निचली जातियों की तरफदारी शुरू कर दी। दक्षिण में विभिन्न रियासतों द्वारा धीरे-धीरे एक ब्राह्मण विरोधी नीति अपनाया जाना इसी का परिणाम था। सवर्ण हिन्दुओं और हरिजनों के बीच पहले से मौजूद दीवार अब राजनीतिक क्षेत्र में भी खड़ी हो गई थी। विभिन्न जातियों के शिक्षित लोगों में सरकारी नौकरियाँ पाने के लिए होड़ लग गई और उनकी संख्या नौकरियों से ज्यादा थी। नौकरी पाने के संघर्ष में विभिन्न व्यक्तियों के बीच पैदा हुआ आपसी तनाव उनकी अपनी-अपनी जातियों तक फैल गया क्योंकि हरेक जाति के गणमान्य लोग इस होड़ में शरीक थे।

सर्वव्यापी वयस्क मताधिकार का एक अल्पकालिक प्रभाव यह होता है कि इससे जाति को मजबूती मिलती है। यह तो आसानी से समझ में आनेवाली बात है कि अगर बाकी बातें समान हों तो ग्रामवासी अपने जातिभाई को ही वोट देना ठीक समझता है। यह बात इतनी सर्वमान्य है कि आन्ध्र में हुए हाल के चुनावों के दौरान कम्युनिस्टों को भी 'सामाजिक आधार' वाले उम्मीदवार को चुनने में कठिनाई हुई। इस सामाजिक आधार को अगर साधारण अंग्रेजी में समझें तो इसका मतलब होता है कि वे स्थानीय प्रभावशाली जातियों से आते हैं। मुझे पता चला कि इसका केवल एक ही अपवाद था और वह एक अखिल भारतीय नेता था, जिसका बाकायदा चुनाव हुआ।

जितनी बातें मैंने अब तक की हैं, वे अत्यधिक निराशावादी लग सकती हैं। इसलिए मैं अब कुछ अन्य विपरीत प्रवृत्तियों की भी चर्चा करूँगा। हरिजनों में शिक्षा के प्रसार के साथ-साथ सवर्ण हिन्दुओं के लिए अपनी ऐसी हैसियत बनाए रखना मुश्किल होता जाएगा जैसी हैसियत उनकी आज है। ऐसा भी संकेत है कि संविधान द्वारा प्रदत्त अधिकारों को हासिल करने के लिए हरिजन लोग संगठित हो रहे हैं। जैसा मैंने पहले ही कहा था, शायद इसका अर्थ होगा हरिजनों और सवर्ण हिन्दुओं के बीच संघर्ष और इससे तात्कालिक तनाव बढ़ेगा, लेकिन आखिरकार सवर्ण हिन्दुओं को घुटने टेकने पर मजबूर होना ही पड़ेगा। परन्तु किसी को यह उम्मीद नहीं करनी चाहिए कि यह प्रक्रिया इतनी आसान, जल्दी और अहिंसक होगी। रातोरात अस्पृश्यता समाप्त हो जाने की

उम्मीद करना अस्वाभाविक है।

औद्योगिकीकरण और विकासशील अर्थव्यवस्था का अर्थ होगा शिक्षित व्यक्तियों को रोजगार और इससे वैसी अन्तर्जातीय घृणा की भावना कम होनी चाहिए जो आज व्यक्तियों और समूहों के बीच सम्बन्धों में जहर घोल रही है। खासकर यह बात दक्षिण के बारे में सच है जहाँ विशेष रूप से शहरों में जातिवाद का बोलबाला है। मेरा विश्वास है कि केवल एक कारखाने की स्थापना से ही उस स्थान पर अन्तर्जातीय सम्बन्धों में जितना सुधार होगा, उतना अन्तर्जातीय विवाह या भोज के प्रचार पर समान राशि खर्च करने से भी नहीं हो सकता। श्रम का मशीनीकरण और सभी जगहों पर भूमिगत निकास व्यवस्था से गन्दी और दूषित समझी जानेवाली चीजों की सफाई के लिए लोगों की जरूरत नहीं रह जाएगी। नई शिक्षा से उन उँगलियों में, जो कलम के अतिरिक्त और काम भी करती हैं, शारीरिक श्रम के प्रति न केवल प्रेम, बल्कि सम्मान की भावना भी जगेगी। व्यापक औद्योगिकीकरण से--और केवल मुम्बई, कलकत्ता तथा आज के बड़े शहरों में एवं उनके आसपास के इलाकों में ही सारे उद्योगों का जमावड़ा करने की सनक को छोड़कर--भारत के हरेक हिस्से में शहरों का विकास होगा और इसके फलस्वरूप शहरी जीवन की विविधता और आदतें अन्तर्जातीय तनावों को कम करने में मदद करेंगी। सहशिक्षा से भविष्य में अन्तर्जातीय विवाहों की संख्या में वृद्धि होना तय है। मैं समाज सुधारकों से इस मामले में कोई जल्दबाजी न करने का आग्रह करता हूँ। विवाह एक 'कठिन मसला' है और इस समय अन्तर्जातीय विवाहों की जरूरत का बहुत ज्यादा प्रचार करने से ऊँची जातिवाले घबराकर सभी प्रकार के सुधारों के खिलाफ खड़े हो सकते हैं।

संक्षेप में अल्पकालीन आधार पर इस देश में जाति को लेकर समस्याओं के बढ़ने की ही आशंकाएँ हैं, लेकिन दीर्घकालीन समय में वयस्क मताधिकार औद्योगिक क्रान्ति--जिसे हमारी पंचवर्षीय योजनाएँ लाना चाहती हैं, साक्षरता और निचली जातियों में उच्चतर शिक्षा का प्रसार, हरिजनों को दिए गए कानूनी अधिकार, पिछड़ी जातियों को दी गई सुविधाएँ और उनकी जीवन-शैली का अधिकाधिक संस्कृतीकरण धीरे-धीरे जाति-व्यवस्था के घिनौने रूप को मिटा देंगे। इस दौरान अगर समाज सुधारक लोग और ज्यादा अध्ययन करें एवं महसूस करें कि कड़ी मेहनत, धैर्य और विनोद की भावना जाति जैसी शक्तिशाली संस्था से जूझने के लिए कुछ अनिवार्य तत्त्व हैं तो बेहतर होगा।

एक सवाल, जो बहुत ही अहम है, लेकिन जिसको मैंने दरकिनार किया, वह है, "जब जातियाँ लुप्त हो जाएँगी तो हिन्दूवाद का क्या होगा ?" इसने ऐसे दूरगामी मुद्दे खड़े कर दिए हैं कि मैं यहाँ सन्तोषजनक रूप से इन पर विचार नहीं कर सकता।

ग्रामीण क्षेत्रों का औद्योगिकीकरण और शहरीकरण

यह तो सभी मानेंगे कि भारत के हर हिस्से के गाँवों में बदलाव आ रहे हैं। एक तरह से सभी सामाजिक बदलाव हमारे उद्‌देश्य के लिए प्रासंगिक हैं, लेकिन इनमें से कुछ बदलाव तो सीधे इससे जुड़ा हुआ ही है। मैं ऐसे ही बदलावों पर विचार करना चाहता हूँ।

सामाजिक परिवर्तनों को समझने के लिए यह जानना जरूरी है कि समाज की कैसी स्थिति में बदलाव आया है। इसलिए मैं सबसे पहले ब्रिटिश-पूर्व भारत में ग्रामीण समाज के स्वरूप की विशेषताओं के बारे में बताने की कोशिश करूँगा। इस सन्दर्भ में यह साफ कर देना जरूरी है कि आन्तरिक और बाहरी सभी प्रकार की ऐसी शक्तियाँ जिन्होंने ग्रामीण समुदाय के पार्थक्य को तोड़ा है और पारम्परिक सामाजिक व्यवस्था में चाहे वह कितनी भी मामूली क्यों न हो, कुछ-न-कुछ बदलाव लाने में मदद जरूर की है, जिससे औद्योगिकीकरण और शहरीकरण का मार्ग प्रशस्त हुआ है। औद्योगिकीकरण का मतलब न तो मात्र विशाल और जटिल मशीनों का इस्तेमाल है और न ही शहरीकरण का मतलब छोटे इलाकों में बहुत बड़ी आबादी का बसना है। इन दोनों के लिए कुछ खास सामाजिक-आर्थिक सम्बन्धों और एक विश्वदृष्टि की जरूरत होती है जो अक्सर पारम्परिक सामाजिक व्यवस्था की विरोधी भी होती है।

मेरा अनुमान है कि मैं जिन विशेषताओं की चर्चा यहाँ करने जा रहा हूँ, वे पूरे भारत के ग्रामीण क्षेत्रों के लिए कुल मिलाकर सही हैं। सबसे पहली और विलक्षण विशेषता है, सड़कों के अभाव के कारण गाँवों का एक-दूसरे से अलग-थलग पड़ना। आज भी सड़कों में सुधार हुए सौ साल हो गए, पर एक गाँव से दूसरे गाँव को जोड़नेवाले साधन निहायत ही पिछड़े हुए हैं। इनमें से अधिकांश सड़कें तो बैलगाड़ी चलाने के भी योग्य नहीं हैं। देश के अधिकांश भागों के गाँववासी मानसून के दौरान कमोबेश भौतिक रूप से सम्पूर्णतया अलग-थलग पड़ जाते हैं। मुम्बई जैसे महानगर से मुश्किल से तीस मील दूर स्थित एक गाँव के बाशिन्दों को किसी युद्धकालीन घेराबन्दी में फँसे लोगों की तरह मानसून के मौसम के लिए रसद और ईंधन जमा करके रखना पड़ता था। उनकी यह स्थिति मात्र पन्द्रह साल पहले एक पुल बन जाने के बाद खत्म हुई। इस पुल के निर्माण को उस गाँव के इतिहास का एक निर्णायक मोड़ कह सकते हैं, क्योंकि उसके शहरीकरण के लिए यह अकेला सबसे महत्त्वपूर्ण कारक था।

फिर भी इस बात पर जोर देना जरूरी है कि ऐसा अलगाव पूरा-पूरा नहीं था।

कुछ पड़ोस के गाँवों, करीब के साप्ताहिक बाजार, तीर्थस्थान और शायद उस शहर से जिसमें वहाँ के मुखिया या राजा की राजधानी थी, सम्पर्क हमेशा बना रहा। पास-पड़ोस के गाँवों में एक-दूसरे की लड़कियाँ ब्याही जाती रहीं और ग्राम देवता की पूजा के उत्सव को मनाने के लिए कई गाँवों के सहयोग की आवश्यकता पड़ती ही थी। उत्तर भारत के गाँवों में बहिर्विवाह का प्रचलन है और सम्बन्धित गाँवों के बीच की आदर्श दूरी प्रायः आठ से बारह मील की होती थी।

साथ ही, जातियों के बीच श्रम-विभाजन के कारण पड़ोसी गाँवों के बीच आपसी सहयोग आवश्यक था। हरेक गाँव में सभी पेशों की जातियाँ नहीं होती थीं। दरअसल होता यह था कि किसी अ गाँव का नाई ब और स गाँव में भी काम करता था और किसी स गाँव का धोबी अ और ब गाँव में भी जाता था। इसी तरह अन्य काम-धन्धों में भी ऐसा ही होता था। खासतौर से केरल में यह स्पष्ट रूप से देखा जा सकता है, जहाँ गाँवों का एक-दूसरे से दूर-दूर बसना आम बात थी और एक कारीगर परिवार को कई पड़ोसी गाँवों में काम करने का अधिकार (अवकाशम) प्राप्त है। किसी गाँव में मौजूद प्रत्येक कारीगर द्वारा सेवा प्रदान किए जानेवाले गाँवों के समूह में बस थोड़ी-बहुत ही समानता होती है।

शायद मैं जानी हुई बातों को ही दोहरा रहा हूँ, पर बहुत से विद्वान इस मिथक में विश्वास रखते हैं कि भारतीय गाँव पारम्परिक रूप से आत्मनिर्भर छोटे गणतन्त्र होते थे। इस अवधारणा का इतना गम्भीर राजनीतिक परिणाम हुआ कि इसके विपरीत पक्ष के दृष्टिकोण पर जोर देना जरूरी लगता है। ठेठ भारतीय गाँव रेलवे और बसों जैसे यातायात के साधन उपलब्ध होने के पहले भी कभी आत्मनिर्भर नहीं थे और ऐसी चीज को पुनर्जीवित करने की बात करना फिजूल होगा जिसका कभी अस्तित्व था ही नहीं।

ब्रिटिश-पूर्व भारत के गाँवों की एक और विशेषता थी यहाँ की चारों ओर फैली राजनीतिक अस्थिरता। यहाँ की राजनीतिक व्यवस्था में सबसे निचले स्तर पर गाँव का प्रमुख होता था और उसके ऊपरी स्तर पर कई गाँवों का एक साथ शासन करनेवाला मुखिया होता था। इनमें आपसी लड़ाई चलती ही रहती थी और केवल किसी तीसरे को हराने के लिए ही दो मुखिया एक साथ होते थे। मुखिया के ऊपर राजा होता था जो शायद किसी सम्राट या उसके प्रतिनिधि के अधीन होता था। किसी कमजोर सम्राट या प्रतिनिधि का मतलब यह होता था कि राजा व्यावहारिक रूप से स्वाधीन हो जाता था और यही बात निचले स्तरों के बारे में भी सच थी। ऐसी व्यवस्था में राजनीतिक मतभेद बड़े मूलभूत हुआ करते थे, जो सांस्कृतिक और सामाजिक मतभेदों का भी रूप ले लिया करते थे। ऐसी स्पष्ट दरार पैदा होने का एक नतीजा यह हुआ कि सामाजिक सम्बन्धों का क्षैतिज प्रसार अपनी-अपनी क्षेत्रीय सीमा के बाहर नहीं हो पाया। दूसरे शब्दों में एक ही जागीर में बसनेवाली सभी जातियाँ एक-दूसरे की मदद करने पर मजबूर हो गईं। अंग्रेजी राज कायम होने के बाद ही ये जातियाँ इन विभाजनों से मुक्त हो पाईं। संचार के साधनों के विकास, सस्ती डाक सेवा और छपाई की शुरुआत ने दूर-दूर

बसनेवाले एक ही जाति के लोगों को कभी-कभार मिलना और एक-दूसरे से नियमित सम्पर्क बनाए रखना सम्भव कर दिया। इसके साथ ही अंग्रेजों द्वारा पिछड़ी जातियों को प्राथमिकता देने के कारण आधुनिक 'जातिवाद' की नींव पड़ी।

ब्रिटिश-पूर्व भारत में व्यक्तियों और समूहों के बीच सम्बन्ध अधिकतर उनके परिवार और जाति-विशेष में जन्म लेने के आधार पर निर्धारित होते थे। साथ ही, किन्हीं दो व्यक्तियों के बीच का सम्बन्ध रिश्तेदारी के अलावा आर्थिक, राजनीतिक और धार्मिक आधार जैसे अनेक बन्धनों से जुड़ा होता था। यही बात स्थिरता का नतीजा भी थी और शर्त भी। इसके अतिरिक्त पूरे देश में और खासतौर पर ग्रामीण क्षेत्रों में मुद्रा का प्रचलन बहुत कम था। इसलिए शहरी क्षेत्रों में ग्रामीण समाज की भागीदारी बहुत कम थी।

अंग्रेजों की राजनीतिक विजय के बाद संचार व्यवस्था का विकास हुआ। एक समान दीवानी और फौजदारी कानून लागू किए गए और समय-समय पर पड़नेवाले अकालों से लड़ने के लिए धीरे-धीरे एक संगठन का विकास हुआ। सार्वजनिक स्वास्थ्य में सुधार लाने की दिशा में कदम उठाए गए। सती जैसी प्रथाओं को समाप्त किया गया और पश्चिमी शिक्षा प्रारम्भ की गई। इन कदमों का ग्रामीण सामाजिक जीवन पर बहुत गहरा असर पड़ा। भारत में अंग्रेजी राज की स्थापना का मतलब था हरेक गाँव, चाहे वह कितना ही दूर-दराज का क्यों न हो, तत्कालीन रूप से ज्ञात विशालतम राजनीतिक समुदाय, यानी ब्रिटिश साम्राज्य का हिस्सा बन गया। इसके तुरन्त बाद ही एक ऐसे आर्थिक तन्त्र का विस्तार हुआ जो भारत समेत पूरी दुनिया में फैल गया। मसलन, युनाइटेड स्टेट्स में कपास की फसल के भविष्य से भारतीय कपास उत्पादक प्रभावित हुए; युनाइटेड स्टेट्स में कपास के अकाल और गृहयुद्ध से लंकाशायर के अंग्रेज निर्माताओं को भारत में कपास की आपूर्ति के वैकल्पिक स्रोतों का ख्याल आया। कपास के नगदी फसल के रूप में विकास का असर देश के विभिन्न भागों के किसानों पर पड़ा। इसके फलस्वरूप गाँवों में नगदी पैसे आने लगे और साथ ही किसानों का भाग्य पाँच हजार आठ सौ मील दूर ऐसी घटनाओं से बँध गया जिन पर उनका कोई नियन्त्रण नहीं था। लेकिन कपास से आनेवाली समृद्धि का इसके उत्पादकों पर महत्त्वपूर्ण प्रभाव पड़ा। तत्कालीन मध्यप्रान्त के कपास आयुक्त रिवेट कार्नेक ने अमेरिकी गृहयुद्ध के दौरान वर्धा घाटी में कपास से आनेवाली समृद्धि का एक दिलचस्प ब्यौरा दिया है—

> उस काल में किसानों को महाजनों के चंगुल से आजाद कराया गया और बहुत सारे आर्थिक सुधार किए गए, फलों के वृक्ष लगाए गए, कुएँ खुदवाए गए, सिंचाई का विकास तथा आवास का निर्माण हुआ। जातियों के श्रेणीक्रम में सामान्य तौर पर बराबरी भी आई। (हालाँकि इसके लिए बहुत संघर्ष हुआ) क्योंकि निचली जातियों की समृद्धि इतनी बढ़ गई थी कि वे ऊँची जातियों के पहनावों और रीति-रिवाज को अपना सकें। शादी-ब्याह तथा अन्य उत्सव अधिक धूम-धाम से आयोजित किए जाने लगे और हल में चाँदी के बने फाल तथा बैलगाड़ियों के चक्कों में ठोस चाँदी के पट्टे अक्सर नजर आने लगे।[1]

पिछली शताब्दी के छठे दशक में वर्धा घाटी के किसानों के बारे में रिवेट-कार्नेक की टिप्पणी में थोड़ा बहुत परिवर्तन करके इसे द्वितीय विश्वयुद्ध के दौरान भारतीय किसानों पर भी लागू किया जा सकता है। श्रीमती स्कारलेट ट्रेंट ने 1954-56[2] के दौरान मैसूर के दो गाँवों का अध्ययन किया और डॉक्टर चापेकर ने कल्याण के निकट स्थित बादलपुर[3] का अध्ययन किया। दोनों ने ये ही रिपोर्टें दी हैं कि युद्ध के चलते आई आर्थिक तेजी के फलस्वरूप शादी-ब्याह पर खर्च काफी बढ़ा है। श्रीमती ट्रेंट ने बेहतर हल और खाद खरीदने की बात बतलाई है।

समृद्धि आने के परिणामस्वरूप जरूरी नहीं कि सभी व्यक्ति या गाँव उसे समान वस्तुओं पर ही खर्च करें। जहाँ बादलपुर निवासी अपने मन्दिर का जीर्णोद्धार कराते हैं, वहीं मनहल्लीवासी व्यक्तिगत सुख-सुविधाओं और अपने-अपने घरों की दीवारें सजाने पर खर्च करना पसन्द करते हैं। केरे निवासियों ने अपने मन्दिरों का जीर्णोद्धार किया जबकि रामपुरा के नेता ने चावल और आटा चक्की, बसों, दुकानों और शहरी आवासों पर अपने धन का निवेश किया।

रिवेट कार्नेक ने यह रिपोर्ट देकर कि निचली जातियों ने इतना धन इकट्ठा कर लिया है कि वे ऊँची जातियों के पहनावों और रीति-रिवाजों को अपना सकते हैं, एक वृहत्तर और महत्त्वपूर्ण प्रक्रिया पर प्रकाश डाला है। जब एक जाति समृद्ध हो जाती है, तो वह ऊँची जाति के बराबर होने का दावा करना चाहती है। आमतौर पर दावा पेश करने से पहले वह अपने खान-पान, पहनावों, तौर-तरीकों और रीति-रिवाजों में परिवर्तन लाने की कोशिश करती है। एक फलती-फूलती अर्थव्यवस्था में ज्यादा-से-ज्यादा लोगों, और कभी-कभी जाति श्रेणीक्रम में एकदम निचले तबके के लोगों के हाथ में भी पैसा आता है। ये निचले तबके के लोग अपनी जीवन-शैली का संस्कृतीकरण कर लेते हैं, तो सामाजिक ढाँचे में थोड़ी गड़बड़ी पैदा होती है। अंग्रेजी शासन के दौरान उत्पन्न हुई राजनीतिक-आर्थिक शक्तियों से जाति व्यवस्था में कहीं ज्यादा गतिशीलता आ गई।

अब मैं कुछ गाँवों में होनेवाले परिवर्तनों पर विचार करूँगा। डॉ ट्रेंट ने जिन दो गाँवों का अध्ययन किया, उनमें से एक गाँव मनहल्ली, चीनी कारखानेवाले शहर मांड्या से पाँच मील दूर है। यह कारखाना मैसूर सरकार द्वारा 1933 में मैसूर नगर से लगभग सौ मील दूर स्थित कृष्णराजसागर बाँध की विश्वेश्वरैया नहर बन जाने के बाद चालू हुआ था। मनहल्ली में नहर द्वारा सिंचाई शुरू होने के पहले तक केवल सौ एकड़ कृषि योग्य भूमि पर ही सिंचाई हो पाती थी और शेष भूमि पूरी तरह मानसून पर ही आश्रित थी। यहाँ तक कि कृषि योग्य भूमि की सिंचाई भी एक तालाब के पानी से सन्तोषजनक रूप से नहीं हो पाती थी। सिंचित भूमि पर धान उगाया जाता था और वर्षा पर निर्भर भूमि पर *रागी* और ज्वार उगाया जाता था। रेशम उत्पादन भी छोटे पैमाने पर होता था।

नहर द्वारा सिंचाई होने से कृषि योग्य भूमि और प्रति एकड़ उत्पादकता दोनों में वृद्धि हुई। कृषि योग्य भूमि में लगभग 23 प्रतिशत की वृद्धि हुई और इसमें अभी आगे और वृद्धि की सम्भावना है। 1939 से पहले जहाँ केवल 12 प्रतिशत कृषि योग्य भूमि

की सिंचाई हो पाती थी, वहीं डॉ. ट्रेंट के अध्ययन के दौरान 76 प्रतिशत भूमि की सिंचाई होने लगी थी। मनहल्ली के लिए गन्ना एक नई फसल थी और इसकी खेती से बहुत सारी नई और कठिन समस्याओं का जन्म हुआ। यह अठारह महीनों में तैयार की जानेवाली फसल है, जिसके लिए नई तथा जटिल तकनीकें अपनानी पड़ती हैं और इसमें ज्यादा पूँजी की जरूरत पड़ती है। इसमें लोहे के हल, मजबूत बैल और खाद जरूरी होते हैं। इसके खेत में बोने और फसल तैयार होने पर कारखानों के बेचने की बीच के लम्बे समय के दौरान कृषक परिवार के भरण-पोषण के लिए आर्थिक मदद की जरूरत होती है।

सिंचाई व्यवस्था से पहले जमीन की कीमत तकरीबन 100 से 300 रु. प्रति एकड़ होती थी, जबकि 1955 में एक एकड़ असिंचित जमीन की कीमत 300 से 700 रु. हो गई और एक एकड़ सिंचित जमीन की कीमत 1000 से 2000 रु. तक हो गई। इस तरह सिंचाई की सुविधा से जमीन की कीमतों में तिगुनी वृद्धि हो गई। लेकिन पहले के कुछ सालों में बहुत से छोटे-छोटे भूस्वामियों ने अपनी जमीन का कुछ हिस्सा शेष जमीन खेती के लिए आवश्यक धन इकट्ठा करने के लिए बेच दिया। तब भी अगर कारखानों ने आर्थिक विकास का बीड़ा अपने कन्धों पर न उठाया होता, तो गन्ने की खेती केवल कुछ लोगों तक ही सीमित रहती। इस क्षेत्र में कारखानों की सफलता से ग्राम्येतर संस्थानों द्वारा ग्रामीण क्षेत्रों के औद्योगिकीकरण तथा शहरीकरण की प्रक्रिया को तेज करने में अदा की गई महत्त्वपूर्ण भूमिका स्पष्ट होती है।

इन कारखानों के किसानों को जोताई और कटाई के लिए 6 प्रतिशत के ब्याज पर ऋण दिए। यहाँ से किसानों को गन्ने की खेती की विधि सिखाने के लिए प्रशिक्षित कार्यकर्ता भेजे गए। इसने गन्ना उत्पादकों को खरीदार और निश्चित मूल्य का आश्वासन दिलाया। कारखानों के क्षेत्रीय कार्यकर्ता किसानों द्वारा उगाई गई फसल की कीमत आँकते और इसका एक हिस्सा कारखाने द्वारा निर्धारित मूल्य पर खरीदते। संयोगवश इससे संयुक्त परिवारों के औपचारिक विभाजन को बढ़ावा मिला क्योंकि ये कारखाने किसी कृषक परिवार द्वारा जोती गई भूमि के आधार पर नहीं, बल्कि हरेक उत्पादक द्वारा पैदा किए गए गन्ने के आधार पर खरीद करते थे। डॉ. ट्रेंट बताते हैं कि पहले बच्चे के जन्म के बाद ही परिवार जायदाद का बँटवारा कर लेना चाहते थे। जिन मार्गों से किसान अपने गन्ने ले जाया करते थे, उनके विकास का श्रेय भी कारखानों को जाता है। इसने जल्दी ही अच्छी सड़कों के विस्तार की जरूरत महसूस की और उनके निर्माण तथा रख-रखाव के लिए आवश्यक धन उपलब्ध कराया। सड़कों का विकास होने के फलस्वरूप बसों और साइकिलों की लोकप्रियता भी बढ़ गई।

कारखानों ने अपने कुछ फार्म भी नजदीक बनाए और ऐसा एक फार्म मनहल्ली में भी है। यह 130 एकड़ का फार्म है। यह जमीन पहले 'सरकारी ऊसर' भूमि कहलाती थी। इस फार्म में मनहल्ली के कुछ लोग काम करते हैं, जिनकी नियमित नगद तनख्वाह मनहल्ली के निजी फार्मों में काम करनेवाले लोगों से कहीं ज्यादा है। फार्म के कर्मचारियों

को बोनस, जीवन निर्वाह भत्ता और कारखाने की कल्याणकारी सेवाओं के लाभ, सहकारी भंडार तथा बचत बैंक योजनाओं के लाभ मिलते हैं।

नहर सिंचाई व्यवस्था शुरू होने से पहले सभी कृषक मजदूरों को अन्न के रूप में वेतन दिया जाता था--इनकी मात्रा निर्धारित होती थी जो फसल की कीमत में परिवर्तन के मुताबिक घटती-बढ़ती नहीं थी। अभी भी धान के खेतों में काम कर रहे श्रमिकों को धान के रूप में मेहनताना दिया जाता है। पारम्परिक ग्रामीण नौकरों को भी अन्न के रूप में वेतन दिया जाता है, लेकिन इन भुगतानों ने उपहार का रूप ले लिया है क्योंकि पारम्परिक सेवाओं की माँग अनियमित है, अनिवार्य नहीं। इसको इस तथ्य रूप में देखा जा सकता है कि चार में से केवल एक कुम्हार ही अपना पारम्परिक व्यवसाय करता है और वह भी एक अंशकालिक काम के रूप में। ग्रामीण नाई के मुकाबले मांड्या के नाई को पसन्द किया जाता है, और साबुन के मिलने से गृहिणियाँ अपने परिवार के कपड़े खुद धो लेती हैं। गाँववासी अपने कपड़े मांड्या की लांड्रियों में भी धुलवाते हैं।

हालाँकि गन्ने के खेत में काम करनेवालों को धान के खेतों में काम करनेवालों के विपरीत नगद मजदूरी मिलती है। और, नगद राशि की भूमिका बढ़ती ही जा रही है--आजकल गाड़ियाँ, बैल और हल नगद किराए पर लिये जाते हैं। नगदीकरण से स्थानीय खुदरा व्यापार को भी बढ़ावा मिला है--मनहल्ली में पाँच छोटी दुकानें हैं और उनका मुख्य व्यापार बीड़ियों, सिगरेटों, मिठाइयों, फलों और मूँगफली का है। इस गाँव में दो कॉफी की दुकानें भी खुली हैं। लोग खरीदारी और सिनेमा देखने के लिए अक्सर मंड्या जाते रहते हैं।

संयोगवश 1931 में मांड्या एक 5,958 की जनसंख्यावाला शहर था, जबकि 1951 में इसकी जनसंख्या 21,158 हो गई। चीनी कारखाने में 1000 लोगों को रोजगार मिला। मांड्या को जब एक नए जिले का मुख्यालय बनाया गया, तब इसका महत्त्व और भी बढ़ गया। पाँचवें दशक में एक इंटरमीडिएट कॉलेज भी खुला। मांड्या में व्यापार और परिवहन का केन्द्रीकरण हुआ। इसके साप्ताहिक बाजार का आकार बढ़ गया जबकि अन्य पड़ोसी गाँवों में साप्ताहिक बाजार या तो घटने लगे या उतने पर ही बने रहे।

नहर सिंचाई के विकास से मलेरिया का भारी प्रकोप बढ़ गया, जिसके फलस्वरूप बच्चों की मृत्यु दर बहुत बढ़ गई। मनहल्ली की जनसंख्या 1931 में 623 से बढ़कर 1941 में मात्र 689 ही हुई, लेकिन 1951 में यह 949 हो गई। यह वृद्धि खासतौर पर 1946 में मैसूर की सरकार द्वारा स्थापित मलेरिया नियन्त्रण बोर्ड के प्रयासों से मिली सफलता के फलस्वरूप ही हुई। डॉ. ट्रेंट के अनुसार, नहर सिंचाई व्यवस्था और गन्ने की खेती से उत्पन्न समृद्धि के कारण बढ़ी हुई जनसंख्या दर यदि प्राव्रजन एवं आगे और औद्योगिकीकरण न हो तो अल्पजीवी ही सिद्ध होगी।

इस खयाल से मनहल्ली एक राष्ट्रीय समस्या खड़ी करता है। राज्य सरकार द्वारा अकाल नियन्त्रण और निवारण तथा सार्वजनिक स्वास्थ्य के उपायों के चलते जनसंख्या

में भारी वृद्धि हुई और उसके फलस्वरूप भूमि पर बहुत ज्यादा दबाव पड़ा। जातियों का अपना एक खास पेशा होना उनके द्वारा कृषि को मुख्य या सहायक व्यवसाय के रूप में अपनाने में बाधा नहीं बन सकता। इस तथ्य के साथ-साथ मजबूत जातिगत तथा रिश्तों के बन्धन ने जमीन पर दबाव को बढ़ा दिया। यहाँ एक ऐसी समस्या है, जिसका हल निकालना ग्रामीण समाज की क्षमता से स्पष्टतः बाहर है—उनकी प्रथा में कम उम्र में विवाह का विधान है, गर्भपात खतरनाक और अनैतिक तो है ही, अधार्मिक भी है। शिशु-हत्या पाप है। प्राव्रजन अगर असम्भव नहीं तो कठिन जरूर है और गर्भ निरोध के वैज्ञानिक तरीकों के ज्ञान का अभाव है। इस प्रकार ग्रामीणों के लिए वृहत्तर समाज ऐसी समस्याएँ उत्पन्न करता है, जिनका निदान ये उपलब्ध ज्ञान और साधनों द्वारा ढूँढ़ने में असमर्थ हैं। इसका मतलब यह हुआ कि बृहत्तर समाज को ग्रामीण समुदाय की समस्याओं के समाधान ढूंढ़ने का भार अपने ऊपर लेना चाहिए।

बंगलूर के निकट एक गाँव नामहल्ली[4] का डॉ. ए.आर. बील्स ने अध्ययन करते हुए इस मुद्दे पर प्रकाश डाला कि यह नगदीकृत राष्ट्रीय या अन्तर्राष्ट्रीय अर्थव्यवस्था में अपनी भागीदारी बढ़ा रहा है और ग्रामीण समुदाय को प्रभावी रूप से वृहत्तर समाज के दायरे में खींचता रहा है। वृहत्तर समाज द्वारा उठाए गए केवल वैधानिक कदम बहुत प्रभावकारी नहीं हैं। 1886 की रैयतवाड़ी भूमि व्यवस्था के तहत लगान नगदी में देने की जरूरत पड़ी जिसके फलस्वरूप गाँव की अधिकांश जमीन सरकारी हो गई। इसका नतीजा यह हुआ कि सरकार ने फसल में अपने एक-तिहाई हिस्से को बढ़ाकर आधा कर दिया। करों का नगद भुगतान जरूरी था जिसके लिए ग्रामीण लोग अपनी कुछ फसल शहरी व्यापारियों को बेचने पर मजबूर हो गए। अन्ततः दोनों विश्वयुद्धों के चलते मुद्रास्फीति में वृद्धि ने नामहल्ली के अर्थतन्त्र और सामाजिक व्यवस्था को वृहत्त समाज का एक हिस्सा बना दिया।

प्रथम विश्वयुद्ध और उसके बाद के कुछ सालों के दौरान केले, आलू और मूँगफली जैसी नगदी फसलों की खेती पर जोर बढ़ा। शहरी सम्बन्धों के फलस्वरूप ग्रामीणों की जरूरतें भी बदलने लगीं—उनमें मिल के बने कपड़ों और कारखानों में बने खपरों की माँग बढ़ गई। उनके कुछ पैसे शहर की कॉफी की दुकानों, नाटकों और सिनेमा पर खर्च होने लगे।

1920 के बाद से शहरी अदालतों पर आश्रय बढ़ने लगा—शहरी जीवन से ज्यादा निकटता और ब्रिटिश भारतीय कानूनी शब्दावली में भूस्वामित्व को अभिव्यक्त करने की जरूरत ने इस प्रवृत्ति को बढ़ाने में और भी मदद की। इस प्रकार ग्राम पंचायत का प्रभुत्व धीरे-धीरे समाप्त होने लगा। इसकी प्रभुता को और गहरा झटका तब लगा, जब 1919 में इन्फ्लुएंजा की महामारी फैलने से केवल एक सदस्य को छोड़कर सबके सब मारे गए। इसके बाद एक दूसरा कारण पारिवारिक इकाई के आकार का धीरे-धीरे छोटा होना था, जिसके परिणामस्वरूप पंचायत में पहले से ज्यादा परिवारों का प्रतिनिधित्व आवश्यक हो गया। छोटे परिवारों का मतलब खेती में कम पूँजी और कम जनशक्ति भी था, जिसके

फलस्वरूप उत्पादन भी कम होने लगा।

द्वितीय विश्वयुद्ध से नामहल्ली में समृद्धि आई। बंगलूर एक बड़ा आपूर्ति केन्द्र बन गया और नामहल्ली के बहुत सारे लोगों को क्लर्क और कारखाने में मजदूरी का काम मिलने लगा। कालाबाजारी और वेश्यावृत्ति से भी पैसे आए। नामहल्ली के किसान सैनिकों के लिए गाजर, चुकन्दर आदि उगाने लगे। अचानक समृद्धि बढ़ जाने से खेती के बेहतर औजार और पशुधन, नए-नए मकान, बच्चों की उच्चतर शिक्षा, साइकिल, वस्त्र, चिकित्सा इत्यादि पर खर्च बढ़ गया। हालाँकि विश्वयुद्ध समाप्त हो जाने पर क्लर्कों और मजदूरों का रोजगार भी समाप्त हो गया और खाद्य पदार्थों तथा सब्जियों की कीमतें भी बहुत गिर गईं। इस बीच जनसंख्या भी बढ़ गई और इसके साथ ही बेरोजगारी भी।

मैसूर राज्य में गाँव रामपुरा, जिसका अध्ययन मैंने 1948 और फिर 1952 की गर्मियों में किया था, सड़क के किनारे बसा है। द्वितीय विश्वयुद्ध से यहाँ भी समृद्धि आई। यहाँ की नेताजाति समृद्ध होने के साथ-साथ काफी बुद्धिमान भी है। 1948 के शुरू में इन नेताओं ने यहाँ दौरे पर आए एक मन्त्री को बुलडोजर तथा ट्रैक्टर के लिए ऋण तथा बिजली आपूर्ति की माँग करते हुए एक याचिका पेश की थी। 1952 में एक बुलडोजर ग्राम प्रमुख की जमीन को बराबर कर रहा था और 1955 तक आते-आते गाँव में बिजली भी आ गई। ग्राम प्रमुख के घर एक रेडियो था और 1950-51 में स्थापित दो चावल मिलें बिजली से चल रही थीं।

गाँव के नेताओं ने अपनी युद्धकालीन संचित राशि का निवेश उत्पादकता बढ़ाने और जीवन-शैली को आधुनिक बनाने में किया। 1950-51 में ग्राम प्रमुख ने आर्थिक फायदे के लिए दो बस सेवाएँ शुरू कीं और मांड्या में कई मकान किराए पर देने के लिए बनाए। इसी तरह एक अन्य धनी-मानी व्यक्ति ने युद्ध के दौरान एक गल्ले की दुकान और कपड़े की दुकान खोली तथा 1951 में एक छोटी जापानी चावल मिल खरीद ली जबकि किसी तीसरे ने एक बड़ी चावल मिल शुरू की। दूसरे और तीसरे व्यक्तियों का खानदान एक ही है और 1948 में ही ऐसा लगता था कि दूसरे की वंश परम्परा उसे ग्राम प्रमुख (पहले व्यक्ति) को सहायता देना बन्द करने पर मजबूर कर देगी। 1952 में दूसरे और तीसरे व्यक्तियों के संयुक्त परिवारों के युवा सदस्य एक-दूसरे के प्रति अपनी नापसन्दगी को खुले तौर पर जाहिर करने लगे थे।

रामपुरा के नेता जाति से किसान हैं और अगर विश्वयुद्ध न हुआ होता, तो ये ग्रामीण भूस्वामी ही बने रहते। उनकी अतिरिक्त आय जमीन, घरों और आभूषणों पर ही खर्च होती। लेकिन द्वितीय विश्वयुद्ध से न केवल बहुत बड़ी मात्रा में नगद पैसा हाथ में आया, बल्कि इसने इनका नजरिया भी बदल दिया। युद्ध के दौरान राशन व्यवस्था और अन्न की उपलब्धि का मतलब था सरकारी अधिकारियों के साथ सम्पर्क बढ़ना और कालाबाजारी के कारण शहरी व्यापारियों से बेहतर सम्पर्क कायम हुआ। गाँव के प्रमुख लोग बस, चावल मिल, राशन की दुकान आदि खोलने के लिए जरूरी अनुज्ञप्ति पत्र की प्राप्ति के लिए बनाए गए नियम-कानूनों से परिचित हो गए। इसके परिणामस्वरूप

ये अब ऐसे नए पूँजीपति बन गए हैं, जिनका एक पैर गाँव में है और एक पाँव शहर में है। इन्हें आर्थिक रूप से द्विपन्थी कहा जा सकता है—ये ग्रामीण और शहरी दोनों की अर्थव्यवस्था में भागीदारी निभाते हैं। एक जगह प्राप्त अपनी हैसियत का उपयोग दूसरी जगह पर हैसियत बनाने के लिए करते हैं। उनका पूँजीपति के रूप में आगे का विकास उन पर केवल आंशिक रूप से निर्भर करता है। भारत की प्रमुख राजनीतिक पार्टियों और सरकार की नीतियाँ उनके विकास की दिशा निर्धारित करेंगी।

1951-52 में डॉ. कैथलिन गफ ने तंजौर जिले के कुम्बपेट्टई का अध्ययन किया था।[5] यह तंजौर जिले का एक ठेठ गाँव है जहाँ के ब्राह्मण जाति श्रेणीक्रम में सर्वश्रेष्ठ स्थान रखने के साथ-साथ आर्थिक शक्ति भी रखते हैं। ग्रामीण क्षेत्रों में वे जमींदार हैं और अन्य जातियाँ उन पर आश्रित हैं। प्रभुता और सम्मान के प्रतीकों को यहाँ खूब विकसित किया गया है।

हाल के वर्षों में आसपास के कम उपजाऊ क्षेत्रों से तंजौर जिले में काफी आव्रजन हुआ है। नतीजतन आज तंजौर जिले में भूमिहीन मजदूरों और गरीब काश्तकारों की संख्या बहुत ज्यादा हो गई है और मद्रास सरकार द्वारा इनके हित में उठाए गए वैधानिक कदम से भी समस्या का पूरी तरह समाधान नहीं हो पाया है। इसके अतिरिक्त कुछ ब्राह्मण भी शहर जा बसे और उनके प्रभुत्व को निचली जातियाँ चुनौती देने लगी हैं। अब गैर-ब्राह्मण ब्राह्मणों के प्रति वही आदर रखने से इनकार करने लगे हैं जैसा वे पहले रखते थे। साथ ही, विभिन्न जातियों के साथ खाने-पीने पर लगे निषेध कुछ-कुछ कमजोर पड़ने लगे। एक महत्त्वपूर्ण परिवर्तन यह हुआ है कि अछूतों और थोड़ी ऊँची जातियों में कम्युनिस्टों के प्रचार को काफी सफलता मिलने लगी है। खासकर पूर्वी तंजौर की निचली जातियों मेें साम्यवाद की पकड़ काफी मजबूत लगती है।

शहरीकरण के बारे में आखिरी बात, जो सम्भवतः केरल को छोड़कर पूरे दक्षिण भारत के बारे में सत्य है। दक्षिण भारत के शहरीकरण में जाति भी एक घटक है—पैतृक गाँवों को छोड़कर शहरों की ओर जानेवालों का ब्राह्मणों ने नेतृत्व किया। उन्होंने ही पहली बार पश्चिमी शिक्षा के फायदों को समझा और जिनके बेटे गाँव छोड़कर शहर आए, वही पहले शिक्षक, अधिकारी, वकील, डॉक्टर और जज बने। सामाजिक व्यवस्था में उनकी स्थिति बहुत प्रभावशाली हो गई थी। ग्रामीण क्षेत्रों में वे धार्मिक और जमींदार अभिजात वर्ग से आते थे और शहरों में अधिकांश उच्च पदों पर प्रायः उनका ही एकाधिकार होता था। शुरू में, अधिकतर ब्राह्मणों ने अपनी पैतृक भूमि को यदि और नहीं बढ़ाया तो उतने पर ही बनाए रखा। हालाँकि धीरे-धीरे उच्चतर शिक्षा पर आनेवाले खर्च, दहेज प्रथा, खर्चीली शादी और मृत्यु संस्कार के कारण उन्हें अपना *अस्थायी निवास* छोड़ना पड़ा। महत्त्वपूर्ण पदों पर ब्राह्मणों का वास्तविक एकाधिकार और पिछड़ी जातियों के गैर-ब्राह्मणों को प्राथमिकता देने की अंग्रेजों की नीति ने जल्दी ही एक लोकप्रिय गैर-ब्राह्मण आन्दोलन को जन्म दिया।

गैर-ब्राह्मण आन्दोलन और चौथे दशक की मन्दी ने दक्षिण और ग्रामीण क्षेत्रों से

बड़े शहरों में ब्राह्मणों के आव्रजन को बढ़ाया। उनमें से जो ज्यादा उद्यमी थे, वे व्यापार या वाणिज्य में आगे बढ़े या फिर उन्होंने कोई दस्तकारी शुरू कर दी। द्वितीय विश्वयुद्ध ने ब्राह्मणों के सामाजिक दायरे को अत्यधिक बढ़ा दिया। युवा पढ़े-लिखे ब्राह्मणों को सेना में भर्ती किया गया और दुनिया के विभिन्न भागों में उन्हें रोजगार के अवसर मिले। ब्राह्मण लोग ज्यादा-से-ज्यादा पश्चिमी तौर-तरीके अपनाने लगे। जैसे समृद्ध और शिक्षित गैर-ब्राह्मण जातियाँ अपनी जीवन-शैली का संस्कृतीकरण करने लगीं, ठीक वैसे ही ब्राह्मण लोग अपने रहन-सहन का पश्चिमीकरण करने लगे। यही प्रक्रिया अभी तक जारी है और इसके परिणामों के बारे में तुरत कोई भविष्यवाणी करना शायद जल्दबाजी होगी।

सन्दर्भ एवं टिप्पणियाँ

1. लीकॉक एंड मैंडेलबॉम, डी.जी. : 'ए नाइनटीन्थ सेंचुरी डेवलपमेंट प्रोजेक्ट इन इंडिया : द कॉटन इम्प्रूवमेंट प्रोग्राम', इकनॉमिक डेवलपमेंट एंड कल्चरल चेंज, जिल्द III, अंक 4, जुलाई 1955, शिकागो, पृष्ठ 334-57 देखें।
2. स्कारलेट ट्रेंट, 'इरिगेशन एंड सोश्यो-इकनॉमिक चेंज इन मैसूर विलेज', *इकनॉमिक वीकली,* जिल्द VII, अंक 37, 10 सितम्बर 1955, पृष्ठ 1091-94 देखें।
3. चापेकर, एन.एस., 'सोशल चेंज इन रूरल महाराष्ट्र', प्रोफेसर घुर्ये फेलिसिटेशन वॉल्यूम, (के.एस. कपाड़िया द्वारा सम्पादित), पॉपुलर बुक डिपो, मुम्बई, 1954, पृष्ठ 169-82 देखें।
4. बील्स एलान, आर., 'चेंज इन दि लीडरशिप ऑफ ए मैसूर विलेज', इंडियाज विलेजेज, (एडीटर—एम. एन. श्रीनिवास), एशिया पब्लिशिंग हाउस, मुम्बई, 1960, पृष्ठ 147-60 देखें।
5. कैथलीन गफ, 'द सोशल स्ट्रक्चर ऑफ ए तंजौर विलेज', इंडियाज विलेजेज, (एडीटर—एम.एन. श्रीनिवास), एशिया पब्लिशिंग हाउस, मुम्बई, 1960, पृष्ठ 90-102।

समानता की ओर भारत

भारतीय नेताओं द्वारा देश के लिए 'जातिविहीन और वर्गविहीन समाज' की स्थापना का लक्ष्य निर्धारित करना सचमुच एक महत्त्वपूर्ण घटना है। बीसवीं सदी के मध्य में एकाएक ऐतिहासिक रूप से सबसे अधिक स्तरों में विभाजित समाज ने एक समतावादी सामाजिक व्यवस्था की स्थापना का लक्ष्य बनाया और इसको जल्द-से-जल्द हासिल करने के लिए तुरन्त कुछ कदम उठाए। इन कदमों में से संविधान द्वारा अस्पृश्यता का निवारण, अनुसूचित जातियों तथा जनजातियों को विशेष संरक्षण की व्यवस्था और वयस्क मताधिकार की शुरुआत को कुछ ज्यादा महत्त्वपूर्ण कदम कहा जा सकता है।[1] उसके बाद केन्द्रीय तथा राज्य सरकारों ने औद्योगिक मजदूरों के हितों की रक्षा, जमींदारी की समाप्ति, जोतदार किसानों को बेदखली से बचाकर उन्हें उत्पादन का उचित हिस्सा दिलाने की गारंटी करने सम्बन्धी कानून बनाए। इसके अलावा उत्तरोत्तर बढ़ते आयकर की दर, पैतृक सम्पत्ति पर सम्पदा कर लगाना और सार्वजनिक क्षेत्र को बढ़ाने तथा निजी क्षेत्र को सीमित करने का निश्चय इसके द्वारा उठाए गए अन्य कदम हैं।

समानतावादी सामाजिक व्यवस्था की स्थापना की आकांक्षा दो कारणों से जाग्रत हुई है : एक तो यह वाजिब विश्वास की असमानता का होना गलत और अनुचित है तथा ज्यादातर जनता एक ऐसी सामाजिक व्यवस्था में उत्साह से काम नहीं करेगी जिसमें कुछ मुट्ठी-भर धनी लोगों को ही फायदा हो। इसके अलावा, विवेक कहता है कि उत्तर में दो कम्युनिस्ट पड़ोसियों के होते हुए भारत को इस बात को ध्यान में रखकर कदम उठाने चाहिए कि उसका जो मजदूर वर्ग है, वह सन्तुष्ट और भविष्य के प्रति आशावान रहे। आम जनता में उत्साह जगाए बिना राष्ट्रीय पुनर्निर्माण जैसा महान काम सफल नहीं हो सकता।

मैं इस लेख में एक समानतावादी समाज को हासिल करने की इस इच्छा के कुछ और केवल कुछ आशयों को स्पष्ट करने की कोशिश करूँगा। इतना करने के लिए मुझे केवल धारणाओं और अटकलों का ही ज्यादा सहारा लेना होगा। लेकिन यह विषय जितना उपेक्षित रहा है, उतना ही महत्त्वपूर्ण भी है और इस दिशा में बिल्कुल कोई प्रयास न करने से अच्छा है कि एक अधूरा प्रयास ही सही, लेकिन कुछ तो किया जाए।

इस समतावादी समाज की स्थापना के लिए किए जा रहे भारतीय प्रयोग समाजशास्त्रियों के लिए इतने आकर्षक इसलिए हैं कि यहाँ के लिए असमानता की आदर्श अभिव्यक्ति है जाति। यह भारत की एक सर्वव्यापी संस्था है, जो हिन्दुओं, सिखों, जैन, मुसलमान, ईसाई और यहूदी—सभी में विद्यमान है। यह एक ऐसी संस्था है, जो धार्मिक, क्षेत्रीय

और वर्गीय विभाजनों से परे है।

शिक्षित भारतीयों में यह धारणा आम है कि जाति प्रथा के दिन लद रहे हैं और शिक्षित, शहरी और ऊँची जातियों के पश्चिमी रंग में रँगे सदस्य इसके बन्धनों से मुक्त हो चुके हैं। ये दोनों धारणाएँ गलत हैं। ये लोग बहुत कम खान-पान सम्बन्धी पाबन्दियों को मानते होंगे, जाति और क्षेत्र के बाहर भी ब्याह कर लेते होंगे, लेकिन इसका मतलब यह नहीं कि वे जाति के बन्धनों से पूरी तरह मुक्त हो गए हैं। उनका जाति सम्बन्धी रवैया आश्चर्यजनक सन्दर्भों में सामने आता है। वे जातिवादी भावनाओं में डूबे अपने रिश्तेदारों के साथ नजदीकी सम्पर्क रखते हैं। जरूरत पड़ने पर जातिगत सम्बन्धों का फायदा उठाने में भी पीछे नहीं रहते। मैं एक ऐसे अन्तर्जातीय विवाह के बारे में जानता हूँ जिसको लगभग चालीस वर्ष पूरे हो गए हैं, पर पत्नी अब भी अपना ब्राह्मणोंवाला रवैया रखती है। उनके बेटे ने एक अमेरिकी लड़की से शादी की और पिता की वैश्य उपजाति की ओर से इस उपलक्ष्य पर दोनों को एक बड़ी दावत दी गई। उपरोक्त परिस्थिति में जो असंगतियाँ हैं, उनको पाठक समझ सकते हैं।

जाति प्रथा में निश्चित रूप से कुछ परिवर्तन आ रहे हैं। शिक्षित और शहरी मध्यवर्गों के लिए *जाति* अब सगोत्री इकाई नहीं रही। दूसरी जातियों के साथ खान-पान कुछ हद तक बढ़ा है (खासकर पुरुषों में)। इन समूहों के लिए समान धन्धेवाली बात नहीं रही। लेकिन फिर भी कुछ सन्दर्भों में जाति का महत्त्व बना हुआ है। एक कायस्थ किसी राजपूत उम्मीदवार के बजाय कायस्थ उम्मीदवार को वोट देना पसन्द करेगा। कायस्थों में उपविभाजनों की शादी-ब्याह, सहभोज आदि के लिए प्रासंगिकता धीरे-धीरे कम होती जा रही है। इसको क्षैतिज संघटन कह सकते हैं। हालाँकि 'क्षैतिज' शब्द पूरी तरह उपयुक्त नहीं है क्योंकि एक ही जाति की उपजातियाँ भी आपस में उच्चता के दावे करती हैं। हरिजन दर्जनों जातियों में विभाजित हैं और यहाँ तक कि समान भाषायी क्षेत्र में भी हरिजन प्रायः एक श्रेणीक्रम बना लेते हैं। लेकिन किसी राजनीतिक उद्देश्य के लिए सभी हरिजनों के एकजुट होने में इसके कारण कोई बाधा नहीं होती। जाति (व्यापक अर्थ में) सम्बन्ध आधुनिक भारत में महत्त्वपूर्ण हैं और हरेक राजनीतिक पार्टी जाति इस हकीकत को मद्देनजर रखती है, हालाँकि प्रकट रूप से महत्त्वपूर्ण राजनीतिक नेता जातिवाद की भर्त्सना करते हैं।

यह कहना तर्कसंगत है कि आधुनिक भारत में जातिगत चेतना और संगठन बढ़ा है। उदाहरण के लिए, भारतीय शहरों में ढेरों बैंकों की स्थापना, छात्रावास, सहकारी समितियाँ, दान, विवाह गृह, सम्मेलन और पत्रिकाएँ इसका सबूत पेश करती हैं। अगर कोई प्रशासन में जाति की भूमिका का अध्ययन करना चाहे, तो उसे एक बार मैसूर राज्य पधारना चाहिए। प्रशासनिक पदों पर लोगों का चयन और पदोन्नतियों में, लगता है, जाति का सबसे ज्यादा ध्यान रखा जाता है जबकि उनकी योग्यता को कम महत्त्वपूर्ण समझा जाता है। पिछले चार दशकों या उससे भी अधिक समय से इस सिद्धान्त के नियमपूर्वक पालन होने से कार्यक्षमता और ईमानदारी में धीरे-धीरे कमी आई है। जातियों के बीच 'पिछड़ा

वर्ग' में शामिल होने के लिए तीव्र संघर्ष छिड़ गया है क्योंकि नौकरियों और शैक्षणिक संस्थानों में कुछ निश्चित प्रतिशत सीटें 'पिछड़ी जातियों' के लिए आरक्षित कर दी गई हैं। यह आरक्षण अनुसूचित जातियों एवं जनजातियों के लिए आरक्षण के अतिरिक्त है। ऐसी स्थिति में किसी प्रकार की योग्यता नहीं फल-फूल सकती।

II

इस सन्दर्भ में हाल के समाजशास्त्रीय शोधों से उत्पन्न प्रभुत्वशाली जाति की अवधारणा महत्त्वपूर्ण है। जब कोई जाति आर्थिक या राजनीतिक शक्ति पर नियन्त्रण रखती है और श्रेणीक्रम में काफी ऊँचा स्थान रखती है, तो वह जाति प्रमुख जाति बन जाती है। (यहाँ तक कि पारम्परिक व्यवस्था में भी, जो जाति आर्थिक या राजनीतिक शक्ति हासिल कर लेती थी, वह अपनी धार्मिक हैसियत भी सुधारने में आमतौर पर सफल होती थी।)[2]

भारत के अनेक भागों में प्रमुख जातियों के अस्तित्व के तथ्य को ध्यान में रखते हुए यह जरूरी हो गया है कि हम इस परिघटना को समझने की कोशिश करें। मैसूर के लिंगायत और ओक्कालिगा, आन्ध्र के रेड्डी और कम्मा, तमिल देशों के गाउन्दर, पदायाची और मुदालियार, केरल के नायर, महाराष्ट्र के मराठा, गुजरात के पटीदार और राजपूत, जाट, उत्तरी भारत के गूजर और अहीर—ये सभी प्रमुख जातियों की मिसाल हैं। पारम्परिक रूप से ग्रामीण क्षेत्रों की कुछ गिनी-चुनी जातियाँ, जिनके पास कुछ जमीन होती थी या कुछ राजनीतिक शक्ति हासिल थी, या परम्परा से शिक्षित रहती आई हैं—ग्रामीण इलाकों में अपना प्रभुत्व रख पाती थीं। इन्हीं जातियों ने पहली बार अंग्रेजी शिक्षा प्राप्त की और इसके फायदे हासिल किए। आजकल, वयस्क मताधिकार लागू होने के बाद से, संख्या का महत्त्व बहुत बढ़ गया है और प्रमुख जातियों के नेता राजनीतिक पार्टियों को वोट दिलाने में मदद करते हैं। लेकिन प्रभुत्व के पारम्परिक रूप अभी पूरी तरह मिटे नहीं हैं और न ही संख्यात्मक दृष्टि से सबसे मजबूत जाति के हाथों प्रभुत्व की सारी शक्ति पहुँच सकी है। हालाँकि इस बात में कोई शक नहीं कि कुछ बदलाव आया है और समूहों के बीच तनाव इस पारम्परिक स्वरूप को प्रभावित करते हैं। लेकिन फिर भी जो हमारे लिए काबिले-गौर है, वह यह कि भारत के अनेक भागों में कुछ जातियाँ *निर्णायक रूप से* प्रभुत्व रखती हैं।

जब प्रभुत्व केवल एक गाँव तक सीमित होता है तो प्रभुत्वशाली जाति केवल ग्राम पंचायत के मामलों में ही अपना प्रभाव रख पाती है। स्थानीय संस्थाओं को ज्यादा-से-ज्यादा शक्ति देने की नीति से उन जातियों को नए अवसर प्राप्त होते हैं जिनका प्रभुत्व कुछ आरापास के गाँवों के समूह से ज्यादा आगे तक नहीं है। स्थानीय स्वशासी संस्थाओं के चुनावों में जाति का महत्त्व बहुत होता है और आमतौर पर स्थानीय रूप से प्रमुख जातियों के नेता ही पंचायतों के लिए चुने जाते हैं। जब यह प्रभुत्व कुछ गाँवों के समूह से आगे भी पूरे क्षेत्र में फैल जाता है, तो यह राज्य की नीतियों को प्रभावित करता

है। (राज्य की नीतियाँ प्रभुत्वशाली जातियों से किस तरह प्रभावित होती हैं, इसको समझने के लिए 'आधुनिक भारत में जाति' लेख पढ़ें।)

प्रभुत्वशाली जातियों के नेता चालाक और चतुर होते हैं। वे राजनीतिक शक्ति और आर्थिक अवसरों से परिचित होते हैं। उनके पास कुछ पैसे भी होते हैं और वे स्थानीय रूप से पहुँच भी रखते हैं। स्वाधीनता के बाद से, उन्होंने विभिन्न क्षेत्रों में अपनी उद्यमशीलता जाहिर की है : उन्होंने बस सेवाएँ, चावल और आटा मिलें तथा कपड़े और अन्य वस्तुओं की दुकानें खोलीं, सरकार के लिए ठेके का काम किया और शहरों में किराए पर उठाने के लिए मकान बनाए। उनमें से कुछ ज्यादा साहसी लोग सक्रिय राजनीति में उतर गए।

ग्रामीण क्षेत्रों की विभिन्न विकास योजनाओं से मिलनेवाले लाभों का अनुमान इन प्रभुत्वशाली जातियों ने तुरन्त लगा लिया। ग्रामीण विकास पर ढेरों पैसा खर्च किया जा रहा है और विकास अधिकारियों पर इनके नतीजे जल्द-से-जल्द दिखलाने के लिए दबाव है। शीघ्र परिणाम दिखाने के लिए उनको प्रभुत्वशाली जातियों के नेताओं का सहयोग मिलना जरूरी है। इसलिए इसमें कोई हैरत की बात नहीं कि ग्रामीण जनता के केवल समृद्ध तबकों को ही विकास कार्यक्रमों के फायदे मिलने की शिकायत सुनने में आती है। विकेन्द्रीकरण की नीति से प्रभुत्वशाली जातियों को और ज्यादा शक्ति और धन हासिल हुआ है। इसलिए उनसे यह उम्मीद करना कि वे इस शक्ति और धन का इस्तेमाल सबके फायदे के लिए करेंगे, कुछ ज्यादा ही आशावादिता होगी।

एक तरफ प्रभुत्वशाली जातियों के नेता आर्थिक और राजनीतिक अवसरों का लाभ उठाने के लिए तत्पर हैं, पर दूसरी तरफ वे सामाजिक रूप से संकीर्ण भी हैं। मिसाल के तौर पर, वे नहीं चाहते कि हरिजनों की स्थिति में कोई सुधार हो। हरिजनों को गरीब और उपेक्षित बनाए रखने में उनका निहित स्वार्थ है। वर्तमान समय में हरिजन उनके लिए खेतिहर मजदूरों का सबसे बड़ा स्रोत हैं और अगर वे शिक्षित और अपने अधिकारों के प्रति सचेत हो जाएँगे तो यह प्रभुत्वशाली जातियों की हैसियत के लिए खतरा बन जाएगा। ग्रामीण इलाकों में हरिजन विरोधी भावनाएँ अक्सर देखने में आती हैं। संविधान द्वारा दिए गए अधिकारों का जब हरिजन इस्तेमाल करते हैं तो प्रमुख जातियाँ उन पर हिंसक प्रहार करती हैं। उनको पीटा जाता है और उनकी झोंपड़ियाँ जला दी जाती हैं और इसके साथ ही उनका आर्थिक बहिष्कार किया जाता है। हरिजन हमारी कृषक जनता का सबसे गरीब तबका है और उनमें से बहुत सारे हरिजन भूस्वामी जातियों के खेत में सेवक के रूप में काम करते हैं। जिन परिस्थितियों में खेतिहर मजदूर काम करते हैं, वे कृषिदास प्रथा की याद दिलाती हैं। 10 से 16 साल की उम्रवाले लड़कों को सालाना पचास रुपए, दो जोड़े कपड़े और दो जून खाने की एवज में सुबह 5 बजे से लेकर रात को 10 बजे तक सारा काम करना पड़ता है। यह अपेक्षाकृत समृद्ध इलाके की बात है और वह भी मात्र दस साल पहले की।

यह सच है कि स्वाधीनता हासिल करने के बाद से हरिजनों के लिए बहुत कुछ

किया गया, लेकिन यह भी सच है कि गाँवों में ऊँची जातियों पर उनकी आर्थिक निर्भरता से उनकी तेज तरक्की बाधित हो रही है। उनको ऊँची जातियों के आर्थिक नियन्त्रण से मुक्त कराना लाजिमी है। इसका सबसे सरल उपाय है शहरी क्षेत्रों के कारखानों में उनको रोजगार दिलवाना। यह देखा गया है कि उन्हें योग्य श्रमिक बनने में उनके भूस्वामित्व और संयुक्त परिवार की सदस्यता से बाधा पहुँचती है।[3] भूमि का मोह, चाहे वह एकड़ का चौथाई हिस्सा ही क्यों न हो, और संयुक्त परिवार की जिम्मेदारियाँ उन्हें पूरी लगन से नौकरी नहीं करने देतीं। ऐसे कार्यक्रमों से हरिजनों को ऐसे इलाकों से बाहर निकलने का मौका मिलेगा जहाँ उन्हें वर्षों तिरस्कृत जीवन बिताना पड़ा है। साथ ही, भूमि पर जनसंख्या के बढ़ते दबाव में भी कमी आएगी।

III

अभी तक जो कुछ भी मैंने कहा, उसमें यह धारणा निहित है कि मोटे तौर पर जाति श्रेणीक्रम में धार्मिक और आर्थिक पक्षों के बीच एक प्रकार की संगति है। यानी ऊँची जातियाँ आमतौर पर निचली जातियों से कहीं ज्यादा सम्पन्न होती हैं। इसके बहुत सारे स्थानीय अपवाद हो सकते हैं, पर मूलतः इस अवधारणा पर इसका कोई गम्भीर प्रभाव नहीं पड़ता। यह इस तथ्य से सम्भव हुआ कि ऐतिहासिक रूप से जाति को आमतौर पर जितना लचीला समझा जाता है, उससे यह कहीं ज्यादा लचीली है। जिन जातियों ने आर्थिक या राजनीतिक शक्ति हासिल की, उनके लिए धार्मिक श्रेणीक्रम में ऊपर उठना सम्भव हो गया। एक लम्बे समय के दौरान इस प्रक्रिया के परिणामस्वरूप समृद्ध और शक्तिशाली जातियाँ ऊपर चढ़ गईं। आज की प्रभुतत्वशाली जातियाँ इसी ऐतिहासिक प्रक्रिया का प्रतिफल हैं। अपनी संख्यात्मक शक्ति, समृद्धि और प्रभाव के दम पर इन्होंने अपने हितों के लिए नए अवसरों का फायदा उठाने हेतु काफी महत्त्वपूर्ण स्थान हासिल कर लिया।

अंग्रेजी शिक्षा से हरेक क्षेत्र में ऊँचे पदों के द्वार खुल गए। और कॉलेजों तथा स्नातकोत्तर संस्थाओं के छात्रों के सामाजिक संयोजन के विश्लेषण से पारम्परिक श्रेणीक्रम और अस्तित्व में आ रहे नए श्रेणीक्रम के बीच के सम्बन्ध स्पष्ट होते हैं। इस समस्या का अखिल भारतीय स्तर पर व्यवस्थित रूप से अध्ययन नहीं हुआ है, लेकिन पूना और बड़ौदा में हुए कुछ अध्ययनों से पता चलता है कि शैक्षणिक संस्थानों में खासकर ऊँचे स्तरों पर पारम्परिक रूप से सुविधासम्पन्न समूहों का प्रतिनिधित्व काफी ज्यादा है जबकि पिछड़े लोगों का प्रतिनिधित्व बहुत ही कम रहा है।

आमतौर पर ब्राह्मण, कायस्थ और बनियों ने पहली बार अंग्रेजी शिक्षा प्राप्त की और यही समूह आज भी शिक्षा के महत्त्व को अन्यों से कहीं ज्यादा समझते हैं। इन जातियों के पारम्परिक मूल्य शिक्षा के पक्षधर हैं। कोई गरीब ब्राह्मण या कायस्थ पिता अपने बेटे को ऊँची शिक्षा दिलाने के लिए अपना छोटा सा घर या कुछ एकड़ जमीन भी रेहन रख सकता है जबकि एक धनी किसान अपने बेटे को कॉलेज जाने से रोक

सकता है क्योंकि उसे पुश्तैनी जमीन की खेती की देखभाल में मदद के लिए उसकी जरूरत होगी। दरअसल, ऐसा लगता है कि भूस्वामी गैर-ब्राह्मण जातियाँ पहले शिक्षा के मामले में थोड़ी हिचक रखती थीं और यह हिचक पिछले तीन या चार दशक पहले ही टूटी है।

इस पुस्तक के पहले ही लेख में मैंने बताया है कि इस शताब्दी के दौरान दक्षिण भारत में किस प्रकार एक गैर-ब्राह्मण आन्दोलन का विकास हुआ। इस आन्दोलन के परिणामस्वरूप गैर-ब्राह्मण जातियों के सदस्यों ने विशेषाधिकार और सुविधाएँ हासिल कीं जबकि उसी समय दक्षिण भारतीय राज्यों के प्रशासन में भेदभाव की भावना पनपने लगी। लेकिन अभी तक इस आन्दोलन से मुख्य रूप से लाभ उठानेवाली प्रमुख जातियाँ भूस्वामी वर्ग की ही रही हैं, न कि निचली जातियों या हरिजन समुदाय के दस्तकार और सेवक। प्रभुत्वशाली जातियाँ अपने को पिछड़े वर्ग के होने की घोषणा कर उसकी सुविधाओं से ज्यादा-से-ज्यादा लाभ उठाने के लिए जी तोड़ कोशिश कर रही हैं। निचली जातियाँ और हरिजन समय के साथ-साथ इन सारी परिस्थितियों को समझने लगी हैं। वे यह महसूस करने लगे हैं कि पिछड़ी जातियों के लिए आरक्षित अधिकांश नौकरियों, छात्रवृत्तियों, सीटों और निःशुल्क शिक्षा का फायदा ज्यादातर प्रमुख जातियों के सदस्य ही उठा रहे हैं।

IV

यहाँ जाति के एक-दूसरे पहलू का उल्लेख करना जरूरी है। हरेक जाति का एक या उससे अधिक पैतृक काम-धन्धों से सम्बन्ध और उनके विभिन्न स्तरों में बँटे होने के परिणामस्वरूप अधिकांश भारतीयों के मन में शारीरिक श्रम के प्रति गहरी नफरत की भावना पैदा हो गई है। ग्रामीण लोग खेती को एक कठिन, लेकिन पुरुषोचित और करने योग्य काम समझते हैं। साथ-ही-साथ वे उन लोगों से भी ईर्ष्या रखते हैं जो अपने दफ्तर में कुर्सी पर बैठे-बैठे लिख-पढ़कर और तरह-तरह के आदेश जारी करके अपनी रोजी-रोटी कमाते हैं। जब किसी किसान के पास काफी जमीन हो जाती है, तो वह खेती करना छोड़ देता है और सिर्फ दूसरों से खेती करवाते हुए उन पर निगरानी रखने का काम करता है। जिन ग्रामीणों ने स्कूल का मुँह देख लिया, वे उसके बाद खेती के काम से कतराने लगते हैं। उनका लक्ष्य कोई ऊँचा सरकारी पद हासिल करना या फिर व्यापार में आगे बढ़ना बन जाता है।

ग्रामीण लोग समझते हैं कि पढ़े-लिखे इनसान या अफसरों को—यानी किसी भी ऐसे व्यक्ति को जिसका वे सम्मान करते हैं—भारी बोझ नहीं उठाना चाहिए; शारीरिक श्रम तो दूर की बात है। शारीरिक श्रम करना निचले स्तर का प्रतीक है और शारीरिक श्रम नहीं करना ऊँचे स्तर का। हमारे दफ्तरों में भी ऐसी प्रवृत्तियाँ काम करती हैं। सरकारी दफ्तरों में अन्य कर्मचारियों की तुलना में चपरासियों के अनुपात और उसके

साथ चपरासियों द्वारा अपने काम के बिताए घंटों के तरीके का अध्ययन करना अपने आप में काफी दिलचस्प होगा।

घरों के अन्दर भी ऐसी ही प्रवृत्ति होती है कि जितने नौकर सम्भव हों, रख लिये जाएँ। इस प्रवृत्ति को इस बात से और भी बढ़ावा मिला कि भारतीय पुरुष अपने हाथ से काम करने की योग्यता नहीं रखते और नौकरों को भी अन्य काम करने से उसकी जाति रोकती है। जैसे—रसोइया बर्तन साफ नहीं करेगा, नौकर शौचालय साफ नहीं करेगा और माली बगीचे में झाड़ू नहीं लगाएगा।

जिन तथ्यों का मैंने अभी-अभी उल्लेख किया है उनसे सभी परिचित हैं और इससे यह जाहिर होता है कि जातिगत ऊंच-नीच की भावना गहरी जड़ जमाए बैठी है तथा यह अप्रत्याशित परिस्थितियों में फूट पड़ती है। विदेशी समाज-वैज्ञानिक यह देखकर आश्चर्यचकित होते हैं कि भारत सरकार द्वारा अपने कर्मचारियों के लिए निर्मित आवासों में भी जातिगत श्रेणीक्रम का इतनी बारीकी से ध्यान रखा गया है। अगर आय वर्ग के अनुसार आवास आवंटित करने की जरूरत को मान भी लें, तो क्या यह जरूरी है कि हरेक वर्ग के आवासों को एक ही क्षेत्र में रखा जाए ? क्या भिन्न-भिन्न वर्गों के आवास एक ही क्षेत्र में साथ-साथ नहीं रह सकते ?

एक जाति और उसके धन्धे के पारम्परिक सम्बन्धों के परिणामस्वरूप ग्रामीण और शहरी धन्धों के बीच एक प्रकार का तारतम्य पैदा हुआ है। इस प्रकार एक ग्रामीण नाई जब शहर जा बसता है, तो वहाँ एक 'हेयर कटिंग सैलून' खोल लेता है, धोबी लांड्री चलाने लगता है, लुहार फर्नीचर की दुकान खोल लेता है, तेली अगर तेल निकालने नहीं तो बेचने लगता है, माली बगीचों में काम करता है, चमार जूते की दुकान में काम करता है और ब्राह्मण रसोइए, शिक्षक और वकील बन जाते हैं। जब एक व्यक्ति कोई धन्धा अपनाता है और उसका यह धन्धा तथा पारम्परिक धन्धा अगर समान नहीं तो कम-से-कम मिलते-जुलते होते हैं, साथ ही वह ऐसी जगह रहता है, जहाँ उसके जात-भाई रहते हैं, तब इसका मतलब है कि वह अपनी जातिगत ऊँच-नीच की भावना अपने गाँव से शहर तक साथ लेकर ही जाता है। (अक्सर हमारे शहर केवल जनसांख्यिकीय दृष्टि से ही शहर होते हैं, सामाजिक दृष्टि से नहीं।) यह खासकर गरीब जनता और छोटे शहरों के बारे में सच है। शहरों के आवासीय क्षेत्रों का अपना वर्ग-मूल्य बन गया है और हमेशा की तरह आवासीय क्षेत्रों में कुछ हद तक जाति एवं प्रान्तीय समूहों का सम्बन्ध उन आवासीय क्षेत्रों से बन गया। जातियों में कबूतरखाने की तरह बँटने की प्रवृत्ति होती है या सामान्य अर्थों में कहना चाहिए कि वर्गों में विभाजित होने की प्रवृत्ति होती है। मैं यहाँ यह नहीं कह रहा हूँ कि एक ही जाति के सभी सदस्य एक ही वर्ग में भी आते हैं। सम्पन्न जातियों में कहीं ज्यादा वर्गीय विषमताएँ देखी जाती हैं। मिसाल के लिए, ब्राह्मण और कायस्थ हरिजनों से कहीं ज्यादा वर्ग-विषमताएँ रखते हैं। मैं यहाँ पर जो बात समझाना चाहता हूँ, वह यह है कि एक जाति का किसी धन्धे से पारम्परिक सम्बन्ध और समूहों में आव्रजन की प्रवृत्ति के कारण एक प्रकार की ग्रामीण-शहरी सतत निरन्तरता बनी रही है। शहरों, खासकर छोटे

शहरों के लोग जाति-मूल्य और प्रवृत्तियाँ बनाए रखते हैं। बस्तियों की शैली से ही किसी शहरी इलाके और इसकी जाति तथा वर्गीय चरित्र की पहचान सम्भव हो जाती है। हमारी शहरी जनता जातिगत श्रेणियों की दुनिया में ही जी रही है जबकि आम धारणा है कि शहरी रोजगार, छोटे परिवार और गन्दगियों के मुक्त होने के कारण लोग काफी 'उन्मुक्त' जीवन व्यतीत करते हैं। यह धारणा शहरी लोगों के अपने ग्रामीण रिश्तेदारों के साथ गहरे सम्बन्धों को भी मद्देनजर नहीं रखती। मैं पहले ही जाति की शहरी अभिव्यक्ति के लक्षणों का उल्लेख कर चुका हूँ।

भारतीय औद्योगिक जीवन की एक और विशेषता है, जो जाति और वर्ग के बीच घनिष्ठ सम्बन्ध को उजागर करती है। कारखानों के विशिष्ट कार्यों पर एक जाति या क्षेत्रीय समूह का एकाधिकार बन जाने की प्रवृत्ति पाई जाती है। सम्भवतः 'कार्यशाला समांगता' की बात की जा सकती है। इस प्रकार बड़ौदा के एक कारखाने में उत्तर प्रदेश, मराठी गैर-ब्राह्मण और निचली जाति के गुजराती—सभी अलग-अलग विशिष्ट कार्यशालाओं में समान काम करना चाहते हैं, जबकि गुजराती पाटीदार और ऊँची जातियों के मराठी ऊँचे ओहदेवाली नौकरियों में भारी संख्या में मौजूद थे। यह सर्वविदित है कि कारखानों में नौकरियों में बहाली के समय रिश्ते, जाति और क्षेत्र का खयाल रखा जाता है। न्यायसंगत ढंग से बहाली बिरले ही देखी जाती है।

भारतीय जीवन में रिश्तेदारी का एक महत्त्वपूर्ण स्थान है और यह मूल परिवार के दायरों से बाहर तक फैली होती है। अभी भी भारतीय नैतिकता मोटे तौर पर जाति और रिश्तेदारी के दायित्वों और धार्मिक बन्धनों पर ही आधारित है। रिश्तेदारी का दायित्व इतना कठिन है कि यह नागरिक नैतिकता पर भी हावी होने की प्रवृत्ति रखती है। रिश्तेदारी के प्रति निष्ठा से वर्गीय और जातिगत भेदभाव की भावना बढ़ती है और यह समानतावादी सिद्धान्त के खिलाफ जाती है। जो खुलेआम समानतावादी सिद्धान्त पर अपने विश्वास की दलील देते हैं, वे भी रिश्तेदारियों के प्रति निष्ठा रखते हैं। इसके कारण उनकी कथनी और करनी में अन्तर आ जाता है। जब यह अन्तर बहुत बढ़ जाता है, तो लोगों में द्वेषपूर्ण भावना पैदा होती है। आर्थिक विकास के कार्यक्रमों के लिए लोगों में आवश्यक उत्साह जगाने के लिए ऐसा माहौल उचित नहीं होता।

V

कुल मिलाकर आजकल दो प्रकार के श्रेणीक्रम मिलते हैं। इनमें एक तो पारम्परिक है और दूसरा अभी प्रकट ही हो रहा है। पारम्परिक श्रेणीक्रम वैसे तो धार्मिक आधार पर बना है; लेकिन इसका एक महत्त्वपूर्ण आर्थिक पहलू भी है। जाति व्यवस्था सबसे अधिक सामन्ती, न्यूनतम काम-धन्धों और आर्थिक गतिविधियोंवाली एक ठहरी हुई अर्थव्यवस्था में फली-फूली है। अंग्रेजी राज के दौरान कुछ नई सामाजिक और आर्थिक शक्तियाँ सामने आईं जिनसे इस व्यवस्था में थोड़ा लचीलापन आया। दासप्रथा की

समाप्ति के बाद कॉफी और चाय बागानों की शुरुआत हुई। साथ ही अफ्रीका, फीजी, मलाया और सीलोन में प्रव्रजन हुआ तथा मुम्बई, कलकत्ता और अन्य शहरों में कारखाने और मिल खुलने लगे। देश के प्रशासनिक एकीकरण और संचार सुविधाओं के विकास के फलस्वरूप नए आर्थिक अवसरों की सम्भावनाएँ उत्पन्न हुईं। सामान्यतया ऊँची जातियों ने ही इन अवसरों का अधिकतम लाभ उठाया लेकिन थोड़ा-बहुत लाभ निचली जातियों तक भी पहुँचा।

अंग्रेजों ने पिछड़ी जातियों को प्राथमिकता देने की नीति अपनाई। अंग्रेजी शासन के तहत जो राष्ट्रीय शक्तियाँ पैदा हुईं, उसके साथ-साथ कुछ अंग्रेजी या यूरोपीय राजनीतिक संस्थाओं और विचारों ने समानतावादी सिद्धान्त का पक्ष लिया। स्वाधीन भारत में ऐसे कदम उठाए गए थे, जिनमें से कुछ की चर्चा पहले की जा चुकी है। ये कदम असमानताओं को दूर करने और समानतावादी सिद्धान्त को लागू करने के लिए उठाए गए थे। यहाँ इस बात का उल्लेख करना जरूरी है कि अंग्रेजी शासनकाल के दौरान ही भारतीय मध्यवर्ग का जन्म हुआ, जो राष्ट्रीयता या क्षेत्रीयता के आधार पर तो संगठित नहीं था, परन्तु यह अपने हितों की रक्षा और पुष्टि में सक्षम था। यह वर्ग समानतावादी आदर्शों का मौखिक रूप से तो पक्षधर जरूर था, लेकिन गलती से भी यह नहीं भूलना चाहिए कि इसका रवैया बुनियादी तौर पर भेदभावपूर्ण ही रहा है।

कुछ ऐसे लोग भी हैं जो यह तर्क देते हैं कि देश का पहला कर्तव्य है कि एक बड़े आकार का केक बनाया जाए और तब इसको बाँटने पर विचार किया जाए। वे कहते हैं कि सबसे पहले तो केक का होना जरूरी है और यह जितना बड़ा होगा, हरेक व्यक्ति का हिस्सा भी बड़ा होता जाएगा। यह तर्क आमतौर पर उन लोगों द्वारा दिया जाता है, जो केक के बड़े हिस्से का उपयोग पहले से ही कर रहे हैं। वे यह महसूस करते हैं कि मजदूरों को यह समझाना उतना आसान काम नहीं है कि बड़े केक का मतलब उनके लिए बड़े हिस्से का होना जरूरी नहीं है। और जब तक वे लोग इस बात से सहमत नहीं हो जाते कि उन्हें और इस देश को अधिक उत्पादन से लाभ होगा, वे मन लगाकर काम नहीं करेंगे। यही वक्त है कि भारतीय उच्च वर्ग के लोग यह महसूस करें कि हमारे मजदूर रूस और चीन के प्रचारों से अच्छी तरह वाकिफ हैं और यह पर्याप्त रूप से विस्फोटक है। यह देश और ऊँचे वर्गों के हित में है कि वे इन्हें सन्तुष्ट रखें।

भारत में दो श्रेणीक्रम हैं, जिनमें 'कार्यकारी श्रेणीक्रम' नहीं आता और यह कार्यकालीन अवधि के दौरान क्रियाशील होती है। (हरेक फार्म, कारखाना, कम्पनी और दफ्तर का अपना एक श्रेणीक्रम होता है।) अंग्रेजी राज के तहत भारतीय सामाजिक संरचना में थोड़ी-बहुत उदारता आई है और भारतीय सरकार ने भेदभावों को खत्म करने की दिशा में कई कदम उठाए हैं, लेकिन ये कदम तहेदिल से नहीं उठाए और इनमें बहुत सारी कमजोरियाँ रह गई हैं। सबसे पहले तो इस समस्या के विस्तार, प्रकृति और प्रभावों को ही ये महसूस करने में अक्षम हैं। असमानताओं को दूर करने के लिए दिमाग और आम समझदारी से काम नहीं लिया गया और सिर्फ शुभकामनाएँ रखना ही काफी नहीं है।

सन्दर्भ एवं टिप्पणियाँ

1. भारतीय संविधान अनुसूचित जातियों, जनजातियों एवं अन्य पिछड़े वर्गों की सुरक्षा और संरक्षण के लिए या तो खासतौर पर या नागरिकों के सामान्य अधिकार के माध्यम से उनके शैक्षणिक और आर्थिक हितों को लाभ पहुँचाने के उद्देश्य से एवं उन सामाजिक अयोग्यताओं को दूर करने के लिए, जो अनुसूचित जातियों पर लादे गए थे, प्रावधान करता है। ये हैं :
   (i) 'अस्पृश्यता' का अन्त और किसी भी रूप में इसके प्रयोग का निषेध (अनुच्छेद 17);
   (ii) उनके शैक्षणिक और आर्थिक हितों की उन्नति तथा सामाजिक अन्याय एवं अन्य सभी प्रकार के शोषण से उनका संरक्षण (अनुच्छेद 46);
   (iii) हिन्दुओं की सभी सार्वजनिक धर्म-संस्थाओं को हिन्दुओं के सभी वर्गों और श्रेणियों के लिए खोलना (अनुच्छेद 25);
   (iv) दुकानों, सार्वजनिक भोजनालयों, होटलों, सार्वजनिक मनोरंजन के स्थानों, कुओं, तालाबों, स्नान घाटों, सड़कों तथा सार्वजनिक समागम स्थानों के उपयोग के बारे में, पूर्ण या आंशिक रूप में राज्य-निधि से पोषित अथवा साधारण जनता के उपयोग के लिए समर्पित किसी भी स्थान के लिए किसी अयोग्यता, दायित्व, पाबन्दी अथवा शर्तों का निषेध (अनुच्छेद 15);
   (v) कोई भी वृत्ति, आजीविका, व्यापार या कारोबार करने का अधिकार (अनुच्छेद 19);
   (vi) राज्य द्वारा पोषित अथवा राज्य-निधि से सहायता प्राप्त करनेवाली शिक्षा संस्थाओं में प्रवेश के अधिकार से वंचित करना या उसको अस्वीकार करना (अनुच्छेद 29);
   (vii) सार्वजनिक सेवाओं में उनकी नियुक्तियों के दावे तथा अपर्याप्त प्रतिनिधित्व की स्थिति में संरक्षण के लिए राज्य का विचार करने का दायित्व (अनुच्छेद 16 और 335);
   (viii) लोकसभा तथा राज्य विधान सभाओं में 20 वर्ष के लिए विशेष प्रतिनिधित्व (अनुच्छेद 330, 332 तथा 334);
   (ix) राज्य में उनके हितों के संरक्षण एवं कल्याण के लिए अलग विभाग तथा सलाहकार परिषद का गठन तथा केन्द्र में इसी हेतु विशेष अधिकारी की नियुक्ति (अनुच्छेद 164, 338 और पाँचवीं अनुसूची);
   (x) अनुसूचित एवं जनजातीय क्षेत्रों के प्रशासन एवं नियन्त्रण के लिए विशेष प्रबन्ध (अनुच्छेद 224 तथा पाँचवीं एवं छठी अनुसूची)।

   अनुसूचित जातियों और अनुसूचित जनजातियों के सूची (संशोधन) आदेश 1956 के अन्तर्गत जारी संशोधन सूची के अनुसार अनुसूचित जातियों की जनसंख्या 5.53 करोड़ तथा अनुसूचित जनजातियों की 2.25 करोड़ आँकी गई है। अधिसूचित जनजातियों की संख्या लगभग 40 लाख है।
2. प्रभुत्वसम्पन्न जाति की अवधारणा के विस्तृत विवेचन के लिए मेरा लेख 'दि डॉमिनेंट कास्ट इन रामपुरा', अमेरिकन एन्थ्रोपोलॉजिस्ट, जिल्द 61, अंक 1, फरवरी 1959 देखें।
3. देखें, एस. एप्स्टीन लिखित 'इंडस्ट्रियल एम्प्लॉयमेंट फॉर लैंडलेस लेबरर्स ओनली', *इकॉनॉमिक वीकली*, जिल्द XI, अंक 28, 29, 30 पृष्ठ 967-72, विशेषांक जुलाई 1959।

भारतीय एकता की समस्या का स्वरूप

मैं सबसे पहले 'क्षेत्र' (रीजन) की अवधारणा पर विचार करूँगा। आमतौर पर ऐसा माना जाता है कि क्षेत्र एक सुनिश्चित और स्थायी इलाका है और वह एक लम्बे समय से जैसे-का-तैसा बना हुआ है। एक मापदंड या सम्बन्धित कई मापदंडों के समूह के आधार पर बनाए गए सांस्कृतिक क्षेत्रों का विश्लेषण करने से इस अवधारणा की पुष्टि होती है।[1] हालाँकि ऐसे प्रयासों से यह सत्य छिप जाता है कि किसी क्षेत्र की अवधारणा प्रासंगिक और परिवर्तनशील होती है। क्षेत्रों का सीमागत विस्तार चुने गए मापदंड के मुताबिक बदलता रहता है, यद्यपि अलग-अलग मापदंडों को अपनाने के फलस्वरूप बने अलग-अलग क्षेत्र के सीमागत विस्तार कुछ हद तक एक-दूसरे से समानता भी रखते हैं। बहरहाल इस बात से इनकार नहीं किया जा सकता कि एक खास भाषायी इलाका निहायत ही ढीले अर्थों में एक क्षेत्र कहलाता है और फिर इसके अन्दर कई छोटे-छोटे तथा अपेक्षाकृत अधिक समरूप क्षेत्र होते हैं जो एक-दूसरे से कई दृष्टि से भिन्न भी होते हैं। कुर्गों से सम्बन्धित अपने अध्ययन में मैंने थोड़ी देर के लिए यह मान लिया है कि एक भाषायी क्षेत्र में 'ऊपर से नीचे तक' एक प्रकार की 'ऊर्ध्व' एकता होती है, जो वहाँ रहनेवाली ब्राह्मण से लेकर अछूतों तक सभी जातियों में सामान्य रूप से पाई जाती है, जबकि जाति एक 'क्षैतिज' एकता का प्रतिनिधित्व करती है, जो भाषायी क्षेत्रों के आर-पार भी जाता है।[2] यह खासकर उन जातियों के लिए सत्य है जो श्रेणीक्रम के सबसे ऊपर या नीचे स्थित होती हैं। अतः उत्तर प्रदेश का एक ब्राह्मण एक स्थानीय चमार की क्षेत्रीय संस्कृति नहीं रखता, लेकिन भारत में कश्मीर से लेकर केपकैमरून तक हर जगह फैले ब्राहाणों के सांस्कृतिक रूप से वह अवश्य मिलता-जुलता है। यद्यपि यह आज के सन्दर्भ में उतना सच नहीं है जितना कुछ दशक पहले तक हुआ करता था, क्योंकि अब ब्राह्मणों के रीति-रिवाज बड़ी तेजी से बदलते जा रहे हैं। यहाँ संस्कृति का मतलब मान्य नृतात्त्विक अर्थों में ही है और लोगों की आध्यात्मिक धरोहर लिखित अथवा मौखिक भाषा के जरिए ही पीढ़ी-दर-पीढ़ी हस्तान्तरित होती आई है। इसलिए इस अर्थ में हरेक जनसमूह की संस्कृति होती है।

यहाँ इस बात पर ध्यान देना प्रासंगिक होगा कि एक भाषायी क्षेत्र के विभिन्न हिस्सों में एक ही भाषा अलग-अलग ढंग से बोली जाती है। इस प्रकार मैसूर राज्य के एक हिस्से में कन्नड़ भाषा मराठी से प्रभावित हुई है, जबकि दूसरे हिस्सों में अन्य भाषाओं, जैसे—तमिल, तेलुगु और मलयालम, से। (यह शावियन टिप्पणी नृतात्त्विक दृष्टि

से काफी बुद्धिमत्तापूर्ण है कि दो देश एक सामान्य भाषा से विभाजित होते हैं।) जिन भाषा शास्त्रियों ने हिमालय की तराई या आसाम अथवा मध्य भारत के कबीलों के बीच काम किया है, वे जानते हैं कि बोलियाँ एक पहाड़ से दूसरे पहाड़ में बदल जाती हैं, पर यह बात आमतौर पर मालूम नहीं है कि जिन विभिन्न क्षेत्रों में ये बोलियाँ बोली जाती हैं, उनमें उसी विकसित भाषा की भिन्नता किस सीमा तक होती है। स्व. प्रोफेसर एस. डब्ल्यू. थॉमस ने हिन्दी के बारे में लिखा है, "हिन्दुस्तान में वास्तविक सीमा रेखा के अभाव के कारण हरेक स्थानीय बोली अपने पड़ोसियों के बीच संक्रमण की स्थिति में रहती है।"[3]

एक ही भाषा क्षेत्र में क्षेत्रों के बीच भिन्नता के अतिरिक्त ग्रामीण और शहरी इलाकों तथा विभिन्न जातियों के बीच भी अन्तर पाए जाते हैं। भारत के किसी भी भाषायी सर्वेक्षण में एक ही भाषा के इस्तेमाल में भी जातिगत भिन्नताओं पर ध्यान देना लाजिमी है। स्थानीय रूप से प्रभुत्वशाली जाति अपने इलाके में कुछ खास किस्म की बोली के प्रसार में एक महत्त्वपूर्ण भूमिका निभाती है।

अंग्रेजी राज कायम होने से पहले, भारत में राजनीतिक व्यवस्था, खासतौर से निचले स्तरों पर, हमेशा परिवर्तनशील रही है। निम्नतम राजनीतिक स्तर पर छोटे-मोटे सरदार होते थे, जो एक-दूसरे से दुश्मनी रखते थे। और अगर सर्वोच्च स्थान पर बैठा सम्राट या उसका प्रतिनिधि कमजोर हुआ या अपने ही मामलों में डूबा हुआ हो, तो ये सरदार आपस में लड़ बैठते थे। मतलब यह है कि एक सरदार का प्रभाव-क्षेत्र घटता या बढ़ता रहता था। ऊँचे स्तरों पर गतिशीलता उतनी नहीं थी। हालाँकि उसे एकदम गायब भी नहीं समझना चाहिए। हरेक स्तर पर राजनीतिक परिवर्तनशीलता से 'अजनबी' और विभिन्न भाषा रूपों का प्रसार होता था। इस प्रकार मैसूर में बहुत सारे प्रशासनिक और राजस्व सम्बन्धी शब्द मैसूर के मराठों एवं मुसलमान शासकों के माध्यम से फारसी भाषा से आ गए। अधिकतर ऐसा होता था कि राजनीतिक परिवर्तनशीलता के कारण विजेता के साथ-साथ उसके रिश्तेदार, जात-भाई और अन्य आश्रित सम्भ्रान्त लोग भी आकर वहाँ बस जाते थे, जो स्थानीय बाशिन्दों से एक अलग किस्म की भाषा बोलते थे। ऐसी स्थिति में अदालत की भाषा आम जनता की भाषा से भिन्न होती थी और ये एक-दूसरे को प्रभावित करती थीं। अक्सर पड़नेवाले अकालों के कारण भी लोग एक जगह से दूसरी जगह जाकर बसते रहते थे और इस वजह से एक क्षेत्र में सांस्कृतिक तथा भाषायी विविधता आती ही रहती थी।

किसी एक क्षेत्र के एक भाषा से न बँध पाने का एक और कारण संस्कृत भाषा थी, जिसने भारत के हरेक हिस्से में बुद्धिजीवियों के लिए सम्पर्क की भाषा की भूमिका निभाई। यहाँ तक कि जहाँ संस्कृत का उपयोग नहीं भी होता था, तब भी भाषा का साहित्यिक रूप इतना संस्कृतनिष्ठ होता था कि बिना किसी भाष्यकार की सहायता के आम आदमी उसे समझ नहीं सकता था। संस्कृत पर इस प्रकार की निर्भरता के कारण भारत के विद्वत्‌जनों के बीच प्रत्यक्ष अथवा परोक्ष रूप से सम्पर्क बना रहा, लेकिन

इसकी वजह से उन बुद्धिजीवियों और आम आदमी के बीच एक दीवार भी बन गई। हालाँकि बौद्धों, जैनियों और तमिलों ने धार्मिक और धर्मशास्त्र सम्बन्धी कार्यों के लिए आम बोलचाल की भाषा का प्रयोग करने की कोशिश की, लेकिन समय के साथ-साथ ये भाषाएँ भी धीरे-धीरे विद्वानों की भाषा बन गईं, जो आम जनता की समझ से बाहर थीं।

इस बात पर यथोचित बल नहीं दिया गया है कि आज भारत में भाषा सम्बन्धी जागरूकता को जिस गहराई से अनुभव किया जा रहा है, वह अंग्रेजी शासकों से आजादी पाने के लिए उसके संघर्ष का एक उपपरिणाम है। बंगाल-विभाजन का विरोध इस आधार पर किया गया कि इससे एक ही भाषायी क्षेत्र दो भागों में बँट जाता था।[4] भारतीय स्वाधीनता आन्दोलन के नेताओं ने अंग्रेज निर्मित प्रान्तों की यह कहकर निन्दा की थी कि ये भाषायी क्षेत्रों को काटते थे। भाषायी समरूपता के आधार पर राज्य अथवा प्रान्तों के निर्माण की माँग की जाने लगी थी। स्वाधीनता आन्दोलन के नेताओं ने अपने संघर्ष में जनता को भी साथ लेकर चलने की जरूरत को महसूस किया और इसके फलस्वरूप जनता द्वारा बोली और समझी जानेवाली भाषा पर जोर दिया गया।

अतः एक भाषायी राज्य की अवधारणा बहुत हाल में ही पैदा हुई है, जो भारतीय राष्ट्रीय संघर्ष का एक उपपरिणाम है। इसकी चर्चा यहाँ केवल एक वास्तविकता के रूप में की जा रही है, न कि इसकी प्रशंसा या निन्दा के रूप में। 1 नवम्बर, 1956 को देश के अधिकांश भागों में भाषायी राज्यों के जन्म ने इनके बीच की दीवार को और भी मजबूत किया। भारतीय इतिहास में पहली बार सांस्कृतिक सीमाओं को राजनीतिक सीमाओं में बदल दिया गया और जल्द ही वह दिन भी आएगा जब हरेक राज्य केवल अन्य राज्यों और केन्द्रीय सरकार के साथ सम्पर्क को छोड़कर अन्य सभी कार्यों के लिए क्षेत्रीय भाषाओं का ही प्रयोग करेगा। अगर इसके साथ ही विश्वविद्यालयों में शिक्षा के माध्यम के रूप में भी क्षेत्रीय भाषाओं का ही प्रयोग शुरू हो गया तो राज्यों के बीच भाषायी सम्पर्क एकदम ही शून्य हो जाएगा। छात्र एक विश्वविद्यालय से दूसरे विश्वविद्यालय में आव्रजन नहीं कर पाएँगे और आई.ए.एस. अधिकारियों तक को एक ही राज्य में रहना पड़ेगा। इसका अर्थ समाज के सभी वर्गों के लिए, सामाजिक और स्थानिक गतिविधियों में कमी होगा। जबकि पंचवर्षीय योजनाओं का लक्ष्य देश का तेजी से औद्योगिकीकरण करना है, जिसके लिए गतिशीलता एक पूर्वशर्त है।

पिछले सौ सालों में अंग्रेजी भाषा ने विभिन्न भाषायी क्षेत्रों से आनेवाले भारतीयों के लिए सम्पर्क के एक माध्यम की भूमिका निभाई है। गणमान्य लोगों द्वारा बोली जानेवाली भाषा संस्कृत और फारसी का स्थान धीरे-धीरे अंग्रेजी ने ले लिया और इसने न केवल एक सामान्य सम्पर्क की भाषा की भूमिका निभाई, बल्कि एक सामान्य विचार भी प्रचारित किया, क्योंकि अंग्रेजी शिक्षा-प्राप्त समृद्ध एवं मध्यवर्गीय लोग उन्हीं यूरोपीय विचारकों, ऐतिहासिक घटनाओं और सामाजिक तथा राजनीतिक घटनाओं से अपनी प्रेरणा हासिल करते थे। इसी सम्भ्रान्त वर्ग के लोगों ने स्वाधीनता आन्दोलन का नेतृत्व

किया। जहाँ एक तरफ यह सच है कि ये लोग कुछ हद तक आम जनता के विचारों और आकांक्षाओं से दूर हट गए और इनके लिए अपने ही हित की सिद्धि प्राथमिक हो गई, वहीं दूसरी तरफ इनमें से सबसे साहसी और संवेदनशील लोगों ने देश और जनता के साथ तादात्म्य स्थापित किया तथा उनके लिए काम किया।

सम्पर्क का कोई भी साधन, जो क्षेत्रीय और धार्मिक सीमाओं को पार करता हो, चाहे वह मात्र कुछ खास वर्ग के लोगों के लिए ही क्यों न हो, अपने आप में बहुमूल्य होता है और इसको बढ़ावा देना चाहिए। आज जब भाषा के मामले में इतना भ्रम फैला हुआ है, तब यह और भी बहुमूल्य हो जाता है। इस बात को स्वीकार कर लेने के बाद भी कि राजभाषा के रूप में अंग्रेजी का स्थान हिन्दी से भर जाएगा, इस परिवर्तन को व्यवस्थित रूप से और एक निर्धारित समय के दौरान अपनाने की जरूरत स्पष्ट रूप से देखी जा सकती है। कुछ लोगों की समझ है कि अंग्रेजी का स्थान हिन्दी अभी और इसी वक्त ले लेगी और देश को इस फटाफट तथा हड़बड़ाकर लिये गए कदम के नतीजों का सामना करने के लिए तैयार रहना चाहिए। ऐसा विचार रखनेवालों का मानना है कि अंग्रेजी सभी भारतीय भाषाओं के विकास के लिए घातक है। इनका विश्वास है कि जो लोग धीरे-धीरे और योजनाबद्ध रूप से अंग्रेजी के स्थान पर हिन्दी को लाना चाहते हैं, वे ऐसे प्रतिक्रियावादी हैं जो अंग्रेजी को जब तक सम्भव हो तब तक बनाए रखना चाहते हैं। ऐसा विश्वास न केवल कुछ हाशिए पर खड़े विक्षिप्तों का है, बल्कि कांग्रेस पार्टी और उसके बाहर भी कुछ बहुत ही प्रभावशाली व्यक्ति भी ऐसा ही सोचते हैं।

इस सम्बन्ध में यह नहीं भूलना चाहिए कि गैर-हिन्दी-भाषी क्षेत्रों में हिन्दी विकास कर रही है। मिसाल के लिए, यदि दक्षिण को ही लें, तो विद्यालयों में अनिवार्य विषय के रूप में हिन्दी पढ़ाने के अलावा भी मध्यवर्गीय महिलाओं और बच्चों के बीच काफी लोकप्रिय होती जा रही है। हिन्दी सीखने की यह इच्छा मजूदर वर्गों तथा ग्रामीण इलाकों में धीरे-धीरे बढ़ेगी। आर्थिक और अन्य साधनों के जरिए प्रोत्साहित करनेवाली संस्थाएँ इस प्रक्रिया को आगे और तेज करेंगी। मैं पूरी तरह आश्वस्त हूँ कि हिन्दी का पलड़ा भारी है। अगर हिन्दी-भाषी लोग थोड़ा धैर्य एवं समझ-बूझ से काम लें तो विभिन्न राज्यों में रहनेवाले भारतीयों के बीच धीरे-धीरे हिन्दी ही सम्पर्क का माध्यम बन जाएगी। लेकिन किसी भी प्रकार की जल्दबाजी दिखाना हिन्दी और भारत की एकता के लिए घातक होगा। यहाँ इस बात पर बल देना जरूरी है कि भारतीय संघ की भाषा के रूप में हिन्दी को मान्यता देने के फैसले से गैर-हिन्दी भाषियों को असुविधा हुई है और कम-से-कम इतना तो करना ही चाहिए कि इस बदलाव के लिए उन्हें खुद को तैयार करने के वास्ते पर्याप्त समय दें।

यही समय है जब हमारी लिपियों में सुधार के सवाल पर गम्भीरता से विचार किया जाए। भारतीय भाषाएँ बड़ी दुरूह लिपियों में लिखी जाती हैं और मानव ऊर्जा का एक बड़ा हिस्सा उनके टंकण और मुद्रण में बर्बाद होता है। इसके अलावा, विभिन्न लिपियों

का इस्तेमाल अलग-अलग भाषायी क्षेत्रों के बीच भिन्नता की भावना को और बढ़ाता है। अतः ध्वनि-निर्देशक चिह्नों की सहायता लेकर रोमन लिपि के इस्तेमाल पर गम्भीरता से विचार करना चाहिए। इसके इस्तेमाल से लिपियों की भिन्नता से मुक्ति मिल जाती है जो एक भाषायी क्षेत्र को दूसरे से अलग करती है और साथ ही, यह पूरे विश्व से हमारा सम्पर्क जोड़ देती है। यह सच है कि लिपि-सुधार इतना आसान नहीं है, लेकिन इसकी कोशिश करना जायज है। (इस मामले में अन्य मामलों की तरह, डंडा घुमाने के बजाय समझाने-बुझाने और प्रत्यक्ष प्रोत्साहन की व्यवस्था के तरीके अपनाने पर बल होना चाहिए।) भारतीय गणतन्त्र ने दशमलव सिक्कों के प्रचलन और जमींदारी तथा अस्पृश्यता निवारण जैसे बहुत सारे क्रान्तिकारी कदम उठाए हैं और इसलिए कोई वजह नहीं कि लिपियों में सुधार लाने पर गम्भीरता से विचार नहीं किया जाना चाहिए।

भाषा के आधार पर राज्यों के निर्माण को लेकर चले आन्दोलन से कटुता बढ़ी और इससे भारत की एकता को धक्का पहुँचा है। यही समय है कि हम ऐसी संस्थाओं के निर्माण पर विचार करें, जो सहयोगी कार्यों के जरिए अधिकारियों और साथ-ही-साथ विभिन्न राज्यों के निवासी आम नागरिकों को एक-दूसरे के करीब लाएँ। 'मंडलीय परिषदों' का विचार अच्छा है और इनको आगे और भी मजबूत बनाया जाना चाहिए।

ऐसी ही अन्य संस्थाओं के निर्माण की जरूरत है। मिसाल के तौर पर, हरेक 'प्राकृतिक क्षेत्र' के लिए एक परिषद गठित की जा सकती है, और हरेक परिषद का कर्तव्य होगा कि वह उस क्षेत्र की विकास सम्बन्धी समस्याओं का अध्ययन करे, उस क्षेत्र के हर हिस्से के लिए योजनाएँ तैयार करे और योजनाविदों तथा जनता के बीच एक मध्यस्थ संस्था के रूप में कार्य करे। देश में 'प्राकृतिक क्षेत्रों' का निर्धारण भूवैज्ञानिकों, भूगोलशास्त्रियों और अर्थशास्त्रियों की सलाह के आधार पर किया जाना चाहिए। अगर ऐसी परिषद सम्बन्धित क्षेत्रों की जनता के प्रतिनिधियों को भी शरीक न करें तो ये कारगर नहीं होंगी। इसी तरह देश की हरेक बड़ी नदी के लिए एक परिषद गठित करने के सवाल पर भी गम्भीरता से विचार करना चाहिए, जो बाढ़ नियन्त्रण, सिंचाई, जल संरक्षण, नदी के प्रदूषण और मत्स्यपालन की समस्याओं पर निगाह रखे। ये परिषदें भाषायी राज्यों में विभाजन से परे होंगी।

II

जाति की संस्था ने भारतीयों को एक सामान्य सांस्कृतिक सूत्र दिया है : कोई चाहे भारत के किसी भी हिस्से में रहे, वह जाति की दुनिया में ही रहता है और जाति धार्मिक सीमाओं को भी नहीं मानती—केवल हिन्दू ही नहीं, बल्कि जैन, सिख, मुसलमान और ईसाई भी जातियों में विभाजित हैं। आमतौर पर सामान्य सांस्कृतिक या सामाजिक धरातल एकता के लिए पूर्वशर्त है, लेकिन जाति के मामले में परेशानी दोहरी है। सामान्य सांस्कृतिक धरातल का मतलब है किसी क्षेत्र की जनता का छोटे-छोटे पृथक् समूहों में

बँट जाना। और आज के हालात में, निचली जातियाँ इस तथ्य से नफरत करती हैं कि उन्हें ऊँची जातियों की अपेक्षा नीचा समझा जाता है जबकि ऊँची जातिवाले उनकी 'धृष्टता' से नाराज होते हैं और सरकार द्वारा उनको दी गई विशेष सुविधाओं और रियायतों से चिढ़ते हैं।

आधुनिक भारत में गतिशीलता काफी बढ़ी है। हरेक समूह अपने से ऊपर के समूह के साथ अपनी पहचान बनाना चाहता है और अपने से ठीक निचले समूह से नाता तोड़ना चाहता है। हालाँकि बड़े पैमाने पर गतिशीलता को समानता पाने की उत्कंठा से तुलना नहीं करनी चाहिए। समानता की उत्कंठा के मामले में तो साधनहीनों को ऊपर उठने का हरेक मौका देने की सबकी इच्छा होनी चाहिए और ऊपरी समूहों को अपनी-अपनी सुविधाओं का परित्याग करने में तत्परता दिखानी चाहिए। आज जो स्थिति है, उसमें प्रभुत्वशाली जातियों के ही हाथों में ज्यादा-से-ज्यादा शक्ति केन्द्रित होती जा रही है। ये जातियाँ निचली जातियों के ऊपर उठने की कोशिशों पर कुपित होती हैं। इसके परिणामस्वरूप देश के कई भागों में अन्तर्जातीय तनाव पैदा हुए हैं।

अधिकांश लोग अब भी जाति को एक अच्छी संस्था समझते हैं और वे अस्पृश्यता-निवारण से एकदम सन्तुष्ट नहीं हैं। खासकर ग्रामीण इलाकों के हिन्दुओं के बारे में यह बात सच है। जहाँ एक तरफ ऊँची जातियाँ अपनी श्रेष्ठता के एहसास से मुक्त नहीं हुई हैं, वहीं हरिजन अपने उन अधिकारों के प्रति और ज्यादा आग्रही होते जा रहे हैं, जो उन्हें संविधान की ओर से मिले हैं। सम्भव है कि ग्रामीण इलाकों में हरिजनों और स्थानीय प्रमुख जातियों के बीच संघर्ष और ज्यादा बढ़े।

जाहिर है कि केवल कानून और शिक्षा ही अस्पृश्यता के निवारण के लिए काफी नहीं हैं। सरकार द्वारा हरिजनों के फायदे के खयाल से उठाया गया हर शुभेच्छापूर्ण कदम नाकाम होगा अगर यह ऊँची जातियों के खिलाफ जाता है क्योंकि इन्हीं के हाथों में निचली जातियों पर आर्थिक और सामाजिक शक्तियों का नियन्त्रण-सूत्र है। ऊँची जातियों द्वारा किए गए आर्थिक बहिष्कार का हरिजन सामना नहीं कर सकते और जिन गाँवों में हरिजन अल्पसंख्यक हैं, वहाँ अन्य जातियाँ शारीरिक हिंसा पर भी उतर सकती हैं। जब तक हरिजन ऊँची जातियों से आर्थिक रूप से स्वतन्त्र नहीं हो जाते, संविधान द्वारा दिए गए अधिकारों को वास्तविक रूप नहीं दिया जा सकता। जोतनेवाले को जमीन देने की नीति अगर सफल रही, तो यह इस सन्दर्भ में कारगर हो सकती है। देश का औद्योगिकीकरण अस्पृश्यता की कुछ ज्यादा क्षोभपूर्ण विशेषताओं को समाप्त कर देगा, बशर्ते यह औद्योगिकीकरण विस्तृत और तेज गति से हो। भूमिहीन मजदूर, जो आमतौर पर निचली जातियों से आते हैं, और उनमें भी खासकर हरिजन कारखानों की ओर आकर्षित होंगे। शहरी जीवन में छुआछूत का व्यवहार सम्भव नहीं है और जो नए शहर अभी विकसित हो रहे हैं, उनकी योजना इस तरह बनानी चाहिए कि सभी हरिजन एक ही स्थान पर गुट बनाकर बसें।

पिछले कुछ दशकों में विभिन्न जातियों के शक्ति-सम्बन्धों में एक भारी परिवर्तन

आया है। मोटे तौर पर यह पूरे भारत के लिए सही है, हालाँकि कुछ खास इलाकों के लिए ज्यादा सच है। द्वितीय विश्वयुद्ध के कारण उत्पन्न आर्थिक शक्तियाँ और पिछले दस सालों के राजनीतिक और सामाजिक परिवर्तन के फलस्वरूप बड़ी संख्यावाली जातियों की शक्ति बहुत ज्यादा बढ़ गई है। ये ब्राह्मण या वैश्य श्रेणी की जातियों से बहुत कम ही आते हैं। ये सामान्य रूप से शूद्र श्रेणी से आते हैं और क्षत्रिय या हरिजन श्रेणी से तो और भी बहुत कम आते हैं। इन जातियों की ग्रामीण जड़ें बहुत मजबूत हैं और आमतौर पर ये ऐसे भूस्वामी होते हैं, जो काश्तकार या मजदूर के रूप में अपने ही जाति-भाइयों या निचली जाति के सदस्यों को रोजगार देते हैं। इन जातियों के नेता खासतौर से स्थानीय और क्षेत्रीय स्तरों पर राजनीतिक शक्ति के लिए संघर्ष में हासिल अपनी सामरिक स्थिति की काफी अच्छी समझ रखते हैं। यही वे प्रभावशाली और अभिमानी जातियाँ हैं, जिन्होंने अस्पृश्यता निवारण के खिलाफ प्रमुख भूमिका निभाई। वे ब्राह्मण या वैश्य के साथ अपनी समानता का दावा तो करती हैं, लेकिन जहाँ तक हरिजनों का सम्बन्ध है, जिस स्थिति में वे फिलहाल हैं, उनको वे उसी स्थिति में बनाए रखने पर दृढ़-से लगते हैं। अपने रवैए में इस प्रकार की विसंगति की उन्हें कोई फिक्र नहीं है।

अक्सर लोग अपनी पहचान अपनी उपजाति से बनाते हैं और उनकी सफलताएँ तथा असफलताएँ सामूहिक महत्त्व रखने लगती हैं। इस प्रकार किसी जाति का सदस्य जब आई.ए.एस. परीक्षा या कोई ऊँचा पद पा लेता है या कोई पुरस्कार जीतता है तो उसके जाति-भाई गर्व महसूस करते हैं। पर जब किसी जाति का सदस्य शिक्षित होकर भी रोजगार पाने में नाकामयाब होता है तो यह उस पूरी जाति के लिए निराशाजनक बात होती है। इसलिए इस शताब्दी के पहले दो दशकों में मैसूर में कुछ शिक्षित गैर-ब्राह्मणों द्वारा कठिनाइयों का सामना करने के परिणामस्वरूप इस राज्य में आधुनिक गैर-ब्राह्मण आन्दोलन का जन्म हुआ।

सामाजिक क्षेत्र में वास्तविक पिछड़ी जातियाँ निराशा का अनुभव कर रही हैं। ऊँची जातियों द्वारा खान-पान, शादी-ब्याह और सामाजिक सम्पर्क में बरता गया भेदभावपूर्ण व्यवहार उनके मन में कड़वाहट भरता है। वे जानते हैं कि संख्यात्मक, राजनीतिक और आर्थिक दृष्टियों से शक्तिशाली प्रमुख जातियाँ उनके ऊपर उठने की इच्छा के विरोधी हैं। दूसरी तरफ, सबसे ऊँची जातियाँ वैज्ञानिक और तकनीकी कॉलेजों में प्रवेश तथा सरकारी पदों पर नियुक्तियों के मामले में सुनियोजित रूप से उनके प्रति बरते जा रहे भेदभावपूर्ण रवैए की बात उठाते हैं। उनको इस बात का गहरा क्षोभ है कि योग्यता के स्थान पर जाति को तरजीह दी जा रही है। कुल मिलाकर सर्वत्र निराशा ही फैल रही है।

III

भारतीय एकता की अवधारणा मूलतया धार्मिक ही है। देश के हर हिस्से में प्रसिद्ध तीर्थस्थान हैं और अंग्रेजों के आने के पहले के जमाने में तीर्थयात्री कभी-कभी सैकड़ों

मील पैदल चलकर, जंगली जानवरोंवाले क्षेत्रों में गुजरते हुए, डकैतों का सामना करते, और बीमारियाँ तथा अन्य विपत्तियाँ झेलकर पुण्य कमाने तीर्थस्थान को आते थे। कुछ लोग तो सिर्फ पुण्य के लिए ही अपने नाते-रिश्तेदारों से दूर अपने आखिरी दिन बनारस में काटना पसन्द करते थे। भाषायी अवरोध और रीति-रिवाजों में अन्तर से ये तीर्थयात्री घबराते नहीं थे। उल्टे ऐसा लगता था कि जैसे वे भारत की विभिन्नताओं का आनन्द ही लेते थे। ये बड़ी प्रसन्नता से उन देवताओं की, जिनकी उन्होंने पूजा की तथा नदियों के घाटों की प्रशस्तियाँ सुनाते थे, जिनमें उन्होंने स्नान किया था। वे इस तथ्य को स्वीकार करते हैं कि विभिन्न क्षेत्रों के लोगों के रीति-रिवाज तथा रहन-सहन भिन्न-भिन्न हैं, लेकिन इन सब भिन्नताओं के बीच भी देवता वही हैं और मिथक तथा गाथाएँ भी वही हैं। यह तथ्य कि हिन्दुत्व के हरेक पहलू में एक स्थानीय अंश भी है, इसको और भी दिलचस्प बना देता है।

दरअसल बहुत सारे ऐसे रीति-रिवाज और अनुष्ठान हैं, जिनसे भारत की एकता की भावना प्रकाशित होती है। लेकिन उन्हें यहाँ मैं सूचीबद्ध नहीं करना चाहता। मैं केवल दो मिसालें दूँगा। जो तीर्थयात्री दक्षिण रामेश्वरम जाते हैं, उनसे अपेक्षित है कि वहाँ समुद्र में नहाएँ और एक पात्र में समुद्र का जल लेकर गंगा में उसे गिराएँ। दूसरी, कावेरी नदी को दक्षिण गांगा या दक्षिण की गंगा कहा जाता है और धार्मिक लोग मानते हैं कि प्रति वर्ष तुला राशि के प्रथम दिवस वार्षिक जन्म के समय पवित्र सागर तथा समस्त सरिताओं का जल कावेरी के उद्गम स्थल में एकत्र है। श्रद्धालुओं को बताया जाता है कि कावेरी के उद्गम से गंगा तक एक गुप्त जलमार्ग है।

हिन्दू देवताओं के साथ कुछ विचित्र भू-आकृतियों जैसे लक्षण जुड़े होते हैं और महाकाव्यों तथा पुराणों में ये घटनाओं और चरित्रों से जुड़े होते हैं। भारत के हरेक महत्त्वपूर्ण धार्मिक स्थान का एक *स्थल पुराण* होता है जो उस स्थान के मिथकीय सम्बन्धों के बारे में बताता है और फिर इन्हें देवता तथा महाकाव्य के चरित्रों से जोड़ता है। धीरे-धीरे स्थानीय मिथक *पुराणों, उपपुराणों* तथा महाकाव्यों के महासागर में अपनी जगह बना लेते हैं। भारतीय बुद्धिजीवी इनकी विसंगितयों तथा *पुराणों* और महाकाव्यों के बेतुकेपन पर हँसते हैं। लेकिन वे समझने में असमर्थ होते हैं कि पुराणों तथा महाकाव्यों ने कैसी भूमिका निभाई है, यानी भारत के असंख्य विषमांगी समूहों को एक धार्मिक समाज में पिरोने का काम किया है और साथ ही उन सबको यह एहसास दिलाया है कि उनका देश पवित्र है। राष्ट्रप्रेम धार्मिक रूप में प्रकट होता है। महाकाव्यों तथा पुराणों ने हिन्दूवाद से दरकिनार या पूरी तरह बाहर के बहुत सारे विविध समूहों को सम्मिलित करने के महान कर्तव्य को निभाने में काफी मदद की है। इन्होंने देश के विभिन्न भागों में कलाओं के रूप विकसित किया, जो अपनी भिन्नता के बावजूद देवताओं तथा महाकाव्यों के चरित्रों के जीवन की घटनाओं से जुड़े होते हैं। इनसे भारत भर में सभी जगह हिन्दू लोग परिचित हैं।

एक और मुद्दा जिस पर यहाँ विचार करना जरूरी है, वो है धर्म परिवर्तन, जैसा

कि ईसाई और इस्लाम धर्म में होता है। यह सर्वविदित है कि हिन्दू धर्म में ऐसा नहीं होता। जब हिन्दू धर्म में 'धर्म परिवर्तन' होता है, तो यह अप्रत्यक्ष रूप से या लुक-छिपकर होता है और अगर सदियों नहीं तो दशकों तक चलता है तथा सभी समूहों न कि व्यक्तियों को प्रभावित करता है। (मुझे पता है कि कुछ ब्राह्मण और लिंगायत मठों ने कुछ लोगों और साथ ही कुछ समूहों का धर्म परिवर्तन किया है तथा आर्यसमाजी धर्म परिवर्तन में विश्वास करते हैं। लेकिन ये उदाहरण हिन्दूवाद के लिए धर्म परिवर्तन को बुनियादी नहीं बनाते। धर्म परिवर्तन कुछ खास सम्प्रदायों तथा जातियों तक ही सीमित हैं।)

हिन्दुओं का ईसाइयों और मुसलमानों के साथ सदियों से सम्पर्क रहा है, पर इसके बावजूद वे इस आदर्श को समझ नहीं पाए या सहमत नहीं हो पाए कि केवल एक ही सच्चा धर्म है और अन्य सभी धर्म अगर झूठे नहीं तो निम्नतर हैं। यह धारणा, कि सच्चे धर्म के अनुयायियों का यह परम कर्तव्य है कि वे धर्म से बाहर के लोगों को अपने धर्म के अनुयायी बनाएँ, धर्मान्तरण करनेवाले धर्मों के अनुयायियों के लिए स्वाभाविक हो सकती है, पर हिन्दुओं के लिए यह बौद्धिक और नैतिक अतिक्रमण होता है। यह तब और भी ज्यादा होता है जब धर्मान्तरित लोग अत्यधिक गरीब और अशिक्षित होते हैं। हरिजन एवं कबिलाई लोग जिन क्षेत्रों में ज्यादा रहते हैं, उन जगहों पर मिशनरियों द्वारा स्कूल, अस्पताल एवं अन्य कल्याणकारी संस्थाएँ खोलना हिन्दुओं की समझ में धर्म परिवर्तन के लिए लोगों को फँसाने का जरिया है। मानवतावाद को धर्मान्तरण से जोड़ने के फलस्वरूप ही इस सन्देह का जन्म हुआ है। यहाँ तक कि उदारवादी, पश्चिम से प्रभावित हिन्दू भी ऐसा ही सोचते हैं।

एक और वजह से हिन्दू धर्म परिवर्तन को अतिक्रमण से जोड़ते हैं : पुर्तगालों और अंग्रेजों के आने से पहले भारत के ईसाई समुदायों ने अन्य धर्मावलम्बियों को अपने धर्म में लाने के प्रति कोई रुचि नहीं दिखाई। वे लोग कमोबेश हिन्दू जातियों जैसे थे। लेकिन जो यूरोपीय लोग भारत में आकर बस गए, उन्होंने या तो उपलब्ध सभी साधनों के जरिए लोगों का धर्म परिवर्तन कराने की कोशिश की या इसके लिए अपने प्रशिक्षित मिशनरियों को यहाँ बुलवाया। ईसाई मिशनरियों द्वारा हिन्दू धर्म की आलोचना करने में राजनीतिक हित भी था क्योंकि ये मिशनरियाँ शासकों की ही प्रजाति की थीं। जहाँ तक किसानों का सवाल है, वे गोरे मिशनरियों को अंग्रेज सरकार के विभिन्न प्रतिनिधियों में से ही एक समझते थे। अंग्रेजी राज के समय में इस प्रकार हिन्दुओं ने मन-ही-मन ईसाई धर्म को शासक वर्ग से जोड़ लिया। कुछ इलाकों में कबिलाइयों द्वारा ईसाई धर्म स्वीकार करने के बाद अलगाववादी आन्दोलन शुरू हो गया, इस तथ्य से हिन्दुओं के मन में धर्म परिवर्तन को लेकर और ज्यादा खौफ तथा शक पैदा हो गया। मध्य प्रदेश में ईसाई मिशनरियों के क्रियाकलापों पर नियोगी रिपोर्ट इस डर और शक का परिणाम है।[5]

चूँकि भारत की एकता की अवधारणा का जन्म हिन्दू धर्म में निहित है, इसलिए

गैर हिन्दू इससे बाहर हैं। यद्यपि उनके बहुत से धर्मस्थान इस देश में हैं। धार्मिक एकीकरण के दो पक्ष हैं : यह सच है कि एक धर्म के अनुयायियों को यह एक सूत्र में बाँधता है, लेकिन उनको बाँधने की पूरी प्रक्रिया ही उन्हें अन्य धर्मावलम्बियों से अलग कर देती है। हिन्दूवाद के मामले में, एक और तथ्य पर ध्यान देना होगा : हरिजन और कबिलाई लोग बहुत तरह के सामाजिक सुख-साधनों से वंचित रहे हैं और इसलिए वे सभी रास्ते अपना सकते हैं जो उनके सामने खुले हुए हैं, चाहे धर्मान्तरण का रास्ता ही क्यों न हो। संक्षेप में, ऐसा एकीकरण केवल सभी हिन्दुओं तक पर भी लागू नहीं हो सकता। सीधे-सीधे भारतवासियों को धर्म के आधार पर एकीकृत करने का कोई सवाल नहीं उठता। भारत को एक धर्मनिरपेक्ष राज्य घोषित करने का फैसला बुद्धिमतापूर्ण और दूरदर्शितापूर्ण है। यह उम्मीद की जाती है कि समय के साथ-साथ लोग इस बात से सहमत हो जाएँगे कि हरेक धर्म के अनुयायी नागरिक के रूप में समान हैं। अस्पृश्यता का तेजी से हो रहा उन्मूलन तथा विदेशी मिशनरियों द्वारा धर्मान्तरण कार्यों के तात्कालिक ही सही, पर स्थगित करने से हिन्दुओं में आश्वस्ति की भावना आएगी। इससे सही अर्थों में हर जगह सहिष्णुता तथा सुरक्षा की भावना बढ़ेगी और लोग धर्मनिरपेक्ष राज्य को सबसे बहुमूल्य उपलब्धि के रूप में देखेंगे।

IV

यहाँ पर संस्कृतीकरण और पश्चिमीकरण, दो प्रक्रियाओं की चर्चा करना जरूरी है क्योंकि ये पूरे देश में समान या एकरूप सांस्कृतिक तथा सामाजिक स्वरूप पैदा कर रही हैं। मैंने कहीं और भी इस पर विस्तार से विवेचना की है और यहाँ मैं केवल इस सम्बन्ध में संक्षेप में ही कहना चाहूँगा। संस्कृतकरण से हिन्दू जातियों की संस्कृति ब्राह्मण से हरिजन में बदलती जा रही है। यह सभी भाषायी और अन्य अवरोधों से परे है। इससे निचली जाति और हिन्दूवाद के गौण समूह हिन्दू समाज की संरचना में उच्च स्थान प्राप्त करने में सक्षम हो रहे हैं। देश के कुछ भागों में, जैसे—मालवा में हरिजन भी अस्पृश्यता के दायरे से बाहर हो गए हैं, जिनका श्रेय संस्कृतकरण को ही जाता है। संस्कृतीकरण न केवल सभी जातियों की और खासकर निचली जातियों की संस्कृति को बदल रहा है, बल्कि यह विभिन्न जातियों के बीच संरचनात्मक दूरी को भी घटाने में मदद दे रहा है। इसके फलस्वरूप हिन्दुओं के बीच और ज्यादा निकटता बढ़ेगी। सिनेमा, रेडियो, अखबार और शिक्षा के प्रसार के साथ-साथ संस्कृतीकरण की रफ्तार भी बढ़ेगी। अतः आश्चर्य नहीं होगा अगर कुछ गैर-हिन्दू समूहों के बीच भी संस्कृतीकरण का प्रभाव नजर आ जाए।

पश्चिमीकरण एक ऐसा व्यापक शब्द है, जिसके अन्तर्गत शहरीकरण, औद्योगिकीकरण और आधुनिक विज्ञान की अवधारणा के साथ-ही-साथ उसके उत्पाद जैसी कई प्रक्रियाएँ सन्निहित हैं। एक या अधिक अर्थों में व्यक्तियों और समूहों का पश्चिमीकरण हो सकता

है। इस प्रकार एक समूह पश्चिमी वेशभूषा और नृत्य को अपना सकता है तो दूसरा पश्चिमी विज्ञान और तकनीक को। ये दोनों समूह अपने विश्व दृष्टिकोणों में महत्त्वपूर्ण अन्तर रख सकते हैं।

आर्थिक विकास के सामाजिक पहलुओं के अध्ययन के महत्त्व पर बहुत ज्यादा बल देना सम्भव नहीं। मिसाल के तौर पर, जब अर्थव्यवस्था विकसित नहीं हो रही या उसमें विकास बहुत कम हो रहा हो, तब इसमें तीव्र विकास की तुलना में अन्तर्जातीय तनाव कहीं ज्यादा गम्भीर रूप ले सकता है। आर्थिक विकास न होने की स्थिति में व्यक्तियों के बीच आर्थिक तनावों को जाति के सन्दर्भ में समझा जा सकता है। आज के दक्षिण भारतीय राज्यों में जहाँ यह सच है कि किसी व्यक्ति की जाति उसके रोजगार हासिल करने, उसकी पदोन्नति आदि के लिए योग्यता निर्धारण में काफी गम्भीर भूमिका निभाती है, लोग जाति को जरूरत से कहीं ज्यादा महत्त्व देते हैं। जाति व्यक्ति की असफलता की सरल और सर्वसम्मत व्याख्या प्रस्तुत करता है। X को नौकरी नहीं मिली या वह पहले दर्जे से पास नहीं हुआ क्योंकि उसकी जाति ठीक नहीं थी, जबकि y की जाति ठीक थी। दूसरी जाति के किसी भी सदस्य को शान्ति विरोधी खलनायक के रूप में हमेशा पेश किया जा सकता है। अतः जाति के नाम पर दक्षिण भारत में सब चलता है। इसके परिणामस्वरूप अन्तर्जातीय तनाव बढ़ते हैं। यह जाहिर है कि ऐसी स्थिति में अर्थव्यवस्था के विकास पर गम्भीरता से विचार करना चाहिए, अगर तनाव कम करने हैं तो।

यही बात क्षेत्रों के बीच के तनावों पर भी लागू होती है। देश के हर हिस्से में विकास निहायत जरूरी है, वरना विभिन्न क्षेत्रों के बीच जलन पैदा होगी। साथ ही, प्रजातान्त्रिक योजना में, जनता का उत्साहपूर्ण सहयोग सबसे महत्त्वपूर्ण पूँजी है। और जनता का सहयोग पाने का सबसे विश्वस्त तरीका है कि योजना से होनेवाले ठोस फायदों के बारे में उनको बताएँ।

भारत सरकार को इसका श्रेय जाता है कि उसने 'सन्तुलित क्षेत्रीय विकास' की जरूरत को समझा। "विकास की किसी भी व्यापक योजना में यह स्वतःसिद्ध है कि कम विकसित इलाकों की विशेष जरूरतों पर उचित ध्यान दिया जाए।" यह इस बात का ध्यान दिलाती है कि "कुछ कारखाने किन्हीं खास इलाकों में लगाने होंगे, ताकि आवश्यक कच्चे माल या अन्य पदार्थ उपलब्ध हो पाएँ। लेकिन कुछ ऐसे कारखाने हैं, जिनके आर्थिक पक्षों के मद्देनजर, कई स्थानों को चुना जा सकता है। अक्सर तुलनात्मक मूल्य के नुकसान मौलिक विकास में केवल कमी को ही प्रतिबिम्बित करते हैं।"[6] और अन्ततः, राष्ट्रीय विकास परिषद ने सुझाव दिया कि "क्षेत्रों के बीच घटती विषमताओं की समस्या पर लगातार अध्ययन होते रहना चाहिए और क्षेत्रीय विकास के कुछ उपयुक्त सूचक तैयार किए जाने चाहिए।"[7]

इन सद्भावनाओं को व्यवहार में उतारना चाहिए वरना योजना को न केवल सभी क्षेत्रों का समर्थन नहीं मिल पाएगा, बल्कि यह देश के 'सम्पन्नों' और 'वंचितों' के क्षेत्र

में बाँटने का ही माध्यम बनकर रह जाएगा। यह कहने की जरूरत नहीं कि ऐसा बँटवारा नुकसानदेह है।

V

हालाँकि देश में 'विभाजनों' के अस्तित्व से नाहक डरने की भी जरूरत नहीं है। यह सच है कि एक व्यक्ति यह महसूस करता है कि वह किसी खास जाति, गाँव, क्षेत्र, राज्य और धर्म का सदस्य है, लेकिन ये निष्ठाएँ मूल्यों के एक श्रेणीक्रम का ही प्रतिनिधित्व कर सकती हैं और जरूरी नहीं कि ये भारतीय गणतन्त्र के एक नागरिक होने में विसंगति पैदा करें। शायद यह समझना कि इनमें से अधिकांश निष्ठाएँ वैध हैं, और यह कि पूरे देश के साथ एकमात्र अखंड सम्बन्ध बनाने के लिए इनका सम्पूर्ण रूप से लुप्त हो जाना अस्वाभाविक और शायद नुकसानदेह है, इनको उचित परिप्रेक्ष्य में रखने में सहायक होगा। किसी व्यक्ति की अपनी भाषा, रिश्तेदारियों और गाँवों के प्रति निष्ठा उसके बचपन में ही अंकुरित हो जाती है और इनको गलत और राष्ट्र-विरोधी कहकर इनकी भर्त्सना करना अनुचित है। साथ ही, एक समूहों के साथ थोड़ी-बहुत प्रतिस्पर्धा तो होगी ही।

गाँववाले अक्सर अपने पड़ोसियों का उपहास करते नजर आते हैं और अपने गाँव को अन्य गाँवों से कहीं श्रेष्ठ मानते हैं। उसी तरह एक व्यक्ति अपनी जाति को अन्य जातियों से बेहतर मानता है और अपने क्षेत्र को अन्य क्षेत्रों से श्रेष्ठ समझता है। मैसूर राज्य के रामपुरा के एक किसान ने मुझसे कहा कि दुनिया की सारी बुद्धिमत्ता, धन और सौन्दर्य मैसूर राज्य में ही केन्द्रित है। वह एक बुद्धिमान और प्रसन्नचित्त व्यक्ति था, जो मैसूर राज्य से बाहर भी घूमा था। मैं तो यही कहूँगा कि ये निष्ठाएँ मानवीय ऊर्जा का भंडार हैं, जिनका बुद्धिमान राजनेता क्षेत्रीय विकास के लिए सदुपयोग कर सकते हैं।

मैंने कहा कि ये निष्ठाएँ मूल्यों के श्रेणीक्रम का प्रतिनिधित्व करती हैं। इसको मुझे स्पष्ट करने दें। एक व्यक्ति अन्य पड़ोसी गाँवों के सामने अपने गाँव का पक्ष लेता है, अन्य तालुकों के सामने अपने तालुक का पक्ष लेता है इत्यादि। उसी तरह वह अन्य किसी जाति के सामने एक खास जाति का सदस्य होता है और एक हिन्दू गैर-हिन्दुओं के सामने। वैसे ही वह गैर-भारतीयों के समाने एक भारतीय भी है। अतः जब कभी गोवा या कश्मीर को लेकर समस्या खड़ी होती है, तो वह गाँव या जाति या धर्म के दायरों से निकलकर एक भारतीय की तरह ही प्रतिक्रिया व्यक्त करता है। स्कॉट, वेल्स और इंग्लिश कुछ मामलों में आपस में भिन्नता रख सकते हैं, पर साथ ही किसी गैर-ब्रिटिश के सामने वे सब युनाइटेड किंगडम के ही नागरिक हैं। एक खास स्तर पर तनाव और संघर्ष समान श्रेणी पर समूहों के बीच पहचान और विभेद को बनाए रखते हैं, लेकिन वही समूह उच्चतर स्तर पर एक हो जाते हैं। दरअसल निचली निष्ठाओं के

अस्तित्व को ऊँचे स्तर की निष्ठाओं की पूर्वशर्त समझना चाहिए। दोष शायद हमारे बुद्धिजीवियों का है, जिनकी धारणा है कि भारत की एकता का एक अखंड अस्तित्व है, जिसमें सभी लोग एक भाषा बोलते हैं, एक समान कपड़े पहनते हैं, समान खाना खाते हैं, समान फिल्मी गाने गाते हैं और वही नारे तथा नजरिए दोहराते हैं जो विभिन्न जन संचार माध्यमों के जरिए पहुँचता है। एकता की ऐसी अवधारणा स्वभावतया लोगों के मन में विविधता तथा बाहरी दुनिया से सम्पर्क के प्रति भय जगाती है। अखंड एकता आरोपित करने का कोई भी प्रयास विखंडन को ही जन्म देगा। भारत की धरोहर, जो विविधताओं से भरी है, को समझने की जरूरत को केवल मौखिक रूप से मान लेना ही काफी नहीं है।

समाजशास्त्रियों के ज्ञान में एक महत्त्वपूर्ण कमी के बारे में यहाँ बताना जरूरी है : समुदायों में निष्ठागत परिवर्तन की जो प्रक्रियाएँ हैं, उनका विस्तृत अध्ययन उपलब्ध नहीं है। इसका मतलब यह है कि समाजशास्त्री पहले से ही यह नहीं बता सकते कि दी गई परिस्थिति में केन्द्र विमुख शक्तियाँ बढ़ेंगी या केन्द्राभिमुख शक्तियाँ। ऐतिहासिक अनुभवों के आधार पर सामान्यीकरण हमेशा भरोसेमन्द नहीं होता, क्योंकि इतिहास खुद को बहुत कम ही दोहराता है।

इस मामले में यह याद रखना जरूरी है, ताकि लोग समाजशास्त्रियों के अनुमानों पर बहुत ज्यादा भरोसा नहीं रखें। बुद्धिमानों के समाज में विशेषज्ञों की उद्घोषणाओं के प्रति थोड़ी-बहुत शंकाशीलता तो रहनी ही चाहिए। इस चेतावनी के बाद मैं कहना चाहूँगा कि भारत के एक मजबूत तथा संगठित देश के रूप में उभरकर आने के आसार बुरे नहीं हैं। पूरे देश और इसके विभिन्न प्रान्तों का अगर त्वरित आर्थिक विकास हो, भाषा और धर्म के मामले में वास्तविक सहिष्णुता हो तथा जाति व्यवस्था की बुराइयों से लड़ने का दृढ़ता से प्रयास किया जाए, तो भारत को एक सुदृढ़ और संगठित देश के रूप में उभरना चाहिए।

सन्दर्भ एवं टिप्पणियाँ

1. इस सम्बन्ध में देखिए, रेशनेल ऑफ रीजनल वेरिएशंस इन एग्रेरियन स्ट्रक्चर ऑफ इंडिया, मुम्बई, 1956, पृष्ठ 46-55 पर डॉ. डी. थॉर्नर का संक्षिप्त लेख 'डिमार्केशन ऑफ एग्रेरियन रीजंस ऑफ इंडिया : सम प्रेलिमिनरी नोट्स'। मिल्टन सिंगर सम्पादित 'इंट्रोड्यूसिंग इंडिया इन लिबरल एजुकेशन', शिकागो, 1957, पृष्ठ 51-58 पर डॉ बी. कोन का लेख, 'इंडिया ऐज ए रेशियल, लिंग्विस्टिक एंड कल्चरल एरिया' भी देखें।
2. देखें, 'रिलीजन एंड सोसाइटी एमंग दि कुर्ग्स ऑफ साउथ इंडिया', ऑक्सफोर्ड, 1952, पृष्ठ 31-32, 214-18।
3. देखिए, जी.टी. गेराट सम्पादित 'लैंग्वेज एंड लिटरेचर' में उनका लेख, 'ऑक्सफोर्ड, 1933, पृष्ठ 45। वे यह भी लिखते हैं : परन्तु आधुनिक काल तक वे (प्रमुख आर्य-भारतीय भाषाएँ) उपयोग में नहीं आईं,

केवल वे सम्प्रदायों की धार्मिक कविता, उच्च बौद्धिक कार्यों में ही प्रयुक्त हुईं। इस क्षेत्र पर संस्कृत का अधिकार हुआ और मुसलमानों ने अरबी और फारसी को अपनाया। *यह भी कहा जा सकता है कि ये भाषाएँ अस्तित्व में थीं ही नहीं।* कविताएँ मूलतया बोलियों में थीं और केवल कभी-कभार ही हिन्दी की व्रजभाषा जैसी कुछ बोलियाँ कुछ कार्यों के मानदंड बनीं। एक सामान्य मानदंड के अभाव में सामान्य प्रयोग में आनेवाली कोई सही तौर पर 'हिन्दी' आदि भाषा नहीं थी : *शिक्षित लोग अक्सर उस भाषा को व्याकरण के मुताबिक नहीं लिख पाते थे, जो उनकी अपनी भाषा मानी जाती थी और वे केवल उसकी बोली का ही प्रयोग करते थे।* आधुनिक युग में भाषाओं का प्रयोग सामान्य शिक्षा, पत्रकारिता के माध्यम तथा यूरोपीय शैली पर साहित्य के विभिन्न रूपों को विकसित करने में होने लगा। इस प्रक्रिया में पारिभाषिक शब्दावली और भाषाओं के मिश्रण की समस्या का सामना करना पड़ा। (शब्दों पर जोर मेरा है।) *इकनॉमिक वीकली,* जिल्द X, अंक 9, पृष्ठ 321-26 में प्रो. डी.डी. कार्वे का लेख 'हिन्दी वर्सस इंग्लिश' और 'इंट्रोड्यूसिंग इंडिया इन लिबरल एजुकेशन', वही, पृष्ठ 69-79 में जे. गुम्पेर्ज का लेख 'सम रिमार्क्स ऑन रीजनल एंड सोशल लैंगवेज डिफरेंसेज' भी देखें।

4. ''अन्त में उन्होंने (कर्जन) स्वेच्छाचारिता और निरंकुश व्यवहार की अपनी पुरानी सीमाएँ तोड़ते हुए जनता की इच्छा के खिलाफ एक ही झटके में बंगाल के विभाजन द्वारा एक भाषा क्षेत्र को बाँट दिया।...एक कलम चलाकर एक भाषा क्षेत्र को आधा काट देने की यह हरकत ऐसी उत्तेजित करनेवाली थी कि पूरा बंगाल गहरे आक्रोश से भर गया। यह आग सारे देश में फैल गई।'' सी.एफ. एंड्रयूज एंड मुकर्जी, 'दि राइज एंड ग्रोथ ऑफ दि कांग्रेस', लन्दन, 1938, पृष्ठ 202-04।
5. 'रिपोर्ट ऑफ द क्रिश्चियन मिशनरी ऐक्टिविटीज कमिटी', मध्य प्रदेश, 195।
6. 'सेकंड फाइव इयर प्लान', गवर्नमेंट ऑफ इंडिया, नई दिल्ली, 1956, पृष्ठ 36-37, पैरा 28
7. वही, पैरा 29

एक भारतीय गाँव में विवादों का अध्ययन

रामपुरा गाँव में मेरे आने के कुछ दिनों बाद ही मुझे आगजनी की एक उड़ती खबर मिली। एक गरीब आदमी के पुआल की ढेर को किसी पड़ोसी गाँव के व्यक्ति ने जला डाला। गाँव के समृद्ध व्यक्तियों ने उस घायल व्यक्ति को पुआल की एक-एक गट्ठर दी और इसके फलस्वरूप अब उसके पास इतनी पुआल जमा हो गई जितनी जमा भी नहीं थी। गाँव के लोगों ने पूरी घटना के बारे में विस्तार से कुछ नहीं बताया और तथ्यों के बारे में जानकारी मुझे तब मिली, जब कुछ महीनों बाद एक और आगजनी की घटना हुई। जब कोई विवाद खड़ा होता है तो लोगों की यादें ताजा हो जाती हैं और पहले की घटनाओं को मिसाल के रूप में रखा जाता है। यह एक तरह की निर्णय विधि (केस लॉ) ही है। हालाँकि यह इतना व्यवस्थित नहीं है।

लगभग इसी समय, एक विधवा किसी दूसरी औरत के खिलाफ शिकायत लेकर आई जिसने उस पर अनैतिक जीवन बिताने का आरोप लगाया था। मैंने उस घटना के बारे में थोड़ी-बहुत जानकारी जुटा ली, लेकिन पूरी तरह से मामले की जानकारी हासिल नहीं कर पाया। यह स्पष्ट था कि गाँव के लोग अपने गाँव की जिन्दगी के 'कुरूप' पक्ष के बारे में किसी बाहरी व्यक्ति को कुछ बताना पसन्द नहीं करते थे। मुझे लगा कि इस क्षेत्र के अनुसन्धानकर्ता के रूप में यह मेरे लिए चुनौती है। इसके अलावा मुझे यह स्वीकार करना होगा कि गाँव के लोगों की तरह मुझे भी महसूस हुआ कि एक विवाद ने ग्रामीण जीवन की एकरसता को तोड़ा है और लोगों को आपस में बातचीत के लिए कुछ मुद्दा मिल गया है। गाँववालों ने इस घटना के हास्यास्पद पहलुओं को भी ढूँढ़ निकालने में देर नहीं लगाई।

झगड़ों में भी कुछ नाटकीयता होती है। एक दिन तीसरे पहर एक व्यक्ति एक भेड़ के बच्चे की खाल को खींचता हुआ मेरे बरामदे में घुसा और एक सम्मानीय बुजुर्ग नाडुगौड़ा के सामने उसे फेंककर कहा, "श्रीमती सिदम्मा के कुत्ते ने मेरे भेड़ के बच्चे को खा लिया। आपको न्याय दिलाना होगा।" या फिर एक तीसरे पहर को एक मुसलमान औरत श्रीमती खासू सरपंच के सामने अपना मामला सुनाती हुई कन्नड़ और साथ ही उर्दू में धाराप्रवाह गालियाँ बकती जा रही थी। आसपास जमा लोग उसकी वाक्पटुता का आनन्द उठा रहे थे। दरअसल उनमें से कुछ लोगों ने मुझे पहले ही यह उम्मीद दिलाई थी कि मेरे गाँव छोड़ने से पहले उसके बोलने की क्षमता मुझे देखने का मौका मिलेगा। (गाँव में गालियाँ देने में 'निष्णात' एक किसान औरत थी और एक

लड़के ने उसकी मुर्गी चुराकर मुझे उसकी गालियाँ सुनने का अवसर दिलाया !)

बहुत सारे विवादों में एक सार्वजनिक पहलू के अतिरिक्त एक निजी पक्ष भी होता है। सार्वजनिक पक्ष खेत में या सड़क पर या किसी बरामदे में उभरकर आता है जबकि उसका निजी पक्ष घर के अन्दर प्रकट होता है। केवल कुछेक 'बँटवारे' के मामलों में ही मुझे निजी पक्ष को देखने का अवसर मिला। निजी पक्षों से मुझे दूर रखने के प्रयासों ने ही मुझे उन घटनाओं के बारे में जानने के लिए हर सम्भव कोशिश करने की ओर प्रेरित किया।

हर समाज की अपनी व्यस्तताएँ हैं और चाहे किसी भी समस्या से क्षेत्र-अनुसन्धानकर्ता जूझ रहा हो, वह इस तथ्य की पूरी तरह से अवहेलना नहीं कर सकता। केवल उन्हीं गाँवों या क्षेत्र में, जिनका वह गहन अध्ययन सन्तोषजनक रूप से कर चुका है, वह लोगों की व्यस्तताओं की अवहेलना कर अपनी खास समस्या पर ध्यान केन्द्रित कर सकता है। मैं नाहक ही उन झगड़ों पर ध्यान देने लगा जबकि मेरा मुख्य उद्देश्य अन्तर्जातीय सम्बन्धों की रूपरेखा तैयार करने का था। मुझे खेद है कि जो समय और ऊर्जा मैं विवादों पर खर्च कर रहा हूँ वह काफी बिल्कुल नहीं है। खासतौर पर उस समय जब मुझे दो या तीन विवादों पर लगातार नजर लगाए रखना पड़ता था। और यह कई हफ्तों तक चलता था। ऐसा मुझे कई बार करना पड़ा।

विभाजन सम्बन्धी विवाद आमतौर पर लम्बे खिंचते हैं और एक बार इस पर विवाद छिड़ते ही उन छोटे-छोटे झगड़ों का अन्त हो जाता है जिनके लिए महिलाओं, खासकर बहुओं को दोषी ठहराया जाता है। जिन बुजुर्गों के पास सम्पत्ति के विभाजन का समझौता करवाने हिस्सेदार पहुँचते हैं, वे आमतौर पर उन्हें साथ रहने और अपनी-अपनी औरतों पर लगाम रखने की सलाह देते हैं। कुछ दिन बाद फिर झगड़ा शुरू हो जाता है और अन्ततः बुजुर्ग हार मान लेते हैं कि अन्तहीन झगड़े से बेहतर है कि बँटवारा हो ही जाए। उसके बाद दूसरा झगड़ा शुरू होता है—सम्पत्ति का बँटवारा किस प्रकार किया जाए और किसको क्या मिलना चाहिए। इस सम्बन्ध में कुछ परिपाटियाँ चली आ रही हैं, पर ये झगड़ों को खत्म नहीं करतीं। सम्पत्ति के बँटवारे के बाद एक सदस्य यह महसूस करता है कि उसके साथ न्याय नहीं हुआ और वह दोबारा बँटवारे की माँग करता है। ऐसे मामलों में थोड़ी-बहुत कठिनाइयाँ उठाकर तालमेल बिठाया जाता है और फिर दस्तावेज पंजीकृत कराए जाते हैं, ताकि वैसी माँग दोबारा नहीं की जा सके। दूसरे किस्म का झगड़ा धान रोपने के मौसम में शुरू होता है जब खेतों को बाँटनेवाली मेड़ों में काट-छाँट होने लगती है और भाई-भाई जो आमतौर पर पड़ोसी होते हैं, एक-दूसरे पर जमीन दाबने का आरोप लगाते हैं। भाई के खेत में गुजरने का अधिकार और इससे होकर आनेवाले सिंचाई के पानी पर अधिकार लड़ाई-झगड़ों के कुछ अन्य मसले हैं। ऐसे झगड़े सालों तक चलते रहते हैं। भाइयों के बीच सम्पत्ति के बँटवारे से सौहार्द नहीं बढ़ता और अक्सर यह पाया गया है कि भाई-भाई एक-दूसरे से बातचीत तक नहीं करते। यूँ तो एक कुल के सदस्य अन्य कुलों के सामने एकता रखते हैं, पर इनमें आपस में तनाव

बने रहते हैं। कुल जितना छोटा होता है, तनाव उतना ही ज्यादा होता है। परन्तु मूल परिवार इसका एक अपवाद है जिसमें सहोदरों की उम्र में अधिक अन्तर नहीं होता।

किसी सम्मानित बाहरी व्यक्ति के सामने अपने जीवन के अँधेरे पक्षों पर चर्चा करने से लोगों के कतराने के अलावा कुछ और कठिनाइयाँ हैं। किसी झगड़े के केवल कुछ 'तथ्यों' को सभी ज्यों-के-त्यों स्वीकार करते हैं और 'समान' तथ्यों से भी लोग अलग-अलग समीकरण बनाते हैं। मध्यस्थों के साथ पड़ोसी और दर्शक सभी झगड़नेवालों को करीब से जानते हैं और हरेक के मन में उनके चरित्र और व्यक्तित्व की एक छवि होती है। यह छवि पहले से ही मौजूद रहती है और उसमें विवाद से जुड़े तथ्य पिरो दिए जाते हैं। लेकिन छवि नहीं बदलती।

मैं एक उदाहरण देता हूँ : दो सहोदर तेली भाइयों के बीच एक झगड़े में बड़े भाई की पत्नी, जो जोरदार व्यक्तित्ववाली और आकर्षक महिला थी, कावेरी नदी की दिशा में तकरीबन 3 बजे अपराह्न के समय जाती देखी गई। एक किसान ने उसे देखा और पूछा कि वह कहाँ जा रही है। उसने जवाब दिया कि वह नदी की ओर जा रही है। वह इतना ऊब चुकी थी कि नदी में डूबकर मरने जा रही थी। जब झगड़े में इस बात की चर्चा की गई तो कुछ लोग हँस पड़े और कहा, "क्या वह ऐसी औरत है जो आत्महत्या कर ले ?" इन हँसनेवालों में एक मध्यस्थ भी था। यहाँ पर 'वस्तुनिष्ठ' तथ्य यही है कि वह नदी की ओर जा रही थी। उसने नदी में डूबने की इच्छा व्यक्त की थी। इस बात को अलग-अलग लोगों ने अलग-अलग दृष्टि से देखा। तथ्य और उसकी व्याख्या इतनी करीब से बुने हुए होते हैं कि अगर समाजशास्त्री लगातार सचेत न रहे तो व्याख्या को ही तथ्य समझ लेने का खतरा बना रहता है।

ये व्याख्याएँ ऊल-जलूल नहीं होती हैं। लेकिन ये अन्य कारकों से जुड़ी होती हैं। अतः गाँव या जाति पंचायत के फैसले की अक्सर यह कहकर व्याख्या की जाती है कि सरपंच या अन्य प्रभावशाली मध्यस्थ अपने रिश्तेदार या जाति-भाई या दोस्त या जजमान के लिए पक्षपात करना चाहता है। 'द केस ऑफ कि पॉटर एंड द प्रीस्ट' में व्यभिचार के दोषी दो लोगों को दी गई सजा के बारे में सरपंच ने रातोरात कथित रूप से अपना फैसला बदल लिया क्योंकि उसके किसी रिश्तेदार को भी ठीक उसी तरह बलात्कार की कोशिश करने के आरोप में उसके सामने प्रस्तुत किया गया।[1] वह एक को कठोरतम सजा और दूसरे को छोटी सजा नहीं दे सकता था। सरपंच जैसे शक्तिशाली व्यक्ति के हितों के बारे में बात चारों ओर फैल जाती है और सम्भव है कि वह न्याय देते समय अपने हितों का खयाल रखे। मध्यस्थों के अपने पूर्वग्रह भी होते हैं। इसी प्रकार आमतौर पर नेक इनसान माना जानेवाला नाडुगौड़ा खासतौर पर एक अछूत को नापसन्द करता है और जब कभी उससे सम्बन्धित मुद्दा उठ खड़ा होता है यह बात साफ तौर पर सामने आ जाती है। दोस्तियाँ आमतौर पर होती ही रहती हैं, पर कभी-कभी यह जाति के बाहर भी होती हैं। यह भी घटनाओं की गवाहों और मध्यस्थों द्वारा दी गई व्याख्या को प्रभावित करती हैं। अन्ततः प्रभुत्वशाली जाति की एकता और इसका स्थानीय नेतृत्व

न्याय देने में प्रासंगिक तथ्य बन जाते हैं।

जब प्रतिवादी एक बड़े गुट का कोई प्रभावशाली नेता होता है, तो मध्यस्थ थोड़ा नरम रुख रखता है क्योंकि प्रतिवादी उनकी अवज्ञा करने के काबिल है और इस तरह पूरे गाँव की न्याय-व्यवस्था का ढाँचा खतरे में पड़ सकता है। (मैं यहाँ पर मानकर चल रहा हूँ कि गुटबन्दियाँ इतनी गम्भीर नहीं हैं कि गाँव की परिषद आगे काम ही करना बन्द कर दे।) कुछ उक्तियाँ हैं, जिनको बुजुर्ग लोग दोहराते हैं : ''हमने मामले को निकल जाने दिया'' (आँख मूँद लेना), ''हमने अपने हाथ से इसे निकल जाने दिया'' (असुविधाजनक तथ्यों को नजरअन्दाज कर देना) इत्यादि। एक मध्यस्थ ने बताया कि किस तरह एक झगड़े के निबटारे के दौरान उसने जब एक सवाल उठाया तो सरपंच के बेटे ने उससे आँख मारकर चुप हो जाने को कहा। गरीब गाँव के लोग पंचों के भ्रष्टाचार के बारे में शिकायत करते सुने गए हैं।

मुझे पहले यह बता देना होगा कि इसका मतलब यह नहीं कि पंच जो चाहे वो कर सकते हैं। न्याय का आदर्श (*न्याय, धर्म*) तो है ही, जिसकी नैतिक और धार्मिक अनुमोदन द्वारा पुष्टि की जाती है। पंच पूरी तरह से और हमेशा सार्वजनिक मत की अवहेलना नहीं कर सकता। गवाही के कुछ अनलिखे नियम भी हैं। 'ए कास्ट डिस्प्यूट एमंग द वाशरमेन ऑफ मैसूर' में महिला प्रतिवादी ने वादी को अपने हाथ का छुआ भोजन खिलाकर फँसाया था और इस बात का भी ध्यान रखा था कि एक गवाह उस मौके पर मौजूद रहे।[2] इस मुकदमे में यह कई निर्णायक तथ्यों में से एक तथ्य था। जैसाकि मैंने कहा, गाँव की परिषदों के कर्तव्यों में से एक तो यह है कि मुकदमे से जुड़े तथ्य क्या-क्या हैं। गवाही पर बल दिया जाता है और प्रत्यक्ष तथा अप्रत्यक्ष गवाही के बीच भेद किया जाता है। किसी गवाह की ख्याति उसके वक्तव्यों की सच्चाई या गलतबयानी को जाँचने में महत्त्वपूर्ण होता है। कभी-कभी व्यक्ति को अपने व्यक्तव्य को सच साबित करने के लिए मन्दिर में भी कसम खानी पड़ती है। लेकिन यह आखिरी कदम है।

अक्सर गवाहों को पट्टी पढ़ाई जाती है और इससे मध्यस्थों का काम और कठिन हो जाता है। कुछ मामलों में पट्टी पढ़ाना जरूरी नहीं होता क्योंकि स्वयं गवाह का भी हित उस समय 'तथ्य को छुपाने' तथा 'गलतबयानी' में ही होता है।

किसी व्यक्ति के लिए यह सामान्य बात है कि वह केवल कुछ ही घटनाओं के बारे में जाने। लेकिन वह यही कहता है कि वह जो जानता है वह न केवल सत्य है, बल्कि वही पूर्ण सत्य है। जब मैं 'पॉटर एंड द प्रीस्ट' के कुम्हार और पुजारी के बीच झगड़ों से जानकारियाँ संकलित कर रहा था, उस समय यह बात मेरी समझ में आई। उसके बाद मैंने ये किया कि एक सूचना देनेवाले की दूसरे के वक्तव्य से तुलना की। यह जाहिर है कि एक बयान के बजाय कई बयान होने पर सच्चाई कहीं ज्यादा उभरकर आती है।

इसके अलावा कुछ लोग ऐसे होते हैं, जिनके विवादों में अपने निहित स्वार्थ होते

हैं। वे अपने हित को आगे बढ़ाना चाहते हैं, जो या तो आर्थिक फायदा हो सकता है या किसी शहर का दौरा, जो प्रत्यक्ष रूप से किसी वकील या अधिकारी से मिलने के लिए लगता है, यह महज अपना महत्त्व बढ़ाने के लिए। ऐसे लोगों के अस्तित्व को न केवल समझा गया है, बल्कि उनका जितना महत्त्व उससे कहीं ज्यादा महत्त्व रखने का श्रेय उनको मिल रहा है। (वे जरूरत पड़ने पर बली के बकरे भी उपलब्ध कराते हैं।) 'चितावनी' (उकसावा) और 'कितापठी' (झगड़े पैदा करने का शौक) शब्द गाँव में अक्सर सुने जाते हैं। जब कभी झगड़ा हुआ, मेरा नायाब दोस्त और सहायक कुल्ले गौड़ा सक्रिय हो जाता था। शरारतें करने की उसकी क्षमता जग जाहिर थी।

एक बार, जैसे ही समाजशास्त्री ने गाँव में मतभेदों के चालू स्वरूप की अवधारणा को समझा, वह अपने इस ज्ञान का इस्तेमाल और भी जानकारियाँ हासिल करने के लिए कर सकता है। इस प्रकार किसी व्यक्ति के मित्र घटनाओं की एक व्याख्या प्रस्तुत करेंगे जबकि उसके दुश्मन दूसरी व्याख्या देंगे। और इसके अलावा, बहुत से दूर-दराज के लोग होते हैं, जो तीसरी व्याख्या प्रस्तुत करते हैं।

रामपुरा छोड़ने के बाद दो वर्षों तक मैं क्षेत्र से संकलित अपनी सामग्री पर एक नजर भी नहीं डाल सका। एक बार जब मैं एक क्षेत्र अनुसन्धान की कक्षा के लिए कुछ विवादों पर लिखने बैठा, तो मुझे पूरी तरह से सुसंगत विवरण हासिल करने में कुछ कठिनाई महसूस हुई। खासकर बँटवारे से जुड़े विवादों के बारे में ऐसा ही कुछ था, जो आमतौर पर हफ्तों तक चलता था और इसमें झगड़ा-लड़ाई बहुत ज्यादा होती है। मेरे लिखे कुछ तथ्य अस्पष्ट और परस्पर विसंगतिपूर्ण थे एवं विवाद का एक सुसंगत ब्यौरा प्रस्तुत करने की प्रक्रिया में मुझे अपने लिखे कुछ नोटों को काटना और बदलना पड़ा और दोबारा व्याख्या लिखनी पड़ी। मैंने एक विवाद पर अपने पहले प्रकाशित ब्यौरे में इस तथ्य का उल्लेख किया है।[3]

हाल के वर्षों में सामाजिक नृतत्त्वशास्त्रियों ने इस तथ्य पर बल दिया है कि उनके वर्णनात्मक निबन्ध इतिहास लेखन में योगदान है। उनका दावा है कि ये निबन्ध भविष्य के इतिहासकारों के लिए विश्व के विभिन्न भागों में आदिम एवं कृषक जीवन पर ऐसी श्रेष्ठतम सामग्री प्रस्तुत करते हैं, जैसी अतीत में कभी किसी देश या काल के लिए उपलब्ध नहीं थी। इस बात की सच्चाई में कोई दो राय नहीं। लेकिन यह बताना जरूरी है कि किसी सामाजिक नृतत्त्वशास्त्री के नोटबुक भी कभी-कभी गलतबयानी करते हैं या अस्पष्ट अथवा एकपक्षीय होते हैं। यह खासकर पहले कुछ महीनों में संकलित सामग्रियों के बारे में अधिक सच होता है। जब वह लिखने बैठता है, इस समय सामाजिक नृतत्त्वशास्त्री उन तथ्यों को दरकिनार कर देता है, जिन पर उसको शक है या उन्हें वह गलत समझता है। लेकिन वह इस बात की चर्चा बहुत करता है कि उसने जिन लोगों का अध्ययन किया है और जिनके जीवन के विभिन्न पहलुओं के स्पष्ट और सुसंगत ब्यौरे दिए गए हैं, वे कभी-कभी नोटबुक से लिये गए होते हैं, जो हमेशा साफ और सुसंगत नहीं होता। ये परेशानियाँ सभी मामलों के साथ हैं। पर जब से क्षेत्र अनुसन्धानकर्ता

अपने नोटबुक को पढ़कर और उस पर चिन्तन कर अपनी शंकाओं और परेशानियों का निवारण अपने सूचना देनेवालों के साथ विचार-विमर्श करने के लिए अपने क्षेत्र से समय-समय पर अवकाश लेता रहता है, तब ये परेशानियाँ नहीं होती हैं। खासतौर पर ये उस समय नहीं होती हैं, जब अनुसन्धानकर्ता एक वर्ष या उससे भी कम समय बिताता है और कई हफ्तों तक चलनेवाले झगड़ों के ब्यौरे दर्ज करता है। मेरा यहाँ ऐतिहासिक दस्तावेज के रूप में कुछ अन्य सीमाओं, जैसे—अनुसन्धानकर्ताओं द्वारा आरोपित आत्मनिष्ठवाद, उसकी सीमित ऊर्जा तथा उसकी चेतना की कोटि से कोई मतलब नहीं है। यह जाहिर है कि जब कोई सामाजिक नृतत्त्वशास्त्री किसी दुभाषिए का उपयोग करता है और जैसाकि वह अक्सर करता है तो उसके नोटों का उतना महत्त्व नहीं रहता जितना कि उस अनुसन्धानकर्ता का जिसका अध्ययन किए जा रहे लोगों की भाषा पर अच्छा अधिकार हो।

हाल के अनुसन्धान से पता चला है कि किसी नृतत्त्वशास्त्री द्वारा दर्ज उनकी वंशावलियाँ भी हमेशा वंशक्रम के बारे में सही-सही सूचना नहीं दे पाती हैं। खासतौर पर ऐसा उन स्तरित समाजों में होता है, जहाँ वंशावलियाँ नियमित रूप से वंश व्यवस्था में परिवर्तनशीलता के साथ अपना तालमेल बनाए रखती हैं।[4] यहाँ तक कि जहाँ ऐसी वंशावलियाँ तैयार करनेवालों की एक खास जाति हो और उनका पेशा ही वंशावलियों को दर्ज करना एवं समय-समय पर उनका नवीनीकरण करना होता है, वहाँ भी वंशावलियाँ हरेक स्तर पर वंशों के सटीक रेकॉर्ड हमेशा प्रस्तुत नहीं कर पाती हैं।[5] आमतौर पर अतीत में जितना पीछे चलते जाएँ, सूचना देनेवालों की याददाश्त उतनी ही कम भरोसेमन्द रह जाती है। जो घटनाएँ एक या दो वर्ष पहले घटी हों, उनके बारे में भी सूचना देनेवालों की याददाश्त भरोसेमन्द नहीं होती। लेकिन जहाँ ज्यादा संख्या में लोग इसमें संलग्न हों, वहाँ कई ब्यौरों के आधार पर इसे तैयार किया जा सकता है, जो मोटे तौर पर सच्चाई से अधिक करीब होगा। जब दस्तावेज उपलब्ध हों, तो उनके आधार पर सूचना देनेवालों से सवाल किया जा सकता है। मैंने अक्तूबर 1947 में केरे और बिहाल्ली के बीच छिड़े विवादों के बारे में तथ्य जुटाने के लिए पहली तकनीक का इस्तेमाल किया और दूसरी तकनीक का इस्तेमाल धोबियों के झगड़े के सिलसिले में किया।

जब मैं धोबियों के बीच झगड़े के बारे में तथ्य इकट्ठे कर रहा था, तभी मेरे दिमाग में पुराने झगड़ों को निबटाने से सम्बन्धित दस्तावेजों को देखने का खयाल आया। मुझे किसी ने कहा था कि बड़े गाँवों के ग्राम प्रमुख और जाति प्रमुखों के पास ऐसे दस्तावेज होते हैं, हालाँकि दुर्भाग्यवश होगूर के किसान प्रमुख, वह होबली जिसके अन्तर्गत रामपुरा आता है, से मुझे कुछ हासिल नहीं हुआ। लेकिन रामपुरा से तीन मील दूर स्थित केरे के किसान प्रमुख से मेरा काम बन गया। 1952 की गर्मियों में मैं उनके पास कई बार गया और अन्ततः 70 दस्तावेज उनसे उधार लिये, जिनमें से कुछ 1900-1940 के दौरान केरे-होबली में हुए झगड़ों के निबटारों के विषय में था। ये दस्तावेज बहुत तरह के मामलों

से सम्बन्धित थे और मुझे पूरा विश्वास है कि जहाँ भी ऐसे दस्तावेज मौजूद हैं, वे ग्रामीण सामाजिक इतिहास के अध्ययन के लिए अनमोल हैं। प्रभुत्वशाली जाति की अवधारणा पर मेरा अपना भी विश्लेषण इन्हीं दस्तावेजों पर काफी निर्भर है। मुझे यकीन है कि ऐसे दस्तावेज अन्य जगहों पर भी मौजूद हैं, जिनके पास ये दस्तावेज रहते हैं, वे इनको सहेज कर नहीं रखते और दीमक, चिलचट्टों, चूहों और वर्षा के कारण नृतत्त्वशास्त्रियों के लिए उपलब्ध ऐसे दस्तावेज कम होते जा रहे हैं। यही बात हर जगह तालुक के दफ्तरों में पड़े गाँव के दस्तावेजों के बारे में भी सही है। जो भी हो, ये दस्तावेज अपने स्पष्ट महत्त्व होने के बावजूद इतिहासकारों का ध्यान आकर्षित करने में असफल रहे हैं। ग्रामीण क्षेत्रों के विवादों के व्यवस्थित अध्ययन और अनाधिकारिक पंचायतों द्वारा उनके निबटारे अनुसन्धान का एक महत्त्वपूर्ण क्षेत्र है। इस समय यह समाजशास्त्रियों के साथ-साथ कानूनविदों द्वारा भी पूरी तरह उपेक्षित है। कानूनविद केवल राज्य तथा केन्द्रीय संसदों द्वारा पारित कानूनों तक ही सीमित रहते हैं। गाँवों के परम्परागत कानून को कानून समझा ही नहीं जाता, जबकि यह लाखों लोगों पर अपना प्रभाव रखता है। सुविधा के लिए यह मिथक चलता है कि अंग्रेजी कानून के लागू होने से ग्राम पंचायतों द्वारा लागू नियम और कानून नष्ट हो गए हैं। भारतीय ग्रामवासी असलियत में 'दोहरे कानून' के तहत अपनी पारम्परिक प्रणाली और साथ ही शहरों में स्थिति सरकारी अदालतों द्वारा लागू अंग्रेजी कानून दोनों का ही प्रयोग कर रहे हैं। मुझे कुछ ऐसे मामलों के बारे में भी बताया गया है, जिनको गैर-सरकारी पंचायतों में निबटाने के खयाल से सरकारी अदालतों से वापस ले लिया गया है। देशी प्रणालियों और भारतीय समाज पर अंग्रेजी कानून के लागू होने के परिणामों के अध्ययन की इतिहासकारों, नृतत्त्वशास्त्रियों और कानूनविदों द्वारा जाँच की जानी चाहिए। (रोचेस्टर के डॉ. बर्नार्डकोन उत्तर प्रदेश में इस समस्या पर अध्ययन कर रहे हैं।)

औपचारिक तथा लिखित कानून पर बल देने के कारण भारतीय वकीलों और बुद्धिजीवियों का परिप्रेक्ष्य विकृत हो गया है। इसकी वजह से ऐसी धारणा भी बनी है कि गैर-आधिकारिक पंचायतों द्वारा लागू कानून कोई कानून ही नहीं है।

हालाँकि मेरा विश्वास है कि अप्रकट कानून की प्रणाली का अध्ययन करना बहुत महत्त्वपूर्ण है और अगर हम इतने उपेक्षित क्षेत्रों, जैसे कानून और कानूनी संस्थाओं के समाजशास्त्र में अध्ययन को बढ़ाने की योजना रखते हैं तो यह करना ही होगा। ऐसा अध्ययन ऐतिहासिक कानूनी समस्याओं, हिन्दुओं के पवित्र ग्रन्थों में निहित कानून तथा गाँव में रहनेवाले लोगों द्वारा पालन किए जा रहे वास्तविक कानून के बीच के सम्बन्ध पर भी प्रकाश डालेगा। अन्ततः इस समस्या का अध्ययन सत्ता के विकेन्द्रीकरण की नीति से भी असम्बन्धित नहीं है, जिसका आधुनिक भारतीय नेता काफी जमकर समर्थन करते हैं।

सन्दर्भ एवं टिप्पणियाँ

1. 'मैन इन इंडिया', जिल्द 39, अंक 3, 1959, पृष्ठ 190-209।
2. 'इस्टर्न ऐन्थ्रोपोलॉजिस्ट, जिल्द VII, अंक 3-4, 1954, पृष्ठ 149-68।
3. 'ए जॉएंट फैमिली डिस्प्यूट इन ए मैसूर विलेज', 'जरनल ऑफ द एम.एस. यूनिवर्सिटी ऑफ बड़ौदा', जिल्द I, अंक 1, 1952, पृष्ठ 7-31।
4. इ.इ. इवांस-प्रिचार्ड, 'द नुअर', ऑक्सफोर्ड, 1940, पृष्ठ 246।
5. 'ट्रेडीशनल इंडिया : स्ट्रक्चर एंड चेंज', मिल्टन सिंगर सम्पादित, फिलाडेल्फिया, 1959, पृष्ठ 40-70 में ए. एम. शाह और आर.जी. श्रॉफ लिखित 'ए कास्ट ऑफ जेनियोलॉजिस्ट्स एंड मिथोग्राफर्स द वहिवंचा बैरट्स ऑफ गुजरात' देखें।

ग्राम अध्ययन और उनका महत्त्व

इस लेख में मेरा उद्देश्य अर्थशास्त्र, तुलनात्मक धर्मशास्त्र और इतिहास जैसी शिक्षा की अन्य शाखाओं एवं सामाजिक तथा कृषि के क्षेत्र में पुनर्निर्माण के व्यावहारिक कार्यों के लिए भारतीय ग्राम समुदायों के नृतात्त्विक अध्ययनों के महत्त्व को आँकना है। मेरी दृष्टि में केवल वही वास्तविक और गहन क्षेत्र-अध्ययन हैं, जो प्रशिक्षित नृतत्त्वशास्त्रियों ने आधुनिकतम तकनीकों एवं विधियों के जरिए किए हैं। इस मानदंड से आँकने पर क्षेत्र अध्ययन के नाम पर किए गए ज्यादातर काम परीक्षा योग्य नहीं रहते। मैं यह मानकर चल रहा हूँ कि पाठक सामाजिक नृतत्त्वशास्त्र के बारे में साधारण जानकारी रखते हैं और इसलिए एक छोटे समुदाय का नजदीक से एवं प्रत्यक्ष अध्ययन करने के लिए सामाजिक नृतत्त्वशास्त्री कौन से तरीके अपनाता है इसके बारे में चर्चा नहीं करूँगा। यद्यपि यह बताना जरूरी है कि एक छोटे समुदाय को चुनते समय सामाजिक नृतत्त्वशास्त्री के उद्देश्यों में से एक उद्देश्य यह जानना होता है कि एक समाज के सभी भाग किस तरह एक-दूसरे से जुड़े होते हैं। अगर वह समाज के केवल एक ही पक्ष, जैसे—धर्म या कानून का ही अध्ययन कर रहा है, तब भी वह इसे समूची सामाजिक व्यवस्था के सन्दर्भ में देखना चाहता है, जिसमें समाज के सभी पक्ष निरन्तर एक-दूसरे से प्रभावित होते रहते हैं। क्षेत्र अध्ययनकर्ता व्यावहारिक रूप से वे सभी तथ्य दर्ज करता है जो वह देखता है। मिसाल के लिए, जब वह अध्ययन क्षेत्र के लोगों की केवल रिश्तेदारियों के विश्लेषण का लक्ष्य लेकर चलता है, तब भी वह ऐसा करता है। अपने अध्ययन के 12-18 महीनों के दरम्यान ही वह लोगों की कृषि, आवास निर्माण, व्यावसायिक गतिविधियों, तौर-तरीकों, नैतिकताओं, कानून और धर्म जैसी अन्य गतिविधियों के बारे में यथासम्भव ज्यादा-से-ज्यादा जानकारियाँ हासिल करने की कोशिश करता है। आंशिक रूप से यह उसकी तीव्र जिज्ञासु प्रवृत्ति के कारण होता है और दूसरा कारण उसका यह ज्ञान है कि समाज के विभिन्न अंग एक-दूसरे से गुँथे हुए हैं और जिस पहलू का अध्ययन वह कर रहा है, वह सामाजिक जीवन के हरेक अन्य पहलू को प्रभावित कर सकता है अथवा उनसे प्रभावित हो सकता है। अपना अध्ययन पूरा करने तक क्षेत्रीय शोधकर्ता जिस गाँव या समुदाय के साथ रहा, उसके सम्बन्ध में एक घनिष्ठ और व्यापक ज्ञान अर्जित कर लेता है।

यह तर्क दिया जा सकता है कि खुद नृतत्त्वशास्त्री भी यह स्वीकार करता है कि उसे केवल एक छोटे से गाँव या समुदाय की जानकारी है, और दूसरे देश के सन्दर्भ में ऐसा ज्ञान विश्वस्त रूप से मार्गदर्शन नहीं कर सकता। लेकिन तब यह भी देखना

होगा कि व्यवस्थित तुलनात्मक अध्ययन सामाजिक नृतत्त्वशास्त्र की मूल विधि है। उदाहरण के लिए, कोई भी नृतत्त्वशास्त्री सम्पूर्ण भारतीय गाँवों को लेकर बात नहीं करेगा, जब तक भिन्न-भिन्न सांस्कृतिक क्षेत्रों के गाँवों की एक पर्याप्त संख्या का अध्ययन नहीं हो चुका हो। दूसरे, एक नृतत्त्वशास्त्री इस बात का ध्यान रखता है कि जिस गाँव वह वह अध्ययन कर रहा है, वह उस क्षेत्र का एक प्रारूपिक गाँव है या वह वहाँ अन्तर्जातीय सम्बन्धों की प्रकृति या सामाजिक और आर्थिक संस्थाओं पर सिंचाई के प्रभाव या धर्म और जाति संरचना के बीच सम्बन्ध जैसी किसी खास सैद्धान्तिक समस्या के अध्ययन के लिए उपयुक्त है। यह बताना जरूरी है कि किसी एक गाँव के बारे में जानकारी रखने से कहीं ज्यादा उस पर अध्ययन करना लाभदायक होता है। उसमें अपने द्वारा संकलित तथ्यों के आधार एक सामान्य सैद्धान्तिक प्रश्न पर विचार करने की कोशिश की जाती है। इसके अलावे, इससे नृतत्त्वशास्त्री को पूरे देश के ग्रामीण सामाजिक जीवन के बारे में कुछ अन्तर्दृष्टि मिलती है। बेशक ऐसी अन्तर्दृष्टि को ज्ञान नहीं का जा सकता, और एक बार यह विभेद साफ हो जाने के बाद केवल एक गाँव का अध्ययन करके भी नृतत्त्वशास्त्री सम्पूर्ण भारत में ग्रामीण सामाजिक जीवन के बारे में बहुत कुछ बता सकता है।

नृतत्त्वशास्त्री के पेशेवर जीवन के लिए गहन क्षेत्र अनुसन्धान के अनुभव का बड़ा महत्त्व है। यह अन्य सभी समाजों के व्यापक ज्ञान के लिए उसका आधार बन जाता है, जिनमें ऐसे समाज भी शामिल हैं जो उस समाज से बिल्कुल भिन्न हैं जिसका उसे प्राथमिक ज्ञान है। क्षेत्र अध्ययन के अनुभव की कोई किताबी ज्ञान बराबरी नहीं कर सकता।

एक नृतत्त्वशास्त्री जब उसके द्वारा किए गए गहन अध्ययनवाले क्षेत्र के सम्बन्ध में किसी अर्थशास्त्री या राजनीति वैज्ञानिक या सांख्यिकीविद के विचारों को पढ़ता है, तब वह अपने अनुभवों से उनके अनुभवों की तुलना किए बिना नहीं रह सकता। अर्थशास्त्री, राजनीति वैज्ञानिक और सांख्यिकीविद आमतौर पर बड़े क्षेत्रों या बहुत बड़ी जनसंख्या का अध्ययन करते हैं और उनके अनुभव किसी नृतत्त्वशास्त्री के अनुभव से काफी अलग किस्म के होते हैं। उनके अध्ययन में प्राथमिक आँकड़े इकट्ठे करनेवाले अक्सर कोई और होते हैं और उस आधार पर व्याख्या करनेवाला विशेषज्ञ कोई और। अर्थशास्त्री और सांख्यिकीविद के 'विश्वस्तरीय' (मैक्रोकॉस्मिक) अध्ययनों के लिए श्रम के ऐसे विभाजन लाजिमी हो जाते हैं, लेकिन फिर भी यह जाहिर है कि ऐसे विभाजन में भारी जोखिम है। पहली बात कि प्राथमिक आँकड़ों को इकट्ठे करनेवालों में ऊँचे दर्जे की सत्यनिष्ठता रखने के साथ-साथ उनका बुद्धिमान और प्रशिक्षित होना जरूरी है जो ज्यादातर देखने को नहीं ही मिलता है। यह खासतौर पर हमारे देश जैसे अल्पविकसित देश में स्पष्ट हो जाता है जहाँ सरकार मुखिया और लेखपाल जैसे पुश्तैनी ग्रामीण अधिकारियों से विभिन्न विषयों पर भारी मात्रा में जानकारियाँ एकत्र करने को कहती है। आमतौर पर ये अधिकारी न तो प्रशिक्षित होते हैं और न ही सही-सही जानकारी

इकट्ठी करने में इनकी कोई रुचि होती है। बल्कि ज्यादातर मामलों में गलत जानकारी देने में ही उनका स्वार्थ निहित होता है। मिसाल के लिए, युद्धकालीन राशन वितरण में सरकार किसानों से एक निश्चित दर पर सभी अतिरिक्त उपज खरीद लेती थी। इस अतिरिक्त उपज का आकलन हरेक किसान द्वारा दिए गए विवरण के आधार पर और उसके परिवार के सदस्यों, नौकरों तथा पुराने श्रमिकों के भोजन के लिए जरूरी अनाज एवं बीज के लिए जरूरी हिस्सा निकालने के बाद गाँव के लेखापाल द्वारा किया जाता है। यह सभी जानते हैं कि ये लेखापाल किसानों द्वारा कम अनाज दर्ज करवाने को नजरअन्दाज कर देते, किसान मेहमानों को भी परिवार के सदस्यों में गिना देते इत्यादि-इत्यादि। कम पगार पानेवाला लेखापाल किसानों का अनुग्रह पाने के लिए उनको नाराज नहीं करना चाहता था और शक्तिशाली भूस्वामियों के मामले में तो उनकी कोपदृष्टि से हमेशा बचना चाहा।

जब दिल्ली और अन्य जगहों के कुछ विशेषज्ञों ने प्रश्नावली तैयार करने के बाद उनके जवाब इकट्ठे करने के लिए स्नातकों को नियुक्त किया, तब स्वयं सवाल करनेवाले ही सवालों के महत्त्व को पूरी तरह समझ नहीं पा रहे थे, क्योंकि उन्हें सामाजिक नृतत्त्व एवं समाजशास्त्र का पूरा प्रशिक्षण प्राप्त नहीं था।

इसलिए यह जरूरी है कि प्राप्त की जा रही सूचना के महत्त्व को पूरी तरह समझने के लिए उस मूल समस्या से अनुसन्धानकर्ता अच्छी तरह वाकिफ हो, चाहे वह शुद्ध सैद्धान्तिक दृष्टि से कोई समस्या न भी हो।

दूसरी तरफ, प्रश्नावलियाँ तैयार करने से पहले विशेषज्ञ को स्थानीय परिस्थितियों की पूरी जानकारी होनी चाहिए। अक्सर विशेषज्ञ ऐसी जानकारी नहीं रखता है। अनुसन्धानकर्ताओं को उचित प्रशिक्षण देकर विशेषज्ञों द्वारा उनको अपनी राय खुलकर देने के लिए प्रोत्साहित कर ऐसी खामियों को कुछ हद तक दूर किया जा सकता है, हालाँकि यह हर कोई मान लेगा कि आमतौर पर ऐसा होता नहीं है।

बहरहाल, ग्रामीण समुदायों के नृतत्त्वशास्त्रीय क्षेत्र अनुसन्धान के मामले में, नृतत्त्वशास्त्री प्रश्नावली खुद तैयार करता है, उसके जवाब खुद इकट्ठे करता है और यहाँ तक कि अगर वह अपना सहायक नियुक्त करता है, तब भी वह उस गाँव में स्वयं मौजूद भी रहता है और साथ ही, नजदीक से निरीक्षण के लिए आवश्यक यथेष्ट जानकारी भी रखता है।

II

हमारी सरकार किसानों के कल्याण के लिए इतनी तत्पर और किसानों को प्रभावित करनेवाले विषयों के बारे में सही जानकारी रखने के प्रति इतनी सचेत है जितनी बहुत कम सरकार होती है। किसानों को प्रभावित करनेवाले विषय हैं—उपखंडों की सीमा और जोत की भूमि का विभाजन, ग्रामीण ऋण का स्वरूप, देश के विभिन्न भागों में भूमिहीनों की हालत, तथा ग्रामीण इलाकों में रोजगारों की कमी या छद्म बेरोजगारी की सीमा।

इस बात को समझा जा सकता है कि ऐसे सर्वेक्षण करवाने के पीछे सरकार का उद्देश्य काफी व्यावहारिक है। हालाँकि इस बात को महसूस नहीं किया जाता कि इस लक्ष्य को सफलतापूर्वक लागू करने के लिए अत्यधिक व्यावहारिकता से प्रत्यक्षतया दूर हटना जरूरी है। ग्रामीण सामाजिक जीवन के विभिन्न पहलू एक-दूसरे से घनिष्ठ रूप से गुँथे हुए हैं और सामाजिक जीवन के किसी एक पहलू का विश्लेषण आमतौर पर एक या अधिक सम्बन्धित पहलुओं तथा उनके आपसी प्रभावों के विश्लेषण को भी शामिल करता है। इस प्रकार उदाहरण के तौर पर, ग्रामीण ऋण का सर्वेक्षण खर्चीले ब्याह और दाह संस्कार और उनको किस तरह सम्पन्न किया जाना चाहिए इस सम्बन्ध में विचारों के अस्तित्व को नजरअन्दाज नहीं कर सकता। कृषि सम्बन्धी तकनीकों और किसानों की अर्थव्यवस्था के अलावा लोगों के नैतिक और धार्मिक विश्वासों को ध्यान में रखे बिना मवेशियों से सम्बन्धित आँकड़ों का कोई मतलब नहीं है। संक्षेप में, हरेक ग्रामीण समस्या को इस तरह मद्देनजर रखना कि जैसे इसे सम्पूर्ण सामाजिक और सांस्कृतिक संरचना तथा अन्य पहलुओं से अलग किया जा सकता है, समस्या का सही समाधान नहीं मिल सकता। मैं फिर दोहरा रहा हूँ कि इस बात को पूरी तरह समझा जा सकता है कि सरकार को सिर्फ 'व्यावहारिक शोध' से मतलब रखना चाहिए और जल्दी नतीजे हासिल करने का लक्ष्य रखना चाहिए लेकिन जिस बात को नहीं समझा जा सकता, वह यह है कि नृतत्त्वशास्त्री और समाजशास्त्री इस बात पर ध्यान आकर्षित करने में असफल हैं कि ऐसे लक्ष्य स्वयं उनको ही पराजित कर देंगे। इसका कारण काफी हद तक विश्वविद्यालयों के विभागों की दरिद्रता है, जो अनुसन्धान के लिए धन की कमी के कारण सरकार द्वारा थोपी गई किसी भी परिस्थिति को स्वीकार कर लेते हैं, चाहे वह कितनी ही बेतुकी क्यों न हो।

संक्षेप में, केवल सामाजिक नृतत्त्वशास्त्री ही ग्रामीण समुदाय का सम्पूर्ण रूप से अध्ययन करने की कोशिश करता है, और उसका ज्ञान तथा कार्यशैली ग्रामीण सामाजिक जीवन के किसी भी एक पहलू पर उपस्थित आँकड़ों की उचित व्याख्या करने के लिए अनिवार्य पृष्ठभूमि उपलब्ध करती है। उसकी कार्यशैली अर्थशास्त्री, राजनीति वैज्ञानिक और सामाजिक कार्यकर्ता की अधूरी कार्यशैली में आवश्यक संशोधन प्रदान करती है। साथ ही, अन्य सामाजिक वैज्ञानिकों के विपरीत, यह अपना व्यक्तिगत नजरिया अपने तक ही रखने की पूरी कोशिश करता है, जिससे ग्रामीण या आदिम जाति की स्थिति को समझने के लिए आवश्यक सहानुभूति की भावना उसमें आती है।

शायद एक उदाहरण से मेरी बात साफ हो जाएगी। हम अर्थशास्त्रियों एवं सुधारकों से भारत की पशु समस्या पर काफी कुछ सुनते रहे हैं। हमें बताया जाता है कि भारत में पशुओं की संख्या सबसे ज्यादा है और दूध का उत्पादन न्यूनतम है, और यह कि किसान अपने मवेशियों की उचित देखभाल नहीं करते और उचित पशुपालन नीति के अपनाने में उनकी धार्मिक भावना आड़े आती है। इस समस्या पर एक गाँव का अध्ययन क्या प्रकाश डाल सकता है ? मैं जो तथ्य अभी बताने जा रहा हूँ, वे रामपुरा

गाँव के हैं, जो मैसूर नगर से 22 मील दूर दक्षिण-पूर्व में स्थित है। सम्भव है कि रामपुरा के आसपास के अन्य गाँवों में भी ये ही तथ्य सही हों। इस क्षेत्र में, दूध उत्पादन के लिए गाय के बजाय भैंय का महत्त्व ज्यादा है। यह सच है कि लोग पीने क लिए गाय का दूध पसन्द करते हैं और बच्चे तथा बीमार तो सिर्फ वही पीते हैं। पर घी, दही, मक्खन बनाने या चाय व कॉफी में डालने के लिए भैंस के दूध की माँग ज्यादा है। जो दूध बेचते हैं, उनके लिए गाय के दूध के बजाय भैंय के दूध में पानी मिलाना कहीं आसान हो जाता है। यही स्थिति भारत के अन्य भागों में भी है। पूरे देश को ध्यान में रखकर कहा जाए तो सम्भवतया दूध उत्पादन के लिए भैंस का महत्त्व कम-से-कम गाय के बराबर तो जरूर है, पर भारवाही पशु के रूप में नहीं। पर हैरत की बात तो यह है कि मवेशी समस्या पर विचार-विमर्शों में भैंस की कोई चर्चा नहीं होती और इस तथ्य पर कोई प्रकाश नहीं डाला गया है।

रामपुरा में, और यह बात भारत के अधिकांश भागों के लिए भी सच है, भैंसा का उपयोग भारवहन के लिए नहीं किया जाता। हालाँकि यह ग्राम देवियों को बलि चढ़ाने के काम आता है। कुछ आलोचक यह कह सकते हैं कि लोग बिल्कुल अनुपयोगी पशु को बलि के लिए चुन लेते हैं, जो जिन्दा रहते तो चारे का खर्च उठाना पड़ता। यह विचार उस आम धारणा के विपरीत होगा, जिसके मुताबिक हिन्दू पुराने और अनुपयोगी मवेशियों को धार्मिक भावनाओं से प्रेरित होकर मारने से इनकार करते हैं। जबकि इस मामले में, उसी भाव से एक प्रकार के मवेशी को ही मारा जाता है।

रामपुरा में बैल भारवाही पशु है—जैसाकि भारत के ज्यादातर भागों में। दरअसल रामपुरा में हरेक किसान बैल की एक जोड़ी रखता है, जबकि दूध और खाद के लिए बहुत कम लोग गाय या भैंस रखते हैं। यह वस्तुतः चरागाहों की कमी के कारण है। बैलों के लिए ही चारा जुटाना मुश्किल होता है, जिनको रखना मजबूरी है क्यों कि कोई भी भूस्वामी ऐसा काश्तकार नहीं रखना चाहेगा जिसके पास अपनी बैलों की जोड़ी न हो और जोतने के लिए भूमि प्राप्त करने में भारी प्रतिस्पर्धा रहती है। जोतने के लिए भूमि प्राप्त करने में बैलों की जोड़ी रखना एक बहुत बड़ी योग्यता बन जाती है। लेकिन गरीबी के कारण किसान मजबूरीवश सबसे कम कीमत में उपलब्ध बैलों की जोड़ी खरीदता है—1948 में सबसे कम कीमतवाली एक बैलों की जोड़ी लगभग 250 रु. की थी। कम चारा खाने के कारण छोटे बैलों पर बड़े बैलों की अपेक्षा कम खर्च आता है। बैल मर जाने पर किसान की आर्थिक स्थिति बिल्कुल छूट जाती है, और यहाँ यह याद करना चाहिए कि इतने सारे पशु चिकित्सालयों के खुलने के पहले बैलों का जीवन रामभरोसे ही था। एक बार पशुओं में महामारी फैल जाती तो सैकड़ों मवेशी साफ हो जाते थे। किसान जानता है कि खेती के मौसम के बीच में ही उसे एक या दोनों बैल बदलने पड़ सकते हैं। दूसरे, इस इलाके में हल हल्के होते हैं, जो लकड़ी के बने होते हैं। इन्हें खींचने के लिए बड़े बैलों की जरूरत नहीं होती। तीसरे, धान की खेती छोटी मेड़वाले खेतों में होती है, इसलिए बैलों को इतना छोटा होना चाहिए कि उन्हें खेत में

हेरा-फेरा जा सके। बड़े बैल रखना प्रतिष्ठा की बात होती है। रामपुरा में एक व्यक्ति के पास दो जोड़े बड़े बैल थे, जो बड़े शानदार थे। लेकिन वह उन्हें भारवाहन के बजाय प्रदर्शन के लिए ही रखता था। गाँववाले उससे जलते थे, पर उसे मूर्ख भी समझते थे, क्योंकि बैल इस्तेमाल के लिए रखे जाते हैं, न कि मालिक की शान बढ़ाने के लिए। यह व्यक्ति फिजूलखर्ची था। वह ताड़ी पीता, भाँग खाता, रखेलियाँ रखता और बड़े बैल रखना उसके इसी फिजूलखर्ची जीवन का हिस्सा था।

शहरी बुद्धिजीवियों की धारणा के विपरीत किसान अपने मवेशियों की देखभाल अपने सीमित संसाधनों में ही यथासम्भव करते हैं। जून-अगस्त के मानसूनवाले महीनों में बैलों से कड़ी मेहनत कराई जाती है और किसान इसके लिए उनका अहसान मानते हैं। सितम्बर और अक्तूबर के महीनों में, जब खेतों में ज्यादा काम नहीं बचता, उस समय किसान अँधेरे मुँह उठकर अपने ऊँघते बैलों को धान की हरी बालें अपने हाथ से खिलाता है। यह हर रात कई घंटों तक चलता है। एक बार मैंने एक किसान को एक बैल के मुँह में धान की बालें ठूँसते हुए देखा। मैंने उससे पूछा कि जब शहरों में चावल की इतनी कमी हो रही है, तब वह धान उसे क्यों खिला रहा है, जबकि इससे इनसान को जिन्दा रखा जा सकता है। उसने जवाब दिया, ''क्या इसने मुझे बीज बोने और धान रोपने में मदद नहीं की ? जिसको उगाने में इसने मेरी मदद की, उसमें से थोड़ा सा इसे भी खिला देने में हर्ज ही क्या है ?'' आभार केवल मनुष्य के प्रति ही नहीं, पशुओं के प्रति भी व्यक्त किया जाता है। कुछ मायनों या सन्दर्भों में किसानों की विश्वदृष्टि मानव-केन्द्रित नहीं है। बैल आखिर बासव है, शिव का पुत्र है, यही वह पशु है जिस पर महादेव शिव विराजते हैं। सोमवार को किसी बैल को हल में नहीं जोता जाता, क्योंकि सोमवार शिव का पवित्र दिन है, इसलिए उस दिन शिव के पुत्र को आराम देना चाहिए।

रामपुरा में कुछ रईस भूस्वामी खाद के लिए कुछ छोटी गाएँ रखते हैं। खाद की बड़ी कमी है और समृद्ध भूस्वामी गाएँ रखकर अतिरिक्त खाद प्राप्त करने की कोशिश करते हैं। एक छोटा सा लड़का इन गायों को सुबह-सुबह गाँव से दो मील दूर स्थित किसी चरागाह पर ले जाता है और शाम तक जानवरों को हाँककर ले आता है। चारा ज्यादा नहीं है, पर इसकी कमी इतनी है कि जो मिल जाए इकट्ठा कर लिया जाता है। गोबर किसी टोकरी में जमा करके घर लाया जाता है। गोशाला के गोबर को भी खाद की ढेर पर डाल दिया जाता है। लड़का साल में केवल तीस रुपए और खाना-कपड़ा लेता है। हर गाय चलता-फिरता सिन्द्री है जो इधर-उधर बिखरे घास के गुच्छों को मूल्यवान खाद में बदलती रहती है। यहाँ यह भी बताना चाहिए कि रामपुरा में ईंधन की कमी के बावजूद गोबर को जलावन के काम में नहीं लाया जाता। इसलिए कि कभी गाँव के बड़े-बूढ़ों ने ऐसा नियम बना दिया, हालाँकि आधिकारिक पंचायत ने ऐसा नहीं किया।

आमतौर पर यह माना जाता है कि मवेशियों के प्रति किसानों की धार्मिक भावना अनुपयोगी मवेशियों को खत्म करने से रोकती है। यहाँ भी रामपुरा में मेरे अनुभव इस

आम धारणा के प्रति संशय उत्पन्न करते हैं। मैं इस बात से इनकार नहीं करता कि मवेशियों को कुछ अर्थों में पवित्र माना गया है, लेकिन इस विश्वास में जितना दम दिखाया जाता है, मुझे उस पर सन्देह है। मैंने पहले ही इसका उल्लेख किया है कि ग्राम देवियों को भैंसों की बलि चढ़ाई जाती है और गाय के मामले में, किसान खुद तो गाय या बैल को मारना नहीं चाहता, पर अगर कोई यह काम उसकी नजरों से दूर जाकर कर दे, तो उसे उतना बुरा नहीं लगेगा। इस इलाके में कुछ घुमन्तू मुसलमान व्यापारी हैं जो गाँव-गाँव जाकर पशुओं की अदल-बदल करते हैं। व्यापारी के पास जो पशु होते हैं, उनमें से एक वह किसान के पशु से बदल लेता है। किसान कहते हैं कि व्यापारी हमेशा अपने एक पशु के बदले एक पशु और कुछ रुपए प्राप्त करते हैं। जो मवेशी व्यापारी के पास इकट्ठा होते हैं उन्हें होगूर या मैसूर शहर के कसाईखाने में भेज दिया जाता है।

III

पिछले सौ या उससे अधिक सालों से किसान को घोर दकियानूस, मन्दमति, मूर्ख और अन्धविश्वासी के रूप में आँका जाता रहा है और उसकी यह छवि आजकल उसकी खेती और जीवन-शैली में बदलाव लाने के लिए सरकारी और गैर-सरकारी बहुत सारे संगठित प्रयासों के फलस्वरूप और भी जोर पकड़ रही है। एक नृतत्त्वशास्त्री, जिसने एक ग्राम समुदाय का गहन अध्ययन किया है, किसान के बारे में प्रचलित इस धरणा से सहमत नहीं हो सकता या वह इस प्रकार के मत में गम्भीर सुधार लाना चाहेगा।

श्री मैक्किम मोरियट द्वारा लिखे गए एक लेख 'टेक्नोलॉजिकल चेंज इन ओवर डेवलप्ड रूरल एरियाज'[1] में बताया गया है कि उत्तर प्रदेश के किशन गढ़ी गाँव के लोगों ने सभी बदलावों का विरोध नहीं किया, बल्कि इसके विपरीत नई फसलों और खेती की नई-नई तकनीकों का स्वागत ही किया। इससे भी महत्त्वपूर्ण बात उन्होंने यह बताई है कि आम धारणा के विपरीत कृषक की तकनीकें उतनी सरल नहीं होतीं, बल्कि वास्तव में यह एक बहुत जटिल और परस्पर सम्बन्धित चीज होती है, और इसके किसी भी एक औजार में परिवर्तन का असर पूरी व्यवस्था पर पड़ता है। तकनीकी प्रणाली आर्थिक, सामाजिक और धार्मिक व्यवस्था से गहरे रूप से जुड़ी हुई है और यह आंशिक रूप से किसान की परिवर्तन के प्रति असहमति को स्पष्ट करता है। छोटे तथा स्थायी समाजों में, जहाँ वही लोग एक-दूसरे से कई प्रकार के रिश्तों से जुड़े होते हैं, वहाँ परिवर्तन काफी गम्भीर और व्यापक होता है बनिस्पत बड़े, औद्योगिक समाजों के, जहाँ सामाजिक जीवन के विभिन्न पहलू एक-दूसरे से बिल्कुल गुँथे हुए नहीं होते हैं और व्यक्तियों के बीच सम्बन्ध विशिष्ट और विषम होते हैं।

कृषक-अर्थव्यवस्था बहुत ही अभावग्रस्त है। उसे मात्र जिन्दा रहने के लिए कुछ चीजों की जरूरत है, और हरेक बहुपयोगी वस्तु का भारी अभाव है। उदाहरण के लिए, किसान के लिए उसके क्षेत्र में उगनेवाला हरेक पत्ता और झाड़ कई तरह से उपयोगी

है। गोंदी (यूफोर्बिया) की बाड़ बहुत बढ़िया बनती है, सूखने पर जलावन के काम आती है और अगर इसको हरा-भरा रहते ही जमीन में गाड़ दिया जाए, तो बढ़िया खाद बनती है। इसी तरह राम बाँस (अगावे) की भी बाड़ बढ़िया बनती है, मानसून के दौरान इसके पत्तों से नई मिट्टी की दीवारों को ढका जाता है, पौधशालाओं को सुरक्षित रखा जाता है और इसके रेशे से रस्सी बनती है। इसके बीच के तने का जलावन के रूप में इस्तेमाल होता है। हर जगह मिलनेवाले बबूल के दो इंच लम्बे काँटे समेत हरेक हिस्से का उपयोग होता है। इसकी शाखाओं की बाड़ बनती है, इसके पत्ते और फलियाँ सर्वभक्षी बकरियाँ खाती हैं, इसकी लकड़ी इमारती लकड़ी और ईंधन के काम आती है, छोटी शाखाओं के दातून बनते हैं, इसके काँटों के पिन बनते हैं और इसके खुशबूदार फूल औरतों के बालों की शोभा बढ़ाते हैं तथा इसी गर-मालाएँ भी बनती हैं। चारे की कमी के कारण बकरी पालन लोकप्रिय हो रहा है। गाँवों में जहाँ इनकी संख्या काफी है, वहाँ भी वह सर्वभक्षी प्राणी आराम से रह जाता है। और इसी वजह से वनों का संवर्द्धन अगर असम्भव नहीं तो कठिन अवश्य है।

किसान गोबर का जलावन के रूप में इसलिए इस्तेमाल नहीं करता कि उसे इसके कीमती खाद होने का पता नहीं है, बल्कि इसलिए कि ईंधन की भारी कमी है। उसका हल लकड़ी का है और हल्का है क्योंकि उसके बैल छोटे हैं तथा अक्सर उसे फसल उगाने के लिए कड़ी चट्टान पर जमी कुछ इंच मोटी मिट्टी की जुताई करनी पड़ती है। वह शादी-ब्याह और दाह संस्कारों पर पैसे खर्च करता है क्योंकि अगर वह ऐसा नहीं करेगा तो वह अपने रिश्तेदारों, दोस्तों और पड़ोसियों को मुँह दिखाने लायक नहीं रहेगा। कई शताब्दियों से विद्यमान संस्थाओं के लिए उसको जिम्मेदार ठहराना उचित नहीं होगा। उसको बस इन्हें तोड़ने का साहस नहीं जुटा पाने के लिए जिम्मेदार माना जा सकता है और परम्पराओं को तोड़ना विशाल विजातीय समाजवाले नगरों से कहीं ज्यादा छोटे स्थायी ग्राम समुदाय में कहीं मुश्किल काम है, जहाँ सब एक-दूसरे को करीब से जानते-पहचानते रहते हैं। उसकी दरिद्रता और अक्षमता उसे दूसरों पर निर्भर बनाती है और इसके बदले में वह वहाँ के रीति-रिवाजों को मानने पर मजबूर हो जाता है।

किसानों में रूढ़िवादिता भी बेवजह नहीं है। शताब्दियों के अनुभव से गुजरी उसकी कृषि प्रणाली उसकी पूँजी है। उसकी सामाजिक और सांस्कृतिक संस्थाएँ उसे सुरक्षा और स्थायित्व का अहसास दिलाती हैं और इसीलिए स्वाभाविक है कि वह उन्हें बदलना पसन्द नहीं करेगा। यहाँ यह बताया जा सकता है क्रि रूढ़िवादिता किसानों की ही विशिष्टता नहीं है—कोई भी बदलाव नहीं चाहता, खासकर जब उसकी जवानी बीत चुकी हो। क्षेत्र अनुसन्धानकर्ताओं का यह अनुभव है कि हरेक गाँव में कुछ ऐसे युवा लोग होते हैं, जो अपने पारम्परिक तरीकों को बदलना चाहते हैं, लेकिन वे बुजुर्गों के अधिकार में रहने के कारण मजबूर हो जाते हैं। आजकल तो बहुत से गाँवों में बुजुर्गों और युवाओं के बीच काफी तीव्र विरोध देखने को मिलता है। शक्तिशाली बनने में युवा बहुत आगे नहीं रहे हैं क्योंकि परम्परा से बुजुर्गों को सम्मान देने पर काफी बल दिया गया है। और

संयुक्त परिवार तथा ग्राम पंचायत की संस्थाएँ आर्थिक एवं अन्य दृष्टियों से बड़े-बूढ़ों पर युवाओं की निर्भरता को और ज्यादा लम्बे समय तक खींचना चाहती हैं। इस प्रकार कृषि प्रणाली में परिवर्तन केवल तकनीकी मामला नहीं है, बल्कि इससे पिता और पुत्र के बीच तथा बुजुर्गों और युवाओं के बीच के सामाजिक सम्बन्ध प्रभावित होते हैं तथा कुछ अर्थों में पूरी संस्कृति की अखंडता भी प्रभावित होती है जो बुजुर्गों के प्रति सम्मान को प्राथमिक मूल्य के रूप में देखती है।

किसानों की रूढ़िवादिता के कारण नई-नई तकनीकों और तरीकों के प्रति उनमें संशय की भावना पैदा होती है। सरकारी फार्म में विभिन्न प्रकार के धान की फसलें उगाने में मिली सफलता से वह सहमत नहीं हो पाता क्योंकि वह जानता है कि उसके संसाधन अपर्याप्त हैं जबकि सरकार के पास इसका कोई अभाव नहीं है। अक्सर वह गाँव में शक्ति संरचना पर किसी विचार या उपकरण के प्रभाव को आँकने में विशेषज्ञ से आगे ही रहता है। अतः जब कोई विशेषज्ञ किसी नए उपकरण या प्रक्रिया के फायदों पर विस्तृत जानकारी दे रहा होता है, किसान इसके फलस्वरूप मुखिया या बुजुर्गों की बढ़नेवाली शक्ति को आँकने लगता है। अगर तब वह उस उपकरण या प्रक्रिया का विरोध करता है, तो इसका मतलब यह नहीं कि वह मूर्ख है, बल्कि वह ज्यादा बुद्धिमान है। मैंने अपनी आँखों से देखा है कि किस तरह सरकार द्वारा एक गाँव को उपहारस्वरूप दिए गए एक उन्नत नस्ल के बछड़े का इस्तेमाल मुखिया ने उस गरीब और अभागे रिश्तेदार पर निरंकुश शासन जमाने के लिए किया, जिसको उसने बछड़ा दिया था। हरेक नए औजार या तकनीक सामाजिक सम्बन्धों में परिवर्तन लाता है और नए औजार और तकनीकों के प्रति गाँववासियों का विरोध कुछ हद तक इसके सामाजिक निहितार्थ की उनकी कल्पना के कारण होता है। अतः रामपुरा का मुखिया बुलडोजर और बिजली की माँग करता है, पर विद्यालय की नहीं। बुलडोजर उसकी जमीन को समतल करेगा, बिजली से उसका घर और गाँव आलोकित होगा तथा छोटे उद्योग भी शुरू किए जा सकते हैं, जबकि विद्यालयों के खुलने से श्रमिकों का मिलना और दूभर हो जाएगा और गरीब लोग अमीरों के प्रति जो सम्मान की भावना रखते हैं, वह भी समाप्त हो जाएगा। कोई भी व्यक्ति, जिसे हमारे गाँवों का अनुभव है, वह जानता है कि हरेक गाँव में कुछ प्रमुख लोग होते हैं, जो गाँव की शक्ति संरचना में अपने स्थान और अपनी चतुराई के बल पर हरेक परिवर्तन का अपने हित में इस्तेमाल कर लेते हैं।

IV

धार्मिक और धर्मनिरपेक्ष सभी प्रकार के साहित्यों का एक बड़ा हिस्सा भारतीय सामाजिक संस्थाओं के छात्रों के लिए उपलब्ध है और ऐसे साहित्य ने भारतीय सामाजिक समस्याओं के विश्लेषण पर निर्णायक प्रभाव डाला है। मिसाल के लिए, साहित्य में जाति और रिश्तेदारियों के सन्दर्भ को ऐतिहासिक तथ्य के रूप में देखा जाता है और आज

की परिस्थितियों की तुलना ऐतिहासिक काल की तथाकथित परिस्थितियों से की जाती है। विधि सम्बन्धी पुस्तकों (धर्मसूत्र और धर्मशास्त्र) में बताए गए कानूनों को लोगों के बीच वास्तव में प्रचलित कानूनों के रूप में लिया जाता है और यह जानने की कोशिश नहीं की गई कि विधिशास्त्री ने उन्हें मात्र वांछनीय समझकर ही नहीं लिख दिया है। महान विधिशास्त्रियों के बारे में भी यह ठीक से पता नहीं चलता कि उनका जीवन काल क्या था। और एक विद्वान से दूसरे विद्वान के अनुमान में कोई तीन शताब्दियों का अन्तर होना कोई असामान्य बात नहीं है। खासकर पुराने विधिशास्त्रियों के बारे में ऐसा होता है। डॉ. आई.पी. देसाई लिखते हैं, "हिन्दू विधिशास्त्र के विकास में एक और कठिनाई यह है कि विभिन्न ग्रन्थों की तिथियों के बारे में विद्वानों के बीच परस्पर सहमति नहीं है...(विभिन्न लेखकों के) रचनाकाल को लेकर असहमति है। बुहलर गौतम को प्राचीनतम धर्मशास्त्रकार और आपस्तम्ब को नवीनतम मानते हैं; जबकि जायसवाल इसके ठीक विपरीत आपस्तम्ब को प्राचीनतम और गौतम को नवीनतम धर्मशास्त्रकार मानते हैं।"[2] किसी धर्मशास्त्रकार का मूल स्थान और उसके प्रतिपादित नियमों का प्रमाण अगर ज्ञात भी हो तो समझ से बाहर होता है।

इस सन्दर्भ में यह कहना उचित होगा कि हमारे शिक्षित लोगों के बीच अप्रत्यक्ष रूप से ही सही, पर वास्तव में यह धारणा घर कर गई है कि जो कुछ लिखा गया है, वही सत्य है और कोई पांडुलिपि जितनी पुरानी होगी, उसके तथ्य उतने ही सत्य होंगे। ताड़पत्रों की पांडुलिपियों को धाराप्रवाह उच्चारित करना ही ज्ञान प्राप्त करने का पर्याय है। हमारे विश्वविद्यालयों में भारतीय विद्या सम्बन्धी अध्ययन के पाठ्यक्रम में ऐसी साहित्यिक एवं पुरातत्त्व विषयक सामग्री के प्रति रुझान से साफ जाहिर होता है। भारतीय विद्याशास्त्र को भारत के अतीत सम्बन्धी ज्ञान का शास्त्र माना जाने लगा है। अगर यह सुझाव दिया जाए कि भारतीय विद्या में उन जनजातियों और ग्रामों का अध्ययन भी शामिल करना चाहिए, जो आजकल अस्तित्व में हैं, तो इसे बिल्कुल असंगत समझकर इस पर विचार भी नहीं किया जाएगा। वेदों और मनु के काल में जाति संस्था का अध्ययन जरूर होना चाहिए, पर आधुनिक भारतीय जीवन में जाति व्यवस्था कितनी शक्तिशाली है, इसको जानने की कोई जरूरत नहीं है। भारत के अतीत को गौरवान्वित करने के लिए भारतीय विद्या और पुरातत्त्वशास्त्र को मिला दिया गया है। यह प्रवृत्ति विद्वानों की निष्पक्षता को क्षति पहुँचाती है।

सामाजिक व्यवहार का अवलोकन करना सभी जगह के लिए एक कठिन काम है। और कुछ दृष्टि से अपने ही समाज का अवलोकन किसी अपरिचित समाज के अवलोकन से कहीं ज्यादा मुश्किल होता है। भारतीयों के मामले में एक और मुश्किल यह है कि जो विचार साहित्यिक सामग्रियों से लिये गए हैं और जिस जाति तथा क्षेत्र में व्यक्ति ने जन्म लिया है, वह उसके क्षेत्र-व्यवहार के अवलोकन को प्रभावित करता है। वास्तविक स्थिति को समझने में ऐसी असफलता का एक उदाहरण दे रहा हूँ जिसमें *वर्ण* सम्बन्धी धारणा ने जाति सम्बन्धी अवधारणा को किस तरह प्रभावित किया है, यह

स्पष्ट होता है। *वर्ण* व्यवस्था के मुताबिक केवल चार ही जातियाँ हैं और कुछ समूह हैं। जबकि वास्तव में हरेक भाषायी क्षेत्र में सैकड़ों जातियाँ हैं, जिनमें से हरेक जाति में अपनी आन्तरिक समरूपता है, समान संस्कृति है, समान अध्यावसाय हैं और ये सगोत्री विवाह तथा सहभोज करते हैं। एक ही क्षेत्र की जातियों में ऊँच-नीच का एक श्रेणीक्रम बन जाता है। इस श्रेणीक्रम की कई ऐसी विशेषताएँ हैं जो *वर्ण* व्यवस्था की अवधारणा के विपरीत जाती हैं। पहली, *वर्ण* व्यवस्था में पूरे भारत में केवल चार जातियाँ हैं, जिनमें से प्रत्येक का एक निश्चित और निर्धारित स्थान है। जबकि हकीकत यह है कि जाति के बारे में केवल एक ही बात जो निश्चित है; वो यह कि सभी स्थानीय जातियाँ एक श्रेणीक्रम बनाती हैं। बाकी सबकुछ अनिश्चित है। एक तरह से श्रेणीक्रम में भी अनिश्चितता ही निहित होती है, खासकर बीच की जातियों में, जहाँ संरचनात्मक दूरियाँ काफी बड़ी होती हैं। हरेक जाति यह तर्क देने की कोशिश करती है कि उसके निकटवर्तियों ने उसे जो स्थान दिलाया है, उससे कहीं ऊँचे स्थान की वह हकदार है। इस तर्क-वितर्क की एक खास उपयोगिता है क्योंकि यह गतिशीलता को सम्भव बनाता है और जातियाँ एक समय-काल में गतिशील होती हैं। इस व्यवस्था के अन्दर उछलकर ऊपर पहुँचने की घटनाएँ भी होती रहती हैं। जातियाँ अपने निकटवर्तियों से ऊँचा स्थान प्राप्त करने के लिए छलाँगें भी लगाती रहती हैं। एक दूसरी बात जो अहमियत रखती है, वह यह कि श्रेणीक्रम स्थानीय होता है जो हरेक छोटे इलाके से दूसरे छोटे इलाके में बदल जाता है, अगर एक गाँव से दूसरे गाँव में न भी जाएँ। एक ही नाम के दो समूह अगर एक ही भाषायी क्षेत्र में रह रहे हों तो भी अक्सर ये अपने-अपने स्थानीय श्रेणीक्रमों में अलग-अलग स्थान पर होते हैं तथा कुछ रीति-रिवाजों और अनुष्ठानों में भिन्नता रखते हैं। गुजरात की कोली जाति इसका एक उदाहरण है।

जाहिर है कि *वर्ण* की अवधारणा इतनी सख्त और सरल है कि जाति सम्बन्धी काफी पेचीदे तथ्य इसके अन्तर्गत नहीं समा सकते। लेकिन *वर्ण* की अवधारणा भारत के किसी क्षेत्र में जातिगत तथ्यों को समझने में मदद करती है क्योंकि यह अवधारणा सरल, स्पष्ट, स्थिर और जैसाकि माना जाता है, हरेक जगह पर लागू होती है। और यह गतिशीलता को भी बढ़ाती है क्योंकि महत्त्वाकांक्षी जातियों के लिए भारी-भरकम संस्कृत नाम अपनाकर उसके पीछे किसी एक वर्ण का नाम लगाना किसी स्थानीय ऊँची जाति का नाम अपनाने से कहीं ज्यादा आसान होता है। पर इन बातों को नजरअन्दाज कर यह माना जाता है कि *वर्ण* से जाति का सही-सही और पूरी तरह से वर्णन हो जाता है। लेकिन ऐसा नहीं होता, अगर शिक्षित भारतीय यह नहीं मानते कि *वर्ण* की अवधारणा जाति व्यवस्था के तथ्यों को सही ढंग से स्पष्ट करती है। इस साहित्यिक पूर्वग्रह का इलाज केवल क्षेत्र अनुसन्धान में ही निहित है। क्षेत्र कार्यकर्ता जब वास्तविक रूप से विस्मयकारी भिन्नताओं और जटिलताओं से भरे तथ्यों से रूबरू होता है, तो वह जो कुछ देखता है उसकी अपनी अवधारणा से तुलना करने पर मजबूर होता है और जब दोनों के बीच विसंगति पाता है तो वह लिखित सामग्रियों को फिर से जाँचना चाहता है।

V

भारत के हरेक भाग में ऊँचा स्थान रखनेवाली केवल कुछ ही जातियों की अपनी साहित्यिक परम्परा है। अंग्रेजी शासन काल में ऊँची जातियों से ही बुद्धिजीवी लोग आते थे जो नए मालिकों और आम जनता के बीच कड़ी का काम करते थे। और नया बुद्धिजीवी वर्ग सामाजिक यथार्थ को लिखित साहित्य के जरिए देखता था, और उसके अनुरूप न होने पर उसे पथभ्रष्ट होना समझता था। इस समूह ने नए स्वामियों को हिन्दू सामाजिक व्यवस्था के सम्बन्ध में ऊँची जातियों का दृष्टिकोण समझाया और उनके माध्यम से पूरी दुनिया को। ऊँची जातियों की परिस्थितियों को सारे हिन्दुओं के सन्दर्भ में समझा गया। मसलन, ऊँची जातियों में निचली जातियों की तुलना में औरतों पर बड़ी सख्ती बरती जाती है, लेकिन आरम्भिक सुधारकों ने इस विभेद को नजरअन्दाज किया। उन्होंने हिन्दू विधवा की दुर्दशा, तलाक प्रथा के न होने, स्त्रियों पर यौनाचार सम्बन्धी सख्त नियमों आदि के बारे में बातें कीं, लेकिन इन मामलों में निचली जातियों की संस्थाएँ ऊँची जातियों से कई महत्त्वपूर्ण दृष्टियों से भिन्नता रखती हैं। मैं जो बात कहना चाहता हूँ, वो यह है कि हिन्दू सामाजिक जीवन का अवलोकन किताबी नजरिया और ऊँची जातियों की दृष्टि से प्रभावित है। भारतीय समाजशास्त्रियों का सामाजिक अध्ययन करने से दिलचस्प नतीजे सामने आ सकते हैं।

धार्मिक ग्रन्थों में लिखित और ऊँची जातियों के विचारों से हटकर यदि धार्मिक व्यवहारों का, जैसा वे हैं, अध्ययन किया जाए, तो हिन्दू धर्म के बारे में दार्शनिकों, संस्कृतज्ञों और सुधारकों से बिल्कुल भिन्न धारणा बनेगी। जो कहना चाहता हूँ, उसे एक उदाहरण देकर समझाने की कोशिश करूँगा। 1948 की गर्मियों में, रामपुरा गाँव के बुजुर्गों के साथ मैं बासव देवता के मन्दिर गया, जहाँ वे लोग वर्षा के लिए उस देवता से प्रार्थना करनेवाले थे। पुजारी ने *पूजा* की, संस्कृत में *मन्त्र* पढ़े, और उसके बाद बुजुर्गों ने देवता से यह जानना चाहा कि अगले कुछ दिनों के अन्दर वर्षा होगी या नहीं। मैं उनसे उसी तरह के व्यवहार की उम्मीद करता था, जैसा मैंने ऊँची जातियों के मन्दिरों में भक्तों को व्यवहार करते देखा था। जैसे—सिर झुकाकर हाथ जोड़कर खड़ा होना, आँखें बन्द रखना और ऐसे शब्द उच्चारित करना जिनसे देवता के प्रति अत्यन्त आदर, भय तथा अवलम्बन की भावना प्रकट हो। पर मैं यह देखकर हैरत में पड़ गया कि उन्होंने वैसी बातें कीं जैसीकि वे अपने किसी बराबरवाले से करते हैं, बल्कि कुछ हद तक नासमझ बराबरीवाले से। वे नाराज हो गए, देवता को बुरा-भला कहा, उन पर व्यंग्य कसे और यहाँ तक कह डाला कि उनको देवता से ज्यादा सरकार पर ही भरोसा है। और इस पूरे वक्त के दौरान वे बहुत ही गम्भीर बने रहे। भगवान और इनसान के बीच सम्बन्धों के बारे में किसी शिक्षित शहरी हिन्दू की धारणा से यह सब कितना भिन्न था !

व्याख्याकार और सुधारक अक्सर यह कहते हैं कि हिन्दू धर्म ईसाई या इस्लाम धर्म की तरह धर्मान्तरण में विश्वास नहीं रखता है। यह बात भी उतनी सच नहीं है।

बौद्धों और जैनों के अतिरिक्त बारहवीं ईस्वी में दक्षिण में उग्र सुधारवादी सम्प्रदाय के रूप में उभरकर आनेवाले लिंगायतों ने अपने इतिहास के आरम्भिक दिनों में ब्राह्मण से लेकर अछूतों तक हर जाति के लोगों का धर्म परिवर्तन करवाया। लिंगायतों का एक सुसंगठित सम्प्रदाय है, और उनके मठ पूरे कर्नाटक में फैले हुए हैं। मिसाल के लिए, दक्षिण मैसूर में, इन मठों के अनुयायी केवल लिंगायतों में ही नहीं हैं, बल्कि उन मध्यम श्रेणी की ब्राह्मण जातियों में भी हैं, जिनके साथ उनका सम्पर्क लगातार बना हुआ है और जिनके जीवन को वे कुछ हद तक निर्देशित भी करते हैं। मठाधीश अपने छोटे-बड़े कार्यकर्ताओं के जरिए अपने हरेक अनुयायी से कर की उगाही करते हैं। यह गौर करने की बात है कि यह बात केवल लिंगायतों तक ही सीमित नहीं है, हालाँकि उनका सम्प्रदाय सभी सम्प्रदायों में सबसे ज्यादा संगठित है। महान धर्मशास्त्री और सुधारक, श्री रामानुजाचार्य का एक मठ मैसूर शहर से 26 मील दूर स्थित मेलकोट में है और इस मठ के अनुयायी आसपास के शहरों और गाँवों में फैले हुए हैं। इस प्रकार सदियों से चले आ रहे संगठनों के जरिए ब्राह्मण और गैर-ब्राह्मण सम्प्रदायों ने बड़ी संख्या में जनता को गम्भीरता से प्रभावित किया। इसके बावजूद हिन्दू धर्म और दर्शन की किताबों में अक्सर पढ़ने को मिलता है कि हिन्दू धर्म में धर्मान्तरण में विश्वास नहीं किया जाता और यह इसकी विशिष्टता है। यह सच है कि हिन्दू लोग ईसाई या मुसलमानों का धर्म परिवर्तन नहीं करवाते, लेकिन एक दृष्टि से हिन्दू धर्म में धर्म परिवर्तन चलता ही आ रहा है। निचली जातियों और कबिलाई लोगों का लगातार संस्कृतीकरण हो रहा है और ब्राह्मणवादी, गैर-ब्राह्मणवादी, वैष्णव और शैव—सभी सम्प्रदाय धर्म परिवर्तन करनेवालों की तलाश में सक्रिय रूप से लगे रहे हैं। धार्मिक मतों और व्यवहारों के पालन के लिए उत्पीड़न कोई अनजानी बात नहीं है।

VI

देश के विभिन्न भागों में ग्राम समुदायों का जो अध्ययन आजकल चल रहा है, वह भावी इतिहासकारों को ग्रामीण सामाजिक जीवन के बारे में बहुत सारे तथ्य प्रस्तुत करता है। ये तथ्य किसी सैलानी द्वारा जल्दबाजी में एकत्रित नहीं किए गए हैं, बल्कि उन लोगों द्वारा एकत्रित किए गए हैं, जिनको गहराई और बिल्कुल सटीकता से अवलोकन करने का प्रशिक्षण दिया गया है। इसलिए ये अध्ययन हमारे देश के सामाजिक, राजनीतिक आर्थिक और धार्मिक इतिहास के लिए बहुमूल्य योगदान हैं। इनका मूल्य तब और भी बढ़ जाता है जब इस बात को महसूस किया जाता है कि स्वाधीन और योजनाओं के प्रति सजग भारत में जो परिवर्तन शुरू हुए हैं, उससे हमारे सामाजिक जीवन में सम्पूर्ण क्रान्ति की शुरुआत हुई है। यह सच है कि ऐतिहासिक समय में भारत पर मुगलों और अंग्रेजों समेत विभिन्न प्रकार के लोगों का आक्रमण हुआ है, और अंग्रेजी शासन काल में शुरू हुए परिवर्तनों को पूरा होते हम आज देख रहे हैं, लेकिन अतीत से टूटने की

क्रिया कभी इतनी सम्पूर्ण और सम्यक् नहीं रही, जितनी आज है। हमारे पास ज्यादा-से-ज्यादा दस वर्ष हैं, जिनमें से ऐसे समाज के बारे में तथ्य बटोरने हैं, जो बुनियादी रूप से और बड़ी तेजी से बदल रहा है।

अक्सर इतिहासकारों ने यह दावा किया है कि अतीत के बारे में जानकारी से अगर भविष्य के बारे में जाना नहीं तो वर्तमान को जरूर समझा जा सकता है। बहरहाल, यह नहीं समझा जाता कि वर्तमान की सम्यक् समझदारी अक्सर अतीत पर भी प्रकाश डालती है। दूसरे शब्दों में, प्रचलित सामाजिक संस्थान के गहन क्षेत्रीय सर्वेक्षण द्वारा प्राप्त गहरी जानकारी के आधार पर हम प्राचीन सामाजिक संस्था सम्बन्धी तथ्यों को बेहतर समझ सकते हैं। ऐतिहासिक तथ्य न तो इतने सटीक होते हैं और न ही इतने विस्तृत, जितने क्षेत्र अनुसन्धानरत नृतत्त्वशास्त्रियों द्वारा संकलित तथ्य और कुछ वर्तमान प्रक्रियाओं का अध्ययन अतीत में ऐसी ही प्रक्रियाओं के बारे में हमारी समझदारी को बढ़ाता है। यहाँ यह बताना जरूरी है कि ऐसे काम हाथ में लेते समय बहुत सावधानी बरतनी चाहिए, वरना इतिहास में इतना तोड़-मरोड़ आ जाएगा कि उसे पहचानना कठिन हो जाएगा। लेकिन अत्यधिक सावधानी बरतने की जरूरत को समझने के बाद इस बात में शक नहीं कि इस विधि से ऐतिहासिक प्रक्रियाओं के बारे में हमारी जानकारी बढ़ जाएगी। उदाहरण के लिए, कुछ अफ्रीकी समाजों में वर्तमान संस्थाओं के संघर्ष के अध्ययन से नृतत्त्वशास्त्रियों ने यह निष्कर्ष निकाला कि प्राचीन आंग्ल-सेक्सन झगड़ों के बारे में चली आ रही पुरानी धारणा को कई महत्त्वपूर्ण पहलुओं से बदलने की जरूरत है।[3] यह सम्भव है कि आज किसी भारतीय गाँव में होनेवाले संघर्ष के अध्ययन से स्थानीय राजनीतिक इतिहास पर प्रकाश डाला जा सके।

मैं समझता हूँ, आज भारत के विभिन्न भागों में चल रहे गाँवों पर उन गहन अध्ययन के महत्त्व पर प्रकाश डालने के लिए बहुत कुछ कह चुका हूँ। एक नृतत्त्वशास्त्री के लिए गाँव बहुत ही मूल्यवान अवलोकन केन्द्र हैं, जहाँ वह सामाजिक प्रक्रियाओं और समस्याओं पर विस्तार से अध्ययन कर सकता है, जो विश्व के अधिकतर भागों में नहीं तो भारत के ज्यादातर भागों में मौजूद हैं। नृतत्त्वशास्त्री किसी गाँव में एक या दो साल के लिए रहने इसलिए नहीं जाता कि वह अद्भुत और मृतप्राय रीति-रिवाजों और विश्वासों के बारे में जानकारी इकट्ठी करना चाहता है, बल्कि वह सैद्धान्तिक समाजशास्त्रीय समस्या का अध्ययन करना चाहता है और उसका सबसे महत्त्वपूर्ण लक्ष्य मानव समाजों की प्रकृति के बारे में सैद्धान्तिक ज्ञान के बढ़ते भंडार में अपना योगदान देना है। इस सैद्धान्तिक ज्ञान के बढ़ने से अप्रत्यक्ष रूप से कल्याणकारी कार्य की सफलता में काफी मदद मिलती है। विश्वविद्यालय ऐसे शोधकार्य करवाने के लिए उचित संगठन हैं और सरकार सामाजिक नृतत्त्वशास्त्र और समाजशास्त्र में शिक्षण और शोध के पद स्थापित करने के लिए धन देकर मदद कर सकती है। उपयोगिता की दृष्टि से किए जा रहे शोध पर बहुत ज्यादा बल देने से इसका लक्ष्य पूरा नहीं होगा और हमारे विश्वविद्यालयों के बौद्धिक स्तर में भी गिरावट आएगी।

अब मैं कुछ ऐसी समस्याओं की चर्चा करूँगा, जिन पर विगत दस वर्षों में नृतत्त्वशास्त्रियों द्वारा या तो अध्ययन चल रहा है या उन पर अभी अध्ययन पूरा ही हुआ है। एक नृतत्त्वशास्त्री पहले के एक मुख्यतया 'सूखी जमीन' वाले गाँव में सिंचाई, और व्यावसायिक फसलों की शुरुआत के प्रभावों का अध्ययन कर रहा है। चौथे दशक में इस इलाके में एक चीनी का कारखाना स्थापित किया गया। और उक्त गाँव इस कारखाने के लिए कुछ गन्ना उत्पादन करता है। इस गाँव के अध्ययन से ग्रामीण सामाजिक संस्थाओं पर नकदी अर्थव्यवस्था और शहरीकरण के प्रभावों पर कुछ प्रकाश डालने में मदद मिल सकती है। एक दूसरे नृतत्त्वशास्त्री ने उड़ीसा में कृषक अर्थव्यवस्था के प्रभावों का अध्ययन किया है। इसी तरह तीसरे ने गुजरात में एक बहुजातीय ग्राम का अध्ययन किया है जिसमें हरेक प्रभुत्वशाली जाति के लिए कम-से-कम लगभग दो सौ साल पहले तक की वंश-परम्परा सम्बन्धी सामग्रियाँ मिलती हैं। यहाँ उद्देश्य है कृषक समुदाय की संस्थाओं और विश्वासों पर लिखित और ऐतिहासिक परम्परा का अगर कोई प्रभाव पड़ता है, तो उसका अध्ययन करना। 1948 में रामपुरा का अध्ययन करने के पीछे मेरा भी उद्देश्य यही था कि सभी उन्नीस जाति समूह परस्पर कैसा आदान-प्रदान करते हैं, इसकी विस्तृत जानकारी प्राप्त करूँ मैं यह स्वीकार करता हूँ कि सामान्यतया जाति के बारे में पढ़ते-पढ़ते मैं कुछ ऊब-सा गया था और बहुतों को यह जानकर आश्चर्य ही होगा कि जाति संस्था के प्रति गहरी रुचि रखने के बावजूद किसी ने भी किसी बहुजातीय ग्राम में जाकर रहते हुए विभिन्न जातियों के बीच अन्तर्सम्बन्धों का विस्तृत अध्ययन करने की जरूरत को नहीं समझा। मैं यह भी जानना चाहता था कि गाँव में भू-स्वामित्व के स्वरूप का जाति व्यवस्था से क्या सम्बन्ध है। अपने अध्ययन से मैं एकल गाँवों में भारतीय समाजशास्त्रीय समस्याओं के अध्ययन के भारी महत्त्व को अच्छी तरह समझ पाया हूँ। मैं यह नहीं कह रहा कि गाँव में सभी समाजशास्त्रीय समस्याओं का अध्ययन किया जा सकता है। लेकिन जिन समस्याओं का अध्ययन एकल गाँवों या समीपस्थ गाँवों के समूह में किया जा सकता है, उनसे भारतीय सामाजिक जीवन में काफी गहरी अन्तर्दृष्टि मिल सकती है।

सन्दर्भ एवं टिप्पणियाँ

1. इकनॉमिक डेवलपमेंट एंड कल्चरल चेंज, जिल्द I, अंक 4, 1952, पृष्ठ 261-72
2. 'पनिशमेंट एंड पेनांस इन मनुस्मृति', जनरल ऑफ द यूनिवर्सिटी ऑफ बॉम्बे, जिल्द XV, भाग 1, जुलाई 1946, पृष्ठ 42
3. ई.ई. इवांस-प्रिचार्ड सम्पादित 'इंस्टीट्यूशंस ऑफ प्रिमिटिव सोसाइटी' में मैक्स ग्लूकमेन का लेख 'पॉलिटिकल इंस्टीट्यूशंस'।

सामाजिक नृतत्त्वशास्त्र और ग्रामीण तथा शहरी समाजों का अध्ययन

पिछले सौ सालों के दौरान नृतत्त्वशास्त्रियों ने 'आदिम' समाजों के अध्ययन पर अपना ध्यान केन्द्रित किया है, हालाँकि इन्होंने गैर-आदिम समाजों को बिल्कुल ही अनदेखा भी नहीं किया। प्राचीन यूनान और रोम, प्राचीन भारत, चीन और मिस्र पर मॉरगन, मैन, रॉबर्टसन–स्मिथ फ्रेजर, फुस्टेल डी कोलंगस, मास और हूबर जैसे नृतत्त्वशास्त्रियों का ध्यान आकर्षित हुआ। इन लोगों ने विकासवादी या ऐतिहासिक परिदृश्य में ही सही, पर सामाजिक समस्याओं का अध्ययन किया। उदाहरण के लिए, सर हेनरी मैन ने कानून और धर्म के बीच सम्बन्ध तथा प्राचीन यूनान, रोम एवं भारत में कानूनी संस्थाओं पर संहिताकरण के प्रभाव का तुलनात्मक अध्ययन किया।

सामाजिक नृतत्त्वशास्त्र अपनी कार्यशैली के लिए जितना महत्त्व रखता है, उतना ही महत्त्व अपनी ही विषयवस्तु के लिए भी। गहन क्षेत्रीय अनुसन्धान कार्य (या जैसा कि कुछ लोग इसे 'सहगामी अवलोकन' भी कहते हैं।) इसकी प्रमुख शैली है। लेविस एच. मॉरगन पहले ऐसे विद्वान थे, जिन्होंने आदिम लोगों पर क्षेत्र अनुसन्धान किया था : उनके 'लीग ऑफ इरॉक्योसस' पर 1851 के पहले किए गए ब्यौरे क्षेत्र अनुसन्धान के परिणाम हैं। फ्रांज बोआसा ने 1883-84 में बफिन लैंड का क्षेत्रीय अध्ययन के लिए दौरा किया था और ए.सी. हैडॉन ने 1898 में टोरेस स्ट्रेस में कैम्ब्रिज एक्स्पेडीशन का नेतृत्व किया।

इस विषय में क्षेत्र अनुसन्धान की परमपरा धीरे-धीरे स्थापित होने लगी और आजकल तो किसी भी नृतत्त्वशास्त्री के लिए यदि दो नहीं तो कम-से-कम एक समाज में गहन अनुसन्धान करना अनिवार्य भी है। (इस दृष्टि से सामाजिक नृतत्त्वशास्त्र अन्य सामाजिक विज्ञानों से भिन्न है।) क्षेत्र अनुसन्धान पर जोर का विषयवस्तु के चरित्र और विकास पर गहरा असर पड़ा है। सबसे पहले तो इस विषय की बुनियाद मजबूत हो गई; द्वितीयतः सैद्धान्तिक प्रस्थापनाओं को नृजातीय आँकड़ों पर आधारित होना चाहिए, जो या तो अपने क्षेत्र अनुसन्धान या किसी अन्य के क्षेत्र अनुसन्धान के फलस्वरूप प्राप्त हो। अन्यों द्वारा प्रस्थापित सैद्धान्तिक निर्णयों को स्वयं नृतत्त्वशास्त्री द्वारा इकट्ठे किए गए गहन आँकड़ों के आधार पर विकसित किया जाता है। मिसाल के लिए, धर्म और समाज के बीच सम्बन्ध से जुड़े विचार पहली बार डर्खाइम ने उस समय प्रतिपादित

किए, जब वे ऑस्ट्रेलियाई आदिवासियों के धार्मिक जीवन पर विश्लेषण कर रहे थे। इस विचार को आगे अन्दमान द्वीप के निवासियों पर अपने काम के दौरान रैडक्लिफ-ब्राउन ने विकसित किया। डर्खाइम स्वयं रॉबर्टसन स्मिथ से प्रभावित थे। इसी तरह जादू-टोने पर इवांस-प्रिचार्ड की व्याख्या कुछ-कुछ लेवी-ब्रूल के 'आदिम मनोवृत्ति' की अवधारणा पर आधारित है।

सैद्धान्तिक विकास से क्षेत्र अनुसन्धान का और इसी तरह क्षेत्र अनुसन्धान से सैद्धान्तिक विकास का कार्य बेहतर हुआ। पिछले पचास सालों में सिद्धान्त के विकास की जरूरतों को देखते हुए और ज्यादा गहन तथा नई किस्मों के आँकड़े हासिल करने की कोशिश जारी रही। अब तो लगभग सभी यह मानते हैं कि दुभाषियों और कुछेक गिने-चुने सूचना देनेवालों के जरिए अध्ययन किए जा रहे लोगों का भरोसेमन्द या करीबी परिचय नहीं मिल सकता। किसी नृतत्त्वशास्त्री से यह उम्मीद की जाती है कि वह उन लोगों के साथ कम-से-कम 12-18 महीने गुजारे, जिनका वह अध्ययन कर रहा है, ताकि उनकी भाषा पर वह अधिकार कर सके और ज्यादा-से-ज्यादा अवलोकन कर सके। जैसा कि प्रोफेसर बार्नेस ने कहा है, "आज के क्षेत्र अनुसन्धानकर्ता अपने पूर्ववर्ती क्षेत्र अनुसन्धानकर्ताओं की तुलना में अध्ययन किए जानेवाले लोगों का अभिनेताओं के रूप में कहीं ज्यादा इस्तेमाल करना चाहते हैं।"[1]

आजकल सामाजिक नृतत्त्वशास्त्र का अंग्रेजी विद्वान संस्कृति पर नहीं, बल्कि समाज, सामाजिक संरचना और सामाजिक सम्बन्धों पर ज्यादा जोर देता है और इसका संकलित किए जा रहे आँकड़ों के चरित्र पर काफी गहरा असर पड़ा है। उन सुनहरे बीते हुए दिनों में नृतत्त्वशास्त्री अपने अध्ययन किए जा रहे समाज के लोगों के रीति-रिवाज और नियमों के बारे में एक या कई सूचनादाताओं से सूचना हासिल करता था। आजकल वह इसके साथ-साथ यह भी जानकारी हासिल करता है कि इन रीति-रिवाजों तथा नियमों का वास्तव में कहाँ तक पालन होता है तथा इनके पालन न किए जाने की स्थिति में हर्जाने की सूरत क्या थी। वह यह भी जानने की कोशिश करता है कि किन्हीं खास रीति-रिवाजों तथा नियमों का पालन अन्यों से ज्यादा होता है और क्या यह अन्य कारकों, जैसे—वर्ग, जाति, धर्म, रिश्तेदारी और उम्र से सम्बन्धित है। सबसे पहले वह वास्तविक परिस्थितियों में विभिन्न रीति-रिवाजों और नियमों के प्रति लोगों की श्रद्धा या उसके अभाव के बारे में, विभिन्न लोगों की उन पर टिप्पणियाँ इत्यादि जानने की कोशिश करता है।

अधिकांश अमेरिकी नृतत्त्वशास्त्री संस्कृति और व्यक्तित्व में दिलचस्पी रखते हैं और इसके फलस्वरूप उन्होंने अपना काफी ज्यादा ध्यान शिशु पालन की प्रक्रिया, खासकर नवजात शिशु के कुछ आरम्भिक वर्षों पर केन्द्रित किया है। आजकल बड़े पैमाने पर ऐसे आँकड़े इकट्ठे किए जा रहे हैं, जिन पर पहले शायद किसी का ध्यान भी न जाता था। 'संस्कृति और व्यक्तित्व' नृतत्त्वशास्त्र की अब लगभग एक बिल्कुल अलग ही शाखा बन गई है।

शुरू से ही सामाजिक नृतत्त्वशास्त्र की जो एक और विशेषता रही है, वह यह है कि 'तुलनात्मक विधि' की अवधारणा में ही परिवर्तन आ गया है। दरअसल मैन और मैकलेनान की 'तुलनात्मक विधि' से रेडक्लिफ-ब्राउन के *द सोशल ऑर्गेनाइजेशन ऑफ ऑस्ट्रेलियन ट्राइब्स* (आस्ट्रेलियाई कबीलों का सामाजिक संगठन) का तथा मॉरगन के *सिस्टम ऑफ कॉन्सांग्विनिटी एंड एफिनिटी इन द ह्यूमन फैमिली* (मानव परिवार में समरक्तता एवं घनिष्ठता की प्रणालियाँ) से *द अफ्रीकन सिस्टम्स ऑफ किनशिप एंड मैरेज* (रिश्तों एवं विवाहों की अफ्रीकी प्रणाली) का फासला बहुत बड़ा है। प्रथमतः अपने पूर्ववर्तियों के विपरीत आधुनिक नृतत्त्वशास्त्री तुलनात्मक अध्ययन करने से कतराते हैं, जिनमें सभी समाज, प्राचीन, मध्यकालीन एवं आधुनिक तथा विश्व के हरेक भाग के समाज सम्मिलित होते हैं। आधुनिक नृतत्त्वशास्त्री के पास आँकड़े अजस्र होते हैं और एक व्यक्ति, चाहे वह कितना भी उद्यमी क्यों न हो, इसके केवल एक छोटे हिस्से पर ही अधिकार रख सकता है। आधुनिक नृतत्त्वशास्त्री अपने पूर्ववर्तियों से कहीं ज्यादा अपने स्रोतों के प्रति आलोचनात्मक हैं और इसका साहस कर सकते हैं। साथ ही, आधुनिक नृतत्त्वशास्त्री अपेक्षाकृत समरूपी क्षेत्रों के बीच ही तुलना करने तक सीमित रह सकते हैं और वे ऐसे क्षेत्रों के तुलनात्मक अध्ययन करना पसन्द करते हैं जहाँ का उनका स्पष्ट और सीधा अनुभव रहा है। यह जाहिर है कि मोटे तौर पर एक समरूप क्षेत्र में समाजों या संस्थाओं की तुलना करना एकदम भिन्न सांस्कृतिक क्षेत्रों के समाजों या संस्थाओं की तुलना करने से कहीं कम जटिल है।

कुछ लोग तर्क देंगे कि किसी भी दूसरे समाज के बारे में सारी समझदारियाँ आवश्यक रूप से तुलनात्मक ही होती हैं, यहाँ तक कि नृतत्त्वशास्त्री भी जिस समाज का अध्ययन कर रहा होता है उसके बारे में समझदारी अपने समाज से तुलना करके ही विकसित करता है, हालाँकि यह तुलना कभी प्रत्यक्ष रूप से प्रकट नहीं की जाती है। जब कोई नृतत्त्वशास्त्री किसी समुदाय पर क्षेत्र अध्ययन करता है, उसके दिमाग में दो समुदाय होते हैं—एक जिसमें वह पैदा हुआ और दूसरा जिसका उसने अध्ययन किया। धीरे-धीरे अन्य समाजों के बारे में जैसे-जैसे उसकी सीधी या अन्य सूत्रों के जरिए जानकारी बढ़ती जाती है, उसका रवैया और ज्यादा सही अर्थों में तुलनात्मक होता चला जाता है। इसके अभाव में वह अपने समाज या उस समाज से, जिसमें उसने अपना क्षेत्र अनुसन्धान कार्य किया है, पूरी तरह अलग होने में असमर्थ होता है।

अधिकांश लोग यह मानते हैं कि तुलनात्मक विधि असरदार है, लेकिन कुछ अल्पसंख्यक लोग यह तर्क देते हैं कि सामान्य नियमों तक पहुँचने के उद्देश्य से तुलना करने का नतीजा निराशाजनक ही होगा। हालाँकि इसका मतलब यह नहीं कि वे तुलना को व्यर्थ मानते हैं। इसके विपरीत, उनका कहने का तात्पर्य यह है कि जहाँ व्यवस्थित रूप से की गई तुलना, नृतत्त्वशास्त्री की अध्ययन की जानेवाली संस्था या संस्था समूह के बारे में समझदारी को बढ़ाती है, वहीं ऐसी समझदारी को सामान्य नियमों का रूप नहीं दिया जा सकता। उनका मानना है कि किसी समाज की संस्थाएँ आपस में इतनी

गुँथी हुई हैं कि इनमें से किसी एक संस्था को भी अलग करने से विकृति आ जाएगी। किसी संस्था का अगर परिचय नहीं तो महत्त्व ही, उस समाज की अन्य संस्थाओं से इसके गुँथे होने की शैली में निहित है, जिसका यह एक हिस्सा है। इस प्रकार चाहे वे कितनी भी समानता क्यों न रखती हों, एकरूप नहीं हैं, क्योंकि इनमें से हरेक उस समाज की, जिसका वह एक हिस्सा है, अन्य संस्थाओं के साथ मिलकर एक अलग व्यवस्था बनाती है। कम तीक्ष्णता रखनेवाले नृतत्त्वशास्त्री संस्थाओं को उसी नजर से देखना चाहते हैं, जिससे कोई मिस्त्री मोटरकार के पुर्जे देखता है।

चूँकि सामाजिक नृतत्त्वशास्त्री यह अच्छी तरह जानता है कि समाज की विभिन्न संस्थाएँ आपस में एक-दूसरे से जुड़ी होती हैं, इसलिए वह केवल एक संस्था पर अध्ययन करते हुए भी सभी अन्य संस्थाओं के बारे में जानकारी हासिल करता है। वास्तव में वह जो कुछ भी देखता और सुनता है, वह सबकुछ दर्ज करता है। किसी ने इस विधि को 'ग्रैब ऑल' (सब हथिया लो) विधि कहा है। इसमें कोई हैरत की बात नहीं कि इस विधि से भारी तादाद में आँकड़े इकट्ठे होते हैं और आमतौर पर एक साल के क्षेत्र अनुसन्धान कार्य का मतलब दस साल का लेखन होता है। अगर कोई नृतत्त्वशास्त्री दो शोध परियोजनाओं पर काम करता है, तो वह अपने कार्यशील जीवन का अधिकांश भाग नोट लिखने में ही बिता देगा। उसके नोट उसके दिमाग पर बोझ बन जाते हैं और वह चाहे उन पर विचार करे या उनसे दूर रहे, अप्रसन्न ही रहेगा। पहली स्थिति में वह अपने पूर्ववर्तियों तथा सहयोगियों के कार्यों की अवहेलना करता है : दूसरी स्थिति में वह भावी पीढ़ियों के प्रति अपने कर्तव्य में असफल रहता है। कुछ अमेरिकी विद्वानों ने अपने नोटों की अनुलिपियाँ तैयार कर उन्हें वितरित करके इसका हल निकाला। यह एक उपयोगी समझौता हो सकता है, लेकिन यह भी उतना अच्छा नहीं होता, जितना किसी क्षेत्र अनुसन्धानकर्ता द्वारा लिखा गया मोनोग्राफ। किसी व्यक्ति के नोट पढ़कर वह प्रभावित हो सकता है और अन्य ऐसे तथ्य उसे याद आने लगते हैं, जिनको उसने दर्ज किया है और बहुत सारी कमियाँ केवल वही दूर कर सकता है। अन्य चाहे कितने ही मेधावी क्यों न हों, पर उन्हें क्षेत्र का अनुभव नहीं रहता, जिसके अभाव में व्याख्या में काफी अधूरापन रह जाता है।

II

चौथे दशक में कुछ सामाजिक नृतत्त्वशास्त्रियों ने चीन, जापान, आयरलैंड और कनाडा जैसे सुसभ्य देशों में ग्रामीण समुदायों का अध्ययन किया। प्रोफेसर लॉयड वार्नर ने मेसेचुसेट्स के एक छोटे से शहर का अध्ययन किया। सामाजिक नृतत्त्वशास्त्री यह मानते हैं कि उनके अध्ययन के दायरे में दुनिया के सभी हिस्सों के सभी आदिम, आधुनिक और ऐतिहासिक समाज आ जाते हैं। जिस दुनिया में 'आदिम' लोग बड़ी तेजी से अपनी आदिम स्थिति से बाहर आ रहे हैं, वैसी दुनिया में शायद यह होना ही लाजिमी है।

ग्रामीण समुदायों, जो वृहत्तर समाजों के हिस्से हैं तथा जिनके ऐतिहासिक रेकॉर्ड अत्यन्त प्राचीन हैं, का अध्ययन निश्चित रूप से लाभदायक है। ऐसे देशों पर अध्ययन करनेवाले हाल तक ज्यादातर प्राचीन वस्तु संग्रहकर्ता, भाषाशास्त्री, पुरातत्त्ववेत्ता, इतिहासकार, शास्त्रीय विद्वान और अरबी, संस्कृत तथा चीनी भाषा के विद्वान ही रहे हैं। विश्व उनके निष्ठापूर्ण परिश्रम के लिए ऋणी है। लेकिन जिन खास देशों का उन्होंने अध्ययन किया और उनकी संस्कृति पर उनके विचार, मुख्यतया धार्मिक तथा गैर-धार्मिक किताबों और स्मारकों तथा अभिलेखों पर ही आधारित थे। यहाँ तक कि लोगों की सामाजिक संस्थाओं के बारे में भी अस्पष्ट सूक्तों, काल्पनिक मिथकों तथा वानप्रस्थी व्याख्याकारों एवं टीकाकारों के परस्पर विरोधी वक्तव्यों से ही जानकारी ली गई है। खासकर प्राचीन-मध्यकालीन भारत पर अधिकांश लिखित सामग्रियाँ स्पष्ट कालक्रम के मुताबिक नहीं मिलतीं। कानूनी कार्यों के मामले में यह स्पष्ट नहीं है कि लेखक कहाँ से आया है और जिन कानूनों पर उसका जोर है, उनका शहरी तथा ग्रमीण लोगों द्वारा वास्तव में पालन किए जा रहे रीति-रिवाजों एवं कानूनों से कहाँ तक सम्बन्ध है। क्या राजा ने पूरे राज्य में एक-सा कानून लागू करने की कोशिश की थी ? राजा और विधिवेत्ताओं के बीच कैसा सम्बन्ध था ?

भारत में लिखित सामग्री पर विद्वानों का ध्यान ज्यादा केन्द्रित रहा है और इसी वजह से भारतीय समाज तथा संस्कृति का एक 'किताबी नजरिया' बनकर सामने आया। इस नजरिए को शिक्षित भारतीयों के बीच स्वीकृति मिली। वे किसी क्षेत्र की परिस्थिति को पूर्वनिर्णित विचार से देखते हैं : *वर्ण* पर जोर देने के कारण वे *जाति* की जटिलता और विविधता तथा दोनों के बीच सम्बन्ध को पकड़ नहीं पाते। इसके परिणामस्वरूप हिन्दू समाज का एक अत्यन्त सरल, निश्चित तथा निर्विकार नजरिया उभरकर आया है।

किताबी नजरिए ने हिन्दू संस्थाओं की छद्म ऐतिहासिक व्याख्या भी विकसित की। इस प्रकार किसी भी जाति समूह में पाए जानेवाले छुआछूत सम्बन्धी विचारों की मनु या अन्य धर्मशास्त्री के सन्दर्भ में व्याख्या करने की कोशिश की गई। इसमें यह मान्यता भी निहित है कि जो जाति में मिलता है, वह धार्मिक ग्रन्थों की देन है या उसी का विकृत रूप है। धार्मिक ग्रन्थों के विचार जितना उनसे मेल खाएँगे, समूह की संस्था उतनी ही 'पवित्रतर' होगी। वास्तव में, लोगों के विभिन्न तबकों में चालू संस्थाओं तथा किताबी संस्थाओं के बीच सम्बन्ध का सवाल महत्त्वपूर्ण है और इस पर व्यवस्थित रूप से अध्ययन करना जरूरी है।

देश के विभिन्न समुदायों की संस्थाओं के गहन अध्ययन से किताबी नजरिए के विपरीत नतीजे आते हैं। यह भारतीय समाज की विविधता तथा जटिलता पर बल देता है और यह किताबी छवि से भिन्न है। भारतविदों को अपने भारतीय समाज के बारे में नजरिए में थोड़ा सुधार लाना होगा।

आधुनकि सामाजिक नृतत्त्वशास्त्र की तकनीकों तथा अवधारणाओं का इस्तेमाल करते हुए छोटे समुदायों के गहन अध्ययन से सम्पूर्ण भारत में सामाजिक जीवन तथा

संस्कृति के विश्लेषण के काम आनेवाले उपाय समाने आने लगे हैं। अगर मैं अपने ही कार्य के सन्दर्भ में कहूँ, तो संस्कृतकरण तथा अखिल भारतीय, प्रायद्वीपीय, क्षेत्रीय और स्थानीय रूप में हिन्दूवाद के विभाजन, जो कुर्ग धर्म एवं समाज पर मेरे अध्ययन में विकसित हुआ, भारत के अन्य भागों तथा अन्य वृहत्तर समस्याओं के विश्लेषण में काम आया। यह असम्भव नहीं कि ये ऐतिहासिक आँकड़े के विश्लेषण में भी उपयोगी साबित हों। भारत जैसे देश में 'लघु समुदाय' न केवल एक बड़े राज्य का हिस्सा है, बल्कि एक 'महान परम्परा' का भी हिस्सा है और पहले के विश्लेषण से दूसरे के बारे में बहुमूल्य जानकारियाँ हासिल होंगी, जो शायद किसी अन्य तरीके से हासिल करना सम्भव भी नहीं।

'प्रभुत्वशाली जाति' की अवधारणा भी एक छोटे समुदाय पर गहन क्षेत्र अनुसन्धान कार्य के बाद ही विकसित हुई और वह वृहत्तर तथा ऊँचे स्तरों पर विश्लेषण के लिए महत्त्वपूर्ण प्रतीत होता है। यह क्षेत्रीय राजनीतिक इतिहास, आधुनिक भारत में शक्ति सम्बन्धों तथा अन्य समस्याओं को समझने में भी मदद दे सकता है।

ग्राम अध्ययनों ने कुछ ऐसे वर्तमान रेकॉर्ड के महत्त्व पर प्रकाश डाला है, जो ग्रामीण सामाजिक जीवन के विश्लेषण के लिए अनिवार्य है, लेकिन अभी तक भारतीय इतिहासकारों तथा पुरालेखाकारों का ध्यान आकर्षित करने में ये असफल रहे थे। आज के क्षेत्र अनुसन्धानकर्ता हरेक क्षेत्र में विभिन्न दस्तावेजों के बारे में एक निर्देशन पुस्तिका की सख्त जरूरत महसूस करता है। आधिकारिक दस्तावेजों के अतिरिक्त, भारत के बहुत से भागों में जाति के मुखिया के पास विवादों तथा अन्य मामलों के निबटारे से सम्बन्धित दस्तावेज रहते हैं। इनको क्षेत्र शोधकर्ताओं के लिए संग्रहीत और संरक्षित तथा उपलब्ध कराने की जरूरत है। एक दूसरे प्रकार के दस्तावेज पेशेवर वंशावली निर्माताओं और चारणों के पास होते हैं। क्षेत्र नृतत्त्वशास्त्री द्वारा कृषकों की संस्थाओं का अध्ययन इन दस्तावेजों के महत्त्व के प्रति उसे संवदेनशील बनाता है। उसके क्षेत्र कार्य को उपलब्ध आधिकारिक एवं गैर-आधिकारिक स्थानीय दस्तावेजों के अध्ययन द्वारा पुष्ट करने की जरूरत होती है। इससे क्षेत्र अध्ययन को गहराई और परिप्रेक्ष्य प्राप्त होता है। ऐसा कोई क्षेत्र अनुसन्धानकर्ता नहीं होगा जो यह महूसस नहीं करता कि अगर उसको स्थानीय इतिहास का अच्छा-खासा ज्ञान होता तो उसके विश्लेषण को काफी सुधारा जा सकता था। दूसरी ओर क्षेत्रशोध स्थानीय इतिहास में अन्तर्दृष्टि देता है।

III

सामाजिक नृतत्त्वशास्त्रियों ने अभी हाल तक शहरी समस्याओं के अध्ययन से जी चुराया है। लेकिन पिछले छह या सात सालों में भारतीय या विदेशी कुछ सामाजिक नृतत्त्वशास्त्रियों ने शहरों और कारखानों के क्षेत्रीय अध्ययन का काम हाथ में लिया है। यहाँ सामाजिक नृतत्त्वशास्त्र के गहन अध्ययन द्वारा जाँच के लिए काफी उर्वर क्षेत्र मौजूद है। भारत

के विभिन्न भागों में औद्योगिक मजदूरों की सामाजिक पृष्ठभूमि के बारे में लगभग कुछ भी नहीं मालूम होता। एक आधुनिक कारखाने में भाषायी, क्षेत्रीय, जातिगत तथा रिश्तेदारी के सम्बन्ध कहाँ तक कारगर होते हैं ? शहरों में जाति के स्वरूप में क्या-क्या परिवर्तन आते हैं तथा इसके एवं ग्रामीण क्षेत्रों में जाति के बीच किस प्रकार की सतत एकरूपता, अगर कोई है भी तो, बनी हुई है ? क्या संयुक्त परिवार शहरों में 'गायब' हो जाते हैं या इसमें कोई बदलाव आता है ? क्या हम ठीक-ठीक बता सकते हैं कि पारम्परिक शहरों (जैसे—किसी राजा की पुरानी राजधानी या कोई तीर्थस्थान) और आधुनिक शहरों के बीच क्या-क्या अन्तर है ? कभी-कभी देखा गया है कि कारखाना एक पारम्परिक शहर में लगाया गया है। क्या यह किसी नए प्रकार के सामाजिक सम्बन्ध को जन्म देता है और अगर ऐसा है तो उनका पारम्परिक प्रकार से कैसा सम्बन्ध है ? किसी शहर की बस्तियों की शैली व्यावसायिक उद्यम, मजूदर संघ और सहकारी आन्दोलन तथा राजनीति और शिक्षा के निर्धारण में जाति, रिश्तेदारी, भाषा, धर्म और अन्य बन्धन का क्या औचित्य है ? कहाँ तक यह माना जा सकता है कि पश्चिमी शहरों में जो सामाजिक शक्तियाँ कारगर हैं, वही भारतीय शहरों में भी कारगर हैं ? भारतीय शहरी जीवन के नृजातिविज्ञान का अभाव इसे सुस्पष्ट कर देता है।

गहन क्षेत्र अनुसन्धान के साथ सबसे दिक्कत की बात यह है कि जब समुदाय इतना छोटा होता है कि केवल एक अनुसन्धानकर्ता साल-दो साल के निर्धारित समय में जाँच पूरी कर पाता हो, तभी यह श्रेष्ठतम फल देता है। यह जाहिर है कि इस विधि में थोड़ा सुधार लाना होगा या अन्य सूत्रों से मदद लेनी होगी। खासकर यदि इसे बड़े शहरों या बड़े क्षेत्रों या ऐतिहासिक समस्याओं के अध्ययन तक विस्तृत करना हो। छोटे समुदायों और शहरों तथा विश्वस्तरीय समस्याओं के अध्ययन के बीच अभी एक अवांछित विरोधाभास मौजूद है। समुदायों के लिए तो गहन अध्ययन विधि लागू होती है, लेकिन दूसरों के लिए प्रश्नावली, नमूना अध्ययन तथा सांख्यिकीय तकनीकी से सम्बन्धित विधियाँ उपयोग में लाई जाती हैं। ऐसा विभेद नुकसानदेह है और यदि नृतत्त्वशास्त्र को शहरों तथा विश्वस्तरीय समस्याओं से निबटना हो, तो इसे केवल गहन अध्ययन विधि पर निर्भर रहने से काम नहीं चलेगा। दूसरी तरफ प्रश्नावलियों का प्रयोग इत्यादि के बिना गहन अध्ययन विधि अगर गलत व्याख्या नहीं भी, तो केवल सतही परिणाम ही देगी। विश्वस्तरीय एवं स्थानीय स्तर पर समस्याओं के अध्ययन में विभिन्न तकनीकों के इस्तेमाल से आखिरकार एक ही अध्ययन क्षेत्र में अवांछित सीमाएँ पैदा हो गई हैं। डर्खाइम के नेतृत्व में फ्रांसीसी समाजशास्त्रियों ने इस तथ्य को महसूस किया और स्वयं डर्खाइम ने ऑस्ट्रेलियाई कबीलों के साथ-साथ यूरोप में आत्महत्या पर अध्ययन किया। मार्सेल-मॉस ने आदिम, प्राचीन तथा आधुनिक समाजों में भेंट के आदान-प्रदान का इसी प्रकार अध्ययन किया।

सामाजिक नृतत्त्वशास्त्रियों को जब भी जरूरत हो, तथ्यों को आँकड़ों के रूप में निर्धारित करने की वर्तमान प्रवृत्ति का स्वागत करना चाहिए और मौलिक सांख्यिकीय

तकनीकों को नृतत्त्वशास्त्री के सामान्य तरीकों का एक हिस्सा मानना चाहिए। उनको यह भी समझना चाहिए कि कई समस्याओं का दायरा इतना व्यापक होता है कि वहाँ गहन अध्ययन विधि बिल्कुल उपयोगी नहीं होती या फिर उसके साथ अन्य तकनीकों द्वारा पुष्टि करने की जरूरत होती है। विभिन्न विषयों के विशेषज्ञ दलों के साथ-साथ एक ही विषय के कई दलों को भी कुछ समस्याओं के अध्ययन में लगाना चाहिए।

हालाँकि इस बात पर जोर देना जरूरी है कि किसी दल द्वारा शुरू किए गए किसी कार्यक्रम की योजना बनाने और उसमें काम करनेवाले व्यक्तियों के चयन पर अगर पर्याप्त ध्यान नहीं दिया गया, तो कार्यक्रम के पहले ही डूब जाने की भविष्यवाणी की जा सकती है। दल के लोगों को एक-दूसरे से अच्छी तरह परिचित होना चाहिए और यह बात सबको समझना चाहिए कि क्षेत्र अनुसन्धान में एक साथ काम करने पर सबके ऊपर दबाब पड़ता है। दल के सदस्यों को क्षेत्र के काम पर जाने से पहले कुछ समय साथ-साथ बिताना चाहिए और जब क्षेत्र में हों, तब विचार-विमर्श लगातार करते रहना चाहिए। अन्तर्विषयी दल के लिए सफलता हासिल करना और भी कठिन होता है। आमतौर पर जब किसी बैठक में कई विशेषज्ञ इकट्ठा हो जाते हैं, तब उनकी सफलता से कहीं ज्यादा आपस में संवाद स्थापित करने में उनकी असमर्थता ही अधिक उजागर होती है।

मैं जान-बूझकर दलीय कार्यों की समस्याओं पर बल दे रहा हूँ क्योंकि मुझे लगता है कि बहुत कम लोग इसे पर्याप्त महत्त्व देते हैं। बल्कि इसके विपरीत दलीय कार्यों के प्रति एक लापरवाही भरा और कटुता का भाव ही देखने को मिलता है। कम समय की सूचना में ही जल्दी-जल्दी ये दल गठित होते हैं। इसके सदस्यों के चुनाव में कोई सावधानी नहीं बरती जाती और इस बात का कोई खयाल नहीं रखा जाता कि जब इतने सारे लोग, जिनमें से कई एक-दूसरे से बिल्कुल अनजान हैं, एक साथ काम करेंगे तो किस प्रकार की समस्याएँ उठ सकती हैं। ऐसे दल आमतौर पर इसलिए गठित नहीं होते कि समस्या के समाधान के लिए दल की जरूरत है, बल्कि यह मान्यता है और जो शायद सही भी है कि कई फाउंडेशन, दलों द्वारा किए गए काम को, खासकर अन्तर्विषयी दलों को एक व्यक्ति परियोजना के बनिस्पत कहीं बेहतर समझती हैं। कोई समस्या इसलिए नहीं चुनी जाती कि वह महत्त्वपूर्ण है, बल्कि उसको किसी फाउंडेशन की मदद हासिल हो जाएगी। इसीलिए सामाजिक नृतत्त्वशास्त्री केवल उन्हीं समस्याओं को चुनता है जिनके लिए सरकार या किसी संस्था या फिर किसी अन्तर्राष्ट्रीय संगठन से आर्थिक सहायता मिल सकती है। इसके फलस्वरूप केवल वही समस्याएँ चुनी जाती हैं जिनकी कोई व्यावहारिक उपयोगिता होती है। लेकिन व्यावहारिक उपयोगिता का महत्त्व रखनेवाली समस्याएँ सैद्धान्तिक रूप से महत्त्वपूर्ण नहीं भी हो सकती हैं। यह सामाजिक नृतत्त्वशास्त्र और साथ ही अन्य सामाजिक विज्ञानों को सामाजिक कार्य विधा (सोशल वर्क) का अनुगामी बनने पर मजबूर कर देगा। कुछ लोग ऐसी सम्भावना का स्वागत कर सकते हैं। लेकिन मैं समझता हूँ कि सामाजिक नृतत्त्वशास्त्र का अन्तिम लक्ष्य

मानव समाज कैसे कार्य करता है और बदलता है, इस बारे में अपनी जानकारी बढ़ाना है, भले ही इस जानकारी की कोई उपयोगिता हो या न हो।

अभी हाल तक सामाजिक नृतत्त्वशास्त्री तथ्यों को आँकड़ों के रूप में निर्धारित करने और अपने क्षेत्रीय अनुसन्धान कार्य में सांख्यिकीय तकनीक से कतराते रहे हैं। ऐसा कुछ हद तक इसलिए है कि अब तक जिन लोगों का अध्ययन किया गया है, वे आदिम लोग हैं, जिन्हें जन्म, विवाह, तलाक और मृत्यु जैसी घटनाओं की तारीखें न तो याद थीं और न ही कहीं दर्ज थीं। (यहाँ तक कि भारत में बहुत से भागों में कृषक भी अपने जीवन की महत्त्वपूर्ण घटनाओं की तारीख नहीं याद कर पाते। जो सबसे पहला काम एक जाँचकर्ता को करना होगा, वह यह कि बाढ़, अकाल या किसी महान व्यक्ति की मौत जैसी स्थानीय रूप से महत्त्वपूर्ण घटनाओं के आधार पर एक स्थानीय कालक्रम तैयार करे।) फिर यह भी है कि चूँकि बीसवीं सदी के काफी बाद तक अंग्रेज और अमेरिकी नृतत्त्वशास्त्री या तो विकासवादी होते थे या प्रसारवादी, आँकड़े निर्धारित करने के प्रति कोई उत्साह नहीं था। जब क्रिया और संरचना की अवधारणा सामाजिक नृतत्वशास्त्र का केन्द्रीय विचार बना, तभी आँकड़े निर्धारित करने की जरूरत महूसस हुई। इस प्रकार दो भिन्न समाजों में माँ के भाई की बेटी से ब्याह करने को प्राथमिकता दी जाती थी, वहीं आज का नृतत्त्वशास्त्री यह भी जानने की कोशिश करेगा कि इनमें से हरेक समाज में होनेवाले विवाहों की कुल संख्या में से कितने विवाह ममेरी बहन के साथ हुए हैं। वह पता लगाएगा कि कितनी माँ के सगे भाई से बेटियाँ ब्याही गईं और कितने दूर के रिश्तेवाले भाई से। वह इस प्रकार की शादी के पीछे ही शक्तियों या पाबन्दियों के बारे में भी पता लगाएगा। वह इस नियम को तोड़नेवाले जातिगत इतिहासों को इकट्ठा करेगा और दोनों पक्षों के बीच होनेवाले वाद-विवादों को दर्ज करेगा। वह इस प्रकार के ब्याह को रिश्तेदारी प्रणाली की अन्य विशेषताओं से जोड़ने की कोशिश करेगा और रिश्तेदारी को सम्पूर्ण सामाजिक व्यवस्था के अन्दर देखेगा। आजकल सामाजिक नृतत्त्वशास्त्री जनसंख्या, पशुधन, मकान और कभी-कभी उनके काम-धन्धों का भी आकलन करता है। इनके बिना परिवार और उन लोगों के रिहायशी तौर-तरीके जिनका वह अध्ययन कर रहा है, के बारे में अर्थपूर्ण वक्तव्य नहीं दिया जा सकता है। ये शैलियाँ आय, काम-धन्धे और जाति जैसे कारकों से सम्बन्धित होते हैं। संक्षेप में सामाजिक नृतत्त्वशास्त्र का झुकाव ज्यादा-से-ज्यादा समाजशास्त्र की तरफ होते जाने के कारण तथ्यों को आँकड़ों के रूप में निर्धारित करने की जरूरत महसूस हुई। सामाजिक नृतत्त्वशास्त्र के अध्ययन क्षेत्र में बड़े गाँव, शहरों, कारखानों और यहाँ तक कि विशाल इलाकों के अध्ययन तक विस्तृत करने के साथ-साथ सांख्यिकीय तकनीकों का ज्यादा-से-ज्यादा प्रयोग जरूरी होगा। जैसाकि पहले भी बताया जा चुका है, मौलिक सांख्यिकीय तकनीक का ज्ञान सामाजिक नृतत्त्वशास्त्री का एक अनिवार्य तकनीकी गुण माना जाता चाहिए।

जहाँ आँकड़ों के रूप में तथ्यों का निर्धारण और उसके साथ सांख्यिकीय तकनीकों

के प्रयोग की प्रवृत्ति का खुले दिल से स्वागत होना चाहिए, वहीं यह भी समझना चाहिए कि इसका मतलब यह नहीं होगा कि सबकुछ मापा जा सकता है और केवल वही चीजें अर्थपूर्ण हैं जिनको मापा जा सके। कम-से-कम आगे आनेवाले सालों में सामाजिक जीवन में हमारी अन्तर्दृष्टियाँ ऐसे काम से स्पष्टतया उभरकर आ सकती हैं जिनमें सांख्यिकी का इस्तमाल ही नहीं हुआ हो।

प्रश्नावलियों के बढ़ते इस्तेमाल का, खासकर गहन अध्ययन विधि में भरपूर स्वागत होना चाहिए। प्रश्नावली के प्रयोग का मतलब जरूरी तौर पर यह नहीं है कि जाँचकर्ता उत्तर देनेवालों के पास प्रश्नावली हाथ में लेकर जाए और उसकी उपस्थिति में ही जवाब लिख ले। सवाल पूछने में माहिर लोगों द्वारा तैयार की गई प्रश्नावली तथा सामाजिक नृतत्त्वशास्त्र में मजबूत पकड़ रखनेवाले सचेत और चतुर व्यक्तियों द्वारा इस कार्य को पूरा करवाना सामाजिक नृतत्त्वशास्त्री के शस्त्रागार का एक वैध अस्त्र है। लेकिन इस पर सम्पूर्ण रूप से निर्भर रहने की व्यापक प्रवृत्ति और लम्बी-लम्बी प्रश्नावलियों का इस्तेमाल--मुझे एक 125 पृष्ठोंवाली लम्बी प्रश्नावली देखने को मिली--कम प्रशिक्षित जाँचकर्ताओं द्वारा की जा रही पड़ताल को विनाशकारी के अलावा और कुछ नहीं कहा जा सकता। मैं जानता हूँ, ग्रामीण भारत के एक भाग में ऐसा हुआ कि अन्तहीन प्रश्नावली को छतरी की तरह मोड़कर बगल में दबाए हुए एक अनुभवहीन जाँचकर्ता को आते देख किसानों के बीच घबराहट फैल गई और उन्होंने अपनी ग्रामीण चतुराई दिखाते हुए इस नई यातना से बच निकलने का रास्ता ढूँढ़ लिया। जाँचकर्ता आमतौर पर प्रतिदिन के लिए निर्धारित बहुत सारे काम निबटाने की चिन्ता में रहता है। इसके फलस्वरूप साफतौर पर बेईमानी नहीं, पर जल्दबाजी तो हो ही जाती है। और अक्सर इसी तरह से इकट्ठे आँकड़े हमारी आधिकारिक निर्देशिका, पुस्तकों और रिपोर्टों में दर्ज हो जाते हैं। नीति निर्माता और साथ ही सामाजिक वैज्ञानिक इन्हीं आँकड़ों पर निर्भर करते हैं। समय रहते ही हमें विभिन्न विषयों के सामाजिक वैज्ञानिकों की एक ऐसी समिति का गठन करना चाहिए, जो हमारे आधिकारिक प्रकाशनों में दर्ज विभिन्न प्रकार के सांख्यिकीय आँकड़ों की विश्वसनीयता की कोटि के सवाल पर विचार करे। संदिग्ध सांख्यिकी पर आधारित कोई भी विकास कार्यक्रम निश्चित रूप से अनावश्यक परेशानियाँ और निराशा उत्पन्न करेगा।

इस सन्दर्भ में, भारत में हाल की कुछ गतिविधियों का उल्लेख करना जरूरी है, जिससे हरेक सामाजिक वैज्ञानिक भविष्य के बारे में कुछ आशंकित हो जाएँगे। किसी विश्वविद्यालय के शिक्षक के कार्यों में शोधकार्य एक सामान्य हिस्सा है। लेकिन सामाजिक विज्ञानों में किए गए शोधकार्य और इसको पूरा करने की शैली के प्रति सरोकार तो रखना ही होगा। सबसे पहली और सबसे महत्त्वपूर्ण बात यह है कि विश्वविद्यालय के शिक्षक अब किसी समस्या के समाधान को ढूँढ़ने की कोशिश केवल इसलिए नहीं करते कि वे महत्त्वपूर्ण और दिलचस्प हैं, बल्कि जिन समस्याओं पर विश्वविद्यालय के शिक्षक काम कर रहे हैं, वे भारत सरकार की किसी-न-किसी एजेंसी

या राज्य सरकार अथवा विदेशी सहयोगी द्वारा सुझाए गए-से लगते हैं। अक्सर 'समस्या' बौद्धिक दृष्टि से समस्या होती ही नहीं है, बल्कि केवल प्रशासकीय दृष्टि से ही होती है। मैं मानता हूँ कि यह सार्वजनिक स्वास्थ्य के लिए अत्यन्त महत्त्वपूर्ण है कि हमारी ग्रामीण जनता को भी शौचालयों का प्रयोग करना चाहिए, लेकिन मैं नहीं समझता कि यह सैद्धान्तिक दृष्टि से एक महत्त्वपूर्ण समस्या है। अभी हाल तक सामाजिक विज्ञानों के लिए बहुत कम रकम उपलब्ध होती थी और शायद यही वजह है कि सामाजिक वैज्ञानिक समझते हैं कि शोधकार्य न होने से अच्छा है कि कुछ भी हो। लेकन शोधकार्य के लिए समस्याएँ निर्धारित करने का काम गैर-शैक्षणिक संस्थाओं पर छोड़ना सामाजिक विज्ञानों के विकास के लिए विनाशकारी ही होगा। यह सचमुच दुखद बात है कि बहुम कम लोग इस स्थिति को असामान्य और नुकसानदेह मानते हैं। दरअसल कुछ हद तक उनमें सन्तोष का ही भाव है, जिससे लगता है कि वर्तमान प्रवृत्ति के प्रभावों को ठीक तरह से समझा नहीं गया है। या सच यह है कि भारतीय सामाजिक वैज्ञानिक वास्तव में सृजनशील हैं ही नहीं और जब उन्हें कोई भी किसी काम के लायक समझता है तो वे खुश हो जाते हैं !

अब एक और प्रकार की शोध संरचना का जन्म हो रहा है। पिरामिड के शिखर पर शोध परियोजना का निर्देशक बैठता है, जो आमतौर पर एक ऐसा शैक्षणिक उद्यमी होता है, जो किसी संगठन या सरकार से अनुदान हासिल करने में सक्षम होता है। उसके बाद उप-निर्देशक होता है, जो परियोजना की वास्तविक देख-रेख करता है। उसके नीचे एक अधीक्षक होता है जो प्रश्नावलियाँ तैयार करता है और आँकड़ों का विश्लेषण करता है एवं उप-निरीक्षक के निर्देशन में रिपोर्ट लिखता है। अन्ततः बढ़ईगिरी और भिश्ती का काम करनेवाले शोधकर्ता होते हैं (जिनका विभाजन भी कई बार 'कनिष्ठ' और 'वरिष्ठ' के रूप में होता है) जो वास्तविक जाँच-पड़ताल करने का 'निकृष्ट' काम करता है। वे या तो एम.ए. या पी-एच.डी. के छात्र होते हैं। और उनको वही करना होता है जो उनको कहा जाता है। आमतौर पर उप-निर्देशक सम्मेलनों की अध्यक्षता करता है—केवल उन अवसरों को छोड़कर जब स्वयं निर्देशक उसमें शिरकत के लिए फुर्सत में हो, हालाँकि ऐसा बिरले ही होता है। सामान्यतया निर्देशक अधिक महत्त्वपूर्ण मामलों में ही ज्यादा व्यस्त रहता है। आखिरकार छह महीने या उससे भी कम समय में रिपोर्ट लिखी जाती है। शोचनीय तो यह है कि बहुत सारी रिपोर्टें अनुलिपि (मैमियोग्राफ) के स्तर से ऊपर नहीं जा पातीं।

जो भी सामाजिक वैज्ञानिक भारत में सामाजिक विज्ञानों के स्वस्थ विकास की जरा भी चिन्ता करता है, वह आज जो कुछ हो रहा है, उसका मूक दर्शक बनकर नहीं रह सकता। कोई शक नहीं कि शोधकार्य में ग्रेशम के नियम जैसा ही कुछ लागू होता है। ठीक उसी तरह, जैसे सामाजिक विज्ञान के विभागों तथा संस्थाओं पर पार्किंसन का नियम लागू होता है। इन परिस्थितियों में सामाजिक नृतत्त्वशास्त्र या अन्य किसी भी सामाजिक विज्ञान में किसी प्रकार की विलक्षण और मौलिक कृति के निकट भविष्य

सामने आने की सम्भावना नजर नहीं आती। फाकाकशी लेकिन फुर्सत-भरे सालों के दिन लद गए जब शैक्षणिक दुनिया में गुमनाम रहकर योजना बनानेवालों, राजनीतिज्ञों और कल्याणकारी कार्यकर्ताओं की जानकारी से दूर कोई विद्वान अपनी रुचि का कोई काम कर सकता था।

पाद टिप्पणी

1. 'आर्ट्स, द प्रोसीडिंग्स ऑफ द सिडनी यूनिवर्सिटी आर्ट्स एसोसिएशन', जिल्द I, 1958, पृष्ठ 47-67 पर देखें जे.ए. बर्नस् लिखित 'सोशल एन्थ्रोपोलॉजी इन थ्योरी एंड प्रैक्टिस'।

हिन्दू धर्म

हिन्दू धर्म जैसे किसी निश्चित आकारविहीन और जटिल धर्म को समझने में आनेवाली कुछ कठिनाइयों को पहले समझ लेने की जरूरत है। हिन्दू धर्म में कोई 'चर्च' नहीं है। इसका कोई निर्धारित धर्म-सिद्धान्त नहीं है और पहली नजर में तो ऐसा लगता है जैसे हिन्दू बनने के लिए अनेक हिन्दू जातियों में से किसी एक में पैदा होने के अलावा और कोई रास्ता नहीं है। फिर भी, भारतीय उपमहाद्वीप में अपने प्रसार के दौरान हिन्दू धर्म ने अनेक समूहों को अपने में आत्मसात् किया है और धर्म-परिवर्तन की एक प्रक्रिया निरन्तर चलती रही है। हिन्दू धर्म अन्तर्विरोधों से भरा है : हालाँकि इसका झुकाव सर्वेश्वरवाद की ओर ही है, पर हिन्दू लोग विभिन्न कारणों से असंख्य देवी-देवताओं की पूजा करते हैं। आमतौर पर जिस देवता की जिस समय आराधना की जाती है, उस समय उस देवता की अन्य देवताओं के पहले ही स्तुति की जाती है। इसके लिए उसकी श्रेष्ठता 'साबित' करने के लिए पुराण जैसे धार्मिक ग्रन्थों से कथाएँ सुनाई जाती हैं। हालाँकि प्रमुख सम्प्रदायों के सन्दर्भ में, एक तरह से कह सकते हैं कि एकेश्वरवाद (एक ईश्वर पर विश्वास, पर फिर भी उसी को एकमात्र ईश्वर का दावा नहीं करना) प्रचलित है। शैव लोग शिव को अन्य सभी देवताओं से श्रेष्ठ मानते हैं, खासकर विष्णु से, जिनसे उनकी प्रतिस्पर्धा रहती है और इसके ठीक विपरीत वैष्णव लोग विष्णु को सर्वश्रेष्ठ मानते हैं। लेकिन शैव और वैष्णव दोनों ही प्रकार के ब्राह्मण अपनी दैनिक *संध्या* प्रार्थना में एक श्लोक का पाठ करते हैं, जिसका अनुवाद इस प्रकार है : "जिस तरह आकाश से होनेवाली वर्षा का सारा जल समुद्र में अन्ततः मिल जाता है, उसी तरह चाहे जिस भगवान के प्रति श्रद्धा प्रकट की जाए, अन्ततः वह केशव तक पहुँचती है।" लेकिन हिन्दू धर्म के महान देवता शिव और विष्णु भी अन्तिम विश्लेषण में सर्वोपरि निर्गुण ब्रह्म (निरपेक्ष) की ही अभिव्यक्ति मात्र हैं। हिन्दू लोग इन विभिन्न विश्वासों को परस्पर विरोधी नहीं मानते हैं और धर्मशास्त्री ईश्वर के बारे में प्रत्येक विचार को व्यक्तिगत तथा सामूहिक, विकास एवं प्रकृति के एक स्थिति-विशेष के सापेक्ष मानकर उनको स्वीकार कर लेते हैं। हालाँकि वस्तुपरक दृष्टि से, ईश्वर के बारे में विभिन्न मतों को स्वीकार करने की हिन्दू धर्म की क्षमता की कई मिसालों में से यहाँ केवल एक उदाहरण देखने को मिलता है, जबकि उसी समय कौन सी धारणा अधिक सत्य है इस बारे में भी कोई सन्देह नहीं रह जाता।

हिन्दू धर्म के विद्यार्थियों को दो भागों में बाँट सकते हैं। एक भाग में वे अध्येता

हैं जिन्होंने साहित्यिक स्रोतों को आधार बनाया है और दूसरे भाग में वे आते हैं जिन्होंने लोगों के धार्मिक जीवन के स्वयं अवलोकन पर भरोसा किया है। पहली श्रेणी के अध्येताओं को पुनः दो समूहों में बाँटा जा सकता है : एक समूह वह है जिसने हिन्दू धर्म के बारे में अपने विचार उपनिषदों, *भगवतगीता* और तीन महान आचार्यों—शंकर, रामानुज तथा मध्व एवं उनके शिष्यों की कृतियों का अध्ययन करने के बाद निर्धारित किए हैं। संक्षेप में प्रकट रूप से दार्शनिक कृतियों या लोकप्रिय साहित्यिक रचनाओं, *रामायण* और *महाभारत* जैसे महाकाव्यों, *पुराणों* और लोककथाओं के आधार पर ही इन्होंने हिन्दू धर्म के बारे में अपनी धारणा बनाई है। जो यूरोपीय विद्वान हिन्दू दार्शनिक विचारों के सम्पर्क में आए, उन्होंने इनमें बहुत सारी प्रशंसनीय बातें पाईं और इस प्रवृत्ति का नए भारतीय बुद्धिजीवियों पर बड़ा भारी असर पड़ा। इनमें से अधिकांश ऊँची जातियों से आते थे और उनकी गहरी तथा अप्रकट धारणा भी एक प्रवृत्ति से सहमति रखती थी जो यह मानते थे कि संस्कृत के धर्मग्रन्थों का गम्भीरता से अध्ययन करना चाहिए, जबकि लोकप्रिय रीति-रिवाजों और विश्वासों का अध्ययन जरूरी नहीं है। और, यद्यपि निचली जातियोंवाले लोगों की संख्या ऊँची जातियोंवाले लोगों से बहुत ज्यादा थी, फिर भी उनके रीति-रिवाजों और विश्वासों को नजरअन्दाज किया गया क्योंकि ऊँची जातियों के लिए उनका कोई महत्त्व नहीं था। साथ ही उन्हें यह भी डर था कि कहीं बाहरी दुनिया के लोग उन्हें बर्बर नहीं भी, तो असभ्य न समझ बैठें।

अपनी आँखों देखी और अपने कानों सुनी बातों पर भरोसा रखनेवाले लोग, जिनमें से लगभग सभी-के-सभी विदेशी थे, निष्पक्ष विचार रखते थे। जैसा कि स्वाभाविक है, उन्होंने हिन्दू धर्म की उन विशेषताओं पर ज्यादा ध्यान दिया जो यूरोपीय लोगों के लिए सबसे ज्यादा दिलचस्प हो सकती थीं। इसका मतलब यह हुआ कि उन्होंने ब्रिटिश-पूर्व हिन्दू धर्म की ज्यादा रोमांचक विशिष्टताओं के बारे में लिखा। मसलन सती, नर बलि, ठगी, आग पर चलना, साधना की हास्यास्पद अभिव्यक्ति, देवदासी, अनेक पशुओं की बलि देकर रक्तपिपासु ग्रामदेवी की पूजा, शक्ति उपासना की अतिशयता और विकृतियाँ इत्यादि-इत्यादि। इंग्लैंड में इन दिल को दहला देनेवाले तथ्यों का चाहे जिस तरह भी स्वागत हुआ हो, पर शिक्षित भारतीयों ने इनका विरोध किया, क्योंकि इससे उनकी एक वहशी की छवि बनती है। इसकी प्रतिक्रिया में वे दोहरे चेहरे रखने लगे : एक तरफ वे पारम्परिक हिन्दू धर्म की बहुत सारी विशेषताओं के आलोचक बन गए, जिसके फलस्वरूप ब्रह्मसमाज जैसे सुधारवादी आन्दोलनों की शुरुआत हुई; दूसरी तरफ, हिन्दू धर्म का 'बचाव' करना उनके लिए अपने देश के हित में कर्तव्य बन गया। उनमें से श्रेष्ठ लोगों ने काफी अध्ययन, कुशलता और वाग्मिता के साथ इसका निर्वाह किया, लेकिन इससे यह तथ्य छिप नहीं सका कि वे प्रचारवादी हैं, सत्य के उपासक नहीं।

यूरोपीय अध्येता या तो बिना कोई आलोचना किए केवल प्रशंसक, संवेदनवादी होते थे या सुधारक होते थे जो किसी कारणवश हिन्दू धर्म और जाति के कुरूप पक्षों पर ज्यादा बल देते थे। इनके द्वारा प्रस्तुत विवरणों में कहीं भी न तो हिन्दू धर्म की पूर्ण

स्वीकृति मिलती है और न ही ऐसा तटस्थ विवरण जिसमें न तो प्रशंसा हो और न ही भर्त्सना।

II

हिन्दू धर्म को परिभाषित करना असम्भव है क्योंकि ऐसा कोई विश्वास या संस्था है ही नहीं जो सभी हिन्दुओं पर समान रूप से लागू होती हो और जिससे उन्हें अन्यों से अलग करके देखा जा सके। जहाँ एक दृष्टि से जाति प्रथा हिन्दू धर्म की बुनियाद है, वहीं यह केवल हिन्दुओं तक ही सीमित नहीं है, बल्कि भारतीय मुसलमान, ईसाई और सिख सभी जातियों में विभाजित हैं। दूसरी तरफ हिन्दू धर्म के अन्तर्गत कुछ ऐसे समूह हैं जो जाति के सम्पूर्ण अर्थ में किसी जाति के नहीं हैं।

हिन्दुओं के लिए मूलभूत माना गया हरेक विश्वास किसी दूसरे या अन्य समूह के लिए मान्य नहीं है। इस प्रकार लिंगायतों के दक्षिण भारतीय शैव सम्प्रदाय हिन्दुओं के बहुत सारे तथाकथित मूलभूत विश्वासों को सिद्धान्ततया अस्वीकार करते हैं। जिसमें वेदों का रहस्यात्मक चरित्र भी आता है। यह सम्प्रदाय *कर्म* के सिद्धान्त में भी विश्वास नहीं रखता। चार्वाक का नास्तिक और भोगवादी सम्प्रदाय *धर्म* समेत सभी पारम्परिक अवधारणा को अस्वीकार करता है, लेकिन इसके बावजूद वे हिन्दू बने रहे, हालाँकि उनके विरोधी उन्हें बौद्धों के समकक्ष रखते हैं।

यह कहना पूरी तरह सच नहीं होगा कि हिन्दू धर्म में केवल पैदा ही हुआ जा सकता है, क्योंकि हेलियोडोरस (लगभग दूसरी शताब्दी ई.पू.), जो एक यूनानी था, का भागवत–विष्णु के उपासक–के रूप में उल्लेख मिलता है। और आर्यसमाजी लोग गैर-हिन्दुओं, या यूँ कहना ज्यादा सही होगा कि पूर्ववर्ती हिन्दुओं को वापस हिन्दू धर्म में लाना चाहते हैं। लेकिन मोटे तौर पर यह सच है कि हिन्दू धर्म में *'भरती'* होने का सबसे महत्त्वपूर्ण रास्ता विभिन्न हिन्दू जातियों में से किसी एक जाति में पैदा होना ही है। हालाँकि यह नहीं भूलना चाहिए कि धीरे-धीरे, शताब्दियों के कालक्रम में, जो अपरिचित समूह भारत आए, उन्होंने जातियों का ही रूप ले लिया और हिन्दू बन गए।

जहाँ ऐसे विश्वास, संस्थाएँ और देवी-देवता नहीं मिलते जो सभी हिन्दुओं के लिए मान्य हों और जिन्हें गैर-हिन्दू भी न मानते हों, वहीं कर्म और धर्म, जाति जैसी एक संस्था और शिव तथा विष्णु जैसे देवता हिन्दुओं में बहुत प्रचलित हैं। केवल कुछ समूहों और व्यक्तियों के मामले में यह बताना मुश्किल है कि वे हिन्दू हैं या नहीं। संक्षेप में, जहाँ एक हिन्दू को परिभाषित करना सम्भव नहीं है, वहीं किसी व्यक्ति को हिन्दू के रूप में पहचानना भी उतना मुश्किल नहीं है।

III

जाति व्यवस्था से हिन्दू धर्म को निकालना असम्भव है। रूढ़िवादी हिन्दू विश्वास के

मुताबिक, ऋग्वेद की ऋचा पुरुषसूक्त में पहली बार चार वर्णों या श्रेणियों का उल्लेख आया है जो आदिपुरुष (पुरुष) के अंग थे, जो उस दैवी यज्ञ में आहूत हुए जिसके फलस्वरूप ब्रह्मांड की उत्पत्ति हुई। उनके मुँह से ब्राह्मण निकले, बाहुओं से क्षत्रिय, जंघाओं से वैश्य और पैरों से शूद्र। इस ऋचा में अछूतों के बारे में कोई उल्लेख नहीं मिलता है। इसके अतिरिक्त, पुनर्जन्म (संसार), यह धारणा कि किसी व्यक्ति द्वारा किए गए कार्यों से अगले जन्म में उसका स्थान निर्धारित होता है (कर्म), पाप, पुण्य, मोक्ष और धर्म जैसी धर्मशास्त्रीय अवधारणाएँ जाति व्यवस्था से गहरे जुड़ी हुई हैं। उदाहरण के लिए, कर्म की अवधारणा एक हिन्दू को यह सिखाता है कि वह किसी खास जाति में इसलिए पैदा हुआ है कि उसने पिछले जन्म में वैसे ही कर्म किए होंगे। धर्मसूत्रों में कहा गया है कि अगर कोई व्यक्ति अच्छे कर्म करता है, तो वह ऊँची जाति में जन्म लेगा और सुखी-सम्पन्न रहेगा, जबकि अगर वह पाप करता है, तो वह निचली जाति में जन्म लेगा या जानवर के रूप में भी जन्म ले सकता है यानी सूअर या गधे के रूप में। आत्मा की उन्नति और अवनति अनवरत चलती रहती है जब तक उसे मोक्ष नहीं मिल जाता, जिसकी प्रकृति के बारे में भिन्न-भिन्न सम्प्रदाय भिन्न-भिन्न धारणाएँ रखते हैं। पर सबमें एक समानता यह है कि पवित्र आत्मा जन्म और मृत्यु की इस अनवरत आवश्यकता से मुक्त हो जाती है और तब यह या तो ईश्वर के सान्निध्य में स्थायी रूप से रहती है या भगवान में लीन हो जाती है। किसी खास जाति में जन्म इस प्रकार ईश्वर प्राप्ति की दिशा में प्रगति का सूचक माना जाता है। नैतिक और धार्मिक नियमों के सम्पूर्ण निकाय धर्म को किसी भी जाति के कर्तव्यों से कुछ हद तक जोड़ा जा सकता है—और न केवल आम लोग ऐसा करते हैं, बल्कि *भगवतगीता* जैसी महान प्रभावशाली कृतियों में भी इसकी पुष्टि होती है।

पवित्रता एवं अपवित्रता सम्बन्धी कुछ अवधारणाएँ हिन्दू धर्म की जड़ हैं। विभिन्न क्षेत्रों और जातियों के बीच पवित्रता एवं अपवित्रता सम्बन्धी नियमों की सख्ती और विस्तार में मतभेद जरूर है, पर हर जगह ये जीवन के अधिकांश भाग को प्रभावित करते हैं। कई बार अन्तर्जातीय सम्बन्ध अपवित्रता की अवधारणा से निर्धारित होते हैं। सामान्यतया, हरेक जाति अन्तर्विवाही होती है, और सम्पूर्ण सहभोजिता केवल जाति के अन्दर ही चलती है। जातियों के बीच कई तरह की पाबन्दियाँ होती हैं--भोजन तथा पेय पदार्थ मुक्त रूप से ग्रहण करने, अन्तर्विवाह और यौन सम्बन्ध, या किसी अन्य जाति के सदस्य को स्पर्श करना अथवा उसके करीब जाना इत्यादि। ये सभी अपवित्रता से सम्बन्धित हैं। यानी इन बन्धनों का उल्लंघन करने से ऊँची जाति का सदस्य अपवित्र होता है और उसे प्रायश्चित्त करना पड़ता है, जो उसके उल्लंघन की सीमा के मुताबिक सरल या विस्तृत हो सकता है। ऐसे मामलों में, जाति परिषद आवश्यक अनुशासनात्मक कार्यवाही करती है।

जो भी हो, अपवित्रता का क्षेत्र अन्तर्जातीय सम्बन्धों तक ही सीमित नहीं है—उदाहरण के तौर पर, एक ही वंश या संयुक्त परिवार के सभी सदस्य इसमें शिशु के जन्म लेने

या किसी की मृत्यु होने की स्थिति में अपवित्र हो जाते हैं और कभी-कभी, ग्राम देवी के आवर्तिक उत्सव में गाँव के सभी लोगों को रस्मी तौर पर पवित्र होना पड़ता है। इसके अलावा, जब कोई व्यक्ति प्रार्थना कर रहा होता है या बहुत सारे ऐच्छिक व्रतों (फल की कामना से की गई धार्मिक निष्ठा) में से किसी को भी करते समय आनुष्ठानिक रूप से पवित्र होना पड़ता है। यह विधान अछूतों पर भी ब्राह्मणों से कुछ कम नहीं लागू होता। रूढ़िवादी हिन्दू, खासकर ऊँची जातियों के सदस्य, नहाने, व्रत रखने, कपड़े बदलने आदि में संलग्न रहते हैं।

ऐतिहासिक रूप से, साम्प्रदायिक आन्दोलन जातियों में बदल गया और इस तरह उनका अन्त हो गया। हिन्दू धर्म को समझने के लिए यह एक महत्त्वपूर्ण तथ्य है। क्योंकि बहुत सारे हिन्दुओं के धर्मशास्त्रीय विचार मोटे तौर पर किसी खास जाति में जन्म लेने के परिणामस्वरूप बनते हैं जैसाकि दक्षिण भारत की तीन ब्राह्मण जातियों के बारे में निश्चित तौर पर सच है। अगर कोई व्यक्ति स्मार्त है, तो वह शिव भक्त और *अद्वैत* का अनुयायी है। जबकि अगर कोई श्रीवैष्णव परिवार में जन्म लेता है, तो वह केवल विष्णु का भक्त और *विशिष्टाद्वैत* का अनुयायी है। इसी तरह जन्म से मध्व व्यक्ति *द्वैत* में विश्वास रखता है। हालाँकि इस बात का उल्लेख करना जरूरी है कि अगर वैचारिक धारणाएँ किसी खास समूह में जन्म लेने मात्र से ही निर्धारित हो पातीं, तो विभिन्न प्रकार के सम्प्रदायों का प्रचार-प्रसार और फिर उनका अन्त सम्भव ही नहीं होता।

सामाजिक संरचना में केवल जाति ही एक ऐसा अंग नहीं है जो धर्म पर व्याप्त है। बल्कि जिस ग्राम समुदाय और परिवार या संयुक्त परिवार में हिन्दू जन्म लेते हैं, वे भी पन्थ समूह होते हैं। हरेक गाँव में कुछ देवी-देवता होते हैं, खासकर देवियाँ, जिन्हें अगर प्रसन्न रखा जाए, तो वह अकाल और सूखे से बचाती हैं और गाँव का सामान्य रूप से कल्याण करती हैं। ऊँची जातियों में गृहस्वामियों के मृत माता-पिता को हर साल *श्राद्ध* नामक जाने-माने कर्मकांड में अन्न और जल अर्पित किए जाते हैं। मृत पिता के पिता और प्रपितामह तथा उनकी पत्नियाँ भी इन अर्पणों में हिस्सा पाती हैं। यहाँ तक कि चौदहवीं पीढ़ी से दूरवर्ती पूर्वजों की आत्माएँ भी अपना हिस्सा लेने आती हैं।

पर जहाँ तक निचली जातियों और कबीलों का सवाल है, हरेक क्षेत्र और हरेक समूह में आचार-विचार बदलते रहते हैं। फिर भी पितरों को मांस और मदिरा अर्पित करने की प्रथा उनमें आमतौर पर पाई जाती है।

जीवन का चार *आश्रमों* में विभाजन शास्त्रसम्मत है। सम्भवतया *आश्रम* धर्म आदर्शतः सभी द्विज जातियों के पुरुषों के लिए था, पर व्यावहारिक तौर पर यह ब्राह्मणों और कुछ क्षत्रियों तक ही सीमित था, खासकर वैदिक और पौराणिक कालों में। शिक्षक के अधीन *ब्रह्मचर्य* का पहला चरण लगभग सोलह साल में खत्म होता है जब वह विवाह के बाद *गृहस्थ* आश्रम में प्रवेश करता है। इस दूसरे चरण में उसको यज्ञ करने होते

हैं, आतिथ्य करना होता है, सन्तानें, खासकर पुत्र प्राप्त करने होते हैं। वृद्धावस्था के आने पर उससे उम्मीद की जाती है कि वह गृहस्थाश्रम से अवकाश ले और अध्ययन एवं मनन के लिए जंगल की ओर निकल जाए, जिसे *वानप्रस्थ* कहते हैं। अन्तिम चरण *संन्यास* का है, जब व्यक्ति अपने द्वारा अनुभव किए गए सत्य विचारों का उपदेश देने और भगवान के निकट रहने के लिए संसार का त्याग करता है। वह गेरुआ वस्त्र धारण कर यायावर तथा भिक्षुक का जीवन व्यतीत करता था। इसमें आश्चर्य नहीं होना चाहिए कि जो इन अन्तिम दो *आश्रमों* में जाने के योग्य होते थे, उनमें से केवल कुछ ही लोग इनमें प्रवेश करते थे। पर दिलचस्प बात यह है कि पूरे भारतीय इतिहास में कुछ बहुत ही श्रेष्ठ आत्माएँ इन आदर्शों की ओर आकर्षित हुईं थीं।

मानव को जिन लक्ष्यों (*पुरुषार्थों*) को प्राप्त करने का प्रयास करना चाहिए, वे भी निर्धारित कर दिए गए, ये थे : *धर्म* (उचित कर्तव्य), *अर्थ* (धनोपार्जन), *काम* (कामना की पूर्ति) और *मोक्ष* (मुक्ति)। दूसरे और तीसरे लक्ष्यों को धर्म के मुताबिक प्राप्त करना चाहिए। जहाँ प्रथम तीन लक्ष्य मनुष्य के लिए भौतिक थे और इसलिए *साध्य* भी, वहीं अन्तिम लक्ष्य उसमें अन्तःस्थ था, इसलिए उसे केवल एक बार प्रकट (*सिद्ध*) होने का अवसर देना था। इसलिए हिन्दू सिद्धान्त में मानव के स्वाभाविक, नैतिक और आध्यात्मिक पहलुओं को जायज और अभिव्यक्त करने के योग्य माना गया है।

IV

सामाजिक व्यवस्था तथा हिन्दूवाद के बीच सम्बन्धों पर कोई विचार तब तक पूरा नहीं होगा, जब तक कि उस प्रक्रिया का उल्लेख न किया जाए, जिसके द्वारा श्रेणीक्रम में सबसे ऊँचे समूहों, खासकर ब्राह्मणों की संस्कृति पूरे देश में फैली और बौद्ध धर्म के जरिए बाहर भी पहुँची। चूँकि इन सर्वोच्च समूहों की भाषा संस्कृत थी, इसलिए सांस्कृतिक प्रसार की इस प्रक्रिया को 'संस्कृतीकरण' कहा गया। यह संस्कृति सामान्यतया वही संस्कृति नहीं है, जिसे भारतीय आर्य अपने साथ पश्चिमी एशिया से लेकर आए थे, बल्कि यह उससे कहीं ज्यादा जटिल है, जिसमें कई देशज तत्त्व भी शामिल हो गए हैं। मिसाल के लिए, ऋग्वैदिक ब्राह्मण मांसाहारी थे और *सोम* रस का पान करते थे, लेकिन धीरे-धीरे (शायद जैन और बौद्धों के प्रभाव के कारण) वे शाकाहारी और मद्यत्यागी बन गए। धर्म की परिधि में भारतीय आर्य, हड़प्पा और अन्य देशज (जिनमें से कुछ कबीलाई भी थे) संस्कृतियों का सम्मिलन हुआ। यह मिश्रित संस्कृति, जिसे हिन्दू संस्कृति कहा जाता है, जिन शक्तियों के सम्पर्क में आई, उनसे इसकी अनवरत अंतर्क्रिया चलती रही।

हिन्दू धर्म ईसाई या इस्लाम धर्म की तरह खुलेआम धर्म परिवर्तन नहीं करता, लेकिन इसका मतलब यह नहीं कि इसमें कोई धर्म परिवर्तन होता ही नहीं। अतीत में, सीथियन, पार्थीयन, श्वेत हूण, यू-ची और अन्य बहुत सारे विदेशी समूह हिन्दू संस्कृति

में समाहित हो गए हैं और यह भी असम्भव नहीं कि विदेशी लोग भी हिन्दू बनने में सफल हुए हों। पूरे भारतीय इतिहास में अलग-थलग कबीलाई समूहों और निचली जातियों के धर्म और संस्कृति का संस्कृतीकरण हुआ है और अंग्रेजी शासनकाल में संचार माध्यमों के विकास से इस प्रक्रिया में और भी तेजी आई है। दक्षिण के लिंगायत (12वीं सदी) और गुजरात के स्वामीनारायण जैसे कुछ सम्प्रदायों ने अपने-अपने क्षेत्रों में हिन्दू जनता के ज्यादा-से-ज्यादा संस्कृतीकरण में योगदान दिया है। कभी-कभी जाति (मसलन, पांचाल या दक्षिण भारत के लुहार) जाति श्रेणीक्रम में ऊपर उठने के लिए अपनी जीवन-शैली का पूरी तरह से संस्कृतीकरण करना चाहते थे। संस्कृतीकरण और सामाजिक गतिशीलता के बीच वर्तमान निकट सम्बन्ध, संस्कृतीकरण की लोकप्रियता का मुख्य कारण था। केवल अछूतों के मामले में संस्कृतीकरण से उनकी हैसियत में कोई उन्नति नहीं हुई।

संस्कृतीकरण से बिल्कुल अलग, बहुत से हिन्दू सम्प्रदायों ने खुले रूप से धर्म परिवर्तन करने की कोशिश थी। जब महान शंकराचार्य (लगभग 9वीं सदी) का जन्म हुआ, उस समय भारत के बहुत सारे हिस्सों में बौद्ध और जैन धर्म फल-फूल रहे थे। बौद्ध और जैन दोनों के पास विस्तृत मठों का संगठन था और सम्भवतयाः धर्म परिवर्तन में उनको ज्यादातर सफलता इसी वजह से मिली। शंकर न केवल महान धर्मशास्त्री थे, बल्कि एक महान संगठनकर्ता भी थे। बौद्धों पर तार्किक विजय से संतुष्टि न पाकर उन्होंने अखंड अद्वैतवाद के प्रचार के लिए भारत के विभिन्न भागों में मठों की स्थापना की। शंकर के बाद मठवाद हिन्दू सम्प्रदाय की एक सामान्य विशेषता बन गई। रामानुज (12वीं सदी) और मध्व (14वीं सदी) दोनों ने मठों की स्थापना की। रामानुज ने श्रीवैष्णव सम्प्रदाय की स्थापना की और उन्होंने जैन, शैव तथा निचली जातियों से अपने लिए बहुत सारे अनुयायी प्राप्त करने में सफलता हासिल की। ब्राह्मण बासव द्वारा स्थापित लिंगायत सम्प्रदाय कन्नड़ और तेलुगु-भाषी देशों की जातियों में भी फला-फूला तथा हिन्दुओं, खासकर गैर-ब्राह्मणों को केवल शिव की पूजा करने को प्रेरित किया।

केवल एक ही दृष्टि से हिन्दू धर्म को धर्मान्तरण नहीं माना जा सकता कि इसमें गैर-हिन्दुओं को हिन्दू धर्म में दीक्षित करने का कोई औपचारिक अनुष्ठान नहीं है। यह कुछ हद तक जाति व्यवस्था के कारण है, क्योंकि जब तक किसी व्यक्ति की कोई जाति नहीं, उसका समाज में कोई स्थान नहीं है। उसको विवाह के लिए कन्या नहीं मिलेगी, वह अपनी सन्तानों को प्रतिष्ठित हैसियत नहीं दिला सकता है और अन्य लोगों के साथ किस प्रकार का सम्बन्ध रखे, इसका उसके पास कोई नियम नहीं होता।

V

विभिन्न मतों को आत्मसात् करने की हिन्दू धर्म की महान क्षमता के बावजूद यह सम्प्रदायों के उद्‌भव को रोक नहीं पाया। भगवान विष्णु और शित इनके दो सबसे

महत्त्वपूर्ण उद्भव-केन्द्र रहे हैं। हिन्दू सिद्धान्त के मुताबिक सृष्टि में हरेक प्रमुख देवता के कई स्वरूप हैं। उदाहरण के लिए, शिव को गंगाधर, महादेव, ईश्वर, नीलकंठ और नटराज कहा जाता है। इसी तरह विष्णु के भी कई नाम हैं। देवता का हरेक नाम किसी-न-किसी मिथकीय घटना के सन्दर्भ में होता है जिसमें उसकी कोई भूमिका रही होती है, या उसका कोई खास गुण होता है या फिर दोनों ही बातें होती हैं।

इसके अतिरिक्त, हरेक देवता की एक पत्नी होती है, जिसकी पूजा आमतौर पर उसके पति समेत की जाती है और जैसे एक देवता के कई रूप होते हैं, ठीक उसी तरह उसकी पत्नी के भी कई रूप होते हैं। बहुत सारी ग्राम देवियों को काली, भद्रकाली, भगवती, दुर्गा, चंडी और चामुंडी के रूप में देखा जाता है जो स्वयं शिव की पत्नी पार्वती के ही विभिन्न रूप हैं। साथ ही, शिव के दो पुत्र हैं—गणपति और स्कन्द। ये दोनों किसी-न-किसी देशज पन्थों से सम्बन्धित हैं। गणपति खेती रो जुड़े पन्थों से सम्बन्धित है और स्कन्द, सुब्रह्मण्यम के रूप में दक्षिण भारत के नाग पन्थ से सम्बन्धित है। विष्णु के मामले में *अवतार* (जिसका शब्दशः अर्थ 'अवतरण' से है) की अवधारणा उसके मिथकीय, अर्द्ध ऐतिहासिक और ऐतिहासिक स्वरूपों से समानता रखने के लिए जिम्मेदार है। मिसाल के लिए, विष्णु ने समुद्र से पृथ्वी को उबारने के लिए वराह का रूप (*वराहावतार*) लिया, ठीक इसी तरह जैसे महाकाव्य *रामायण* के नायक राम ने, या उस ब्राह्मण परशुराम ने जिनको राम ने दमित किया था, या कृष्ण ने और फिर ऐतिहासिक बुद्ध ने अवतार किया। *अवतार* की धारणा यह है कि भगवान पृथ्वी पर धर्म की स्थापना और अधर्म का नाश करने के लिए समय-समय पर अवतरित होते रहते हैं। (*भगवतगीता,* IV , 5-8)। स्वाभाविक है कि *अवतार* की धारणा पालनकर्ता विष्णु से ही जुड़ी है, स्रष्टा ब्रह्मा या संहारक शिव के साथ नहीं।

न केवल देवता के विभिन्न रूपों, उसकी पत्नी और सन्तानों की पूजा होती है, बल्कि उस विशिष्ट जन्तु या पक्षी (*वाहन*) की भी पूजा होती है, जिस पर वह विराजते हैं। इस तरह शिव की सवारी नन्दी बैल, विष्णु की सवारी गरुड़ और स्कन्द की सवारी मयूर की पूजा की जाती है। रूढ़िवादी हिन्दू गाय, चील और मयूर के वध के विरोधी होते हैं। गणपति जिस नस्ल के चूहे की सवारी करते हैं, उसको भी पवित्र माना जाता है।

शिव और विष्णु की पूजा वैदिक काल से चली आ रही है और शिव की तो शायद उससे भी पहले से। पुरातत्त्वशास्त्रियों ने हड़प्पा-मोहनजोदाड़ो से कई लिंगाकार वस्तुएँ इकट्ठा की हैं, जिन्हें वे स्रष्टा शिव का प्रतीक *लिंग* मानते हैं। हड़प्पा की एक सील पर शिव के एक रूप पशुपति की छवि है। अगर ये पहचान सही है, तो शैव पन्थ निश्चित रूप से पूर्व-वैदिक है। यद्यपि वेदों में शिव (शाब्दिक अर्थ 'शुभ') का नाम नहीं आता है। वैदिक देवता ज्यादातर प्रकृति देवता हैं और वज्रधारी रुद्र का ऋग्वेद में प्रमुख रूप से चित्रण मिलता है। उसने आगे जाकर शिव का रूप ले लिया। विष्णु ऋग्वेद में सूर्य देवता के मात्र एक अंग के रूप में गौण देवता हैं। महत्त्वपूर्ण वैदिक देवता वरुण,

मित्र, रुद्र, इन्द्र, अग्नि, प्रजापति और सविता का धीरे-धीरे महत्त्व कम होने लगता है। वरुण और विष्णु जैसे इनमें से कुछ देवताओं का चरित्र तो पूरी तरह बदल जाता है। और उनकी जगह ब्रह्मा, विष्णु और शिव की त्रिमूर्ति ने ले ली। ब्रह्मा की चर्चा वेदों में नहीं है, लेकिन लगता है, ब्राह्मणों के समय में इनका विकास हुआ। समय के साथ-साथ इनका महत्त्व कम हो गया, और बीसवीं सदी में आकर विष्णु और शिव दो सबसे महत्त्वपूर्ण देवता उभरकर आए। गणेश, स्कन्द और कपिदेव हनुमान भी लोकप्रिय देवता हैं।

विष्णु या शिव सम्प्रदायों के समरूप होने की बात करना विषय का अत्यन्त सरलीकरण करना होगा। हरेक सम्प्रदाय छोटे-छोटे बहुत सारे पन्थों के विलयन का परिणाम है। इस प्रकार शैव सम्प्रदाय हड़प्पा के लिंग तथा पशुपति, रुद्र और शिव के वैदिक पन्थ और भारत के विभिन्न भागों के बहुत सारे उत्तर वैदिक शैव पन्थों का प्रतिनिधित्व करता है। हरेक सम्प्रदाय की एक बड़ी नदी से तुलना की जा सकती है जिसमें बहुत सारी उप-नदियाँ आकर मिलती हैं और जिन्हें देश के विभिन्न भागों में विभिन्न नामों से पुकारा जाता है।

शैव और वैष्णव सम्प्रदायों के बीच काफी प्रतिस्पर्धा रही है और प्रतिद्वन्द्वी सम्प्रदाय को उत्पीड़ित करना कोई नई बात नहीं है। लिंगायत स्वयं को वीरशैव या शिव के उग्र उपासक बताते हैं और वे केवल शिव की ही पूजा करते हैं, इसी तरह श्रीवैष्णव और मध्व लोग केवल विष्णु की पूजा करते हैं। लेकिन फिर भी दोनों देवताओं के बीच समानता पर बल देने की प्रवृत्ति देखी गई है, जो लोकप्रिय तथा दार्शनिक दोनों स्तरों पर प्रकट होती है। त्रिमूर्ति और तीन मुखवाले दत्तात्रेय तीनों प्रमुख देवताओं के समन्वय की प्रवृत्ति को स्पष्ट करते हैं। शिव और विष्णु दोनों की एकरूपता को संयुक्त देवता हरिहर तथा मोहिनी-भस्मासुर की पौराणिक कथा में अभिव्यक्ति मिलती है। अर्द्धनारीश्वर का रूप, शिव और पार्वती—एक देवता और उनकी पत्नी तथा सामान्य रूप से पति-पत्नी के एकत्व का प्रतीक है। प्रतिद्वन्द्वी पन्थों और देवताओं के बीच समन्वय स्थापित करने की यह कोशिश सम्भवतया साम्प्रदायिक प्रतिद्वन्द्विता और कटुता को समाप्त करने के लिए की गई थी।

वेदों की 'बहिर्मुखी' पूजा का स्थान धीरे-धीरे उपनिषदों के गम्भीर दार्शनिक चिन्तन ने ले लिया, जिसमें सृष्टि के स्वरूप और व्यक्ति की आत्मा की नियति जैसे विषयों पर ही चिन्तनशीलता दिखाई गई है। उपनिषदों का प्रमुख रुझान सृष्टि की सर्वेश्वरवादी व्याख्या की ओर है, हालाँकि ईश्वरवादी और द्वैतवादी अवधारणाओं को भी इसमें अभिव्यक्ति मिलती है। समन्वय का महान कार्य *भवगतगीता* ने किया है। इसमें जिन बहुत सारी बातों में विश्वास किया गया है, उसमें से एक है अच्छाई और बुराई तथा मानव कल्याण में लीन एक साकार देवता में विश्वास के साथ सृष्टि की सर्वेश्वरवादी व्याख्या। यद्यपि इससे भी ज्यादा महत्त्वपूर्ण इसका ईश्वर को प्राप्त करने के तीन मार्गों में विश्वास है। ये तीन मार्ग हैं—*ज्ञान, कर्म* और *भक्ति*। इस विचार के मुताबिक,

भगवान केवल ज्ञानियों को ही नहीं मिलते, बल्कि 'स्त्रियों और शूद्रों' समेत सबको मिल सकते हैं। *भक्ति* की अवधारणा गीता से भी पहले की है–वरुण और शांडिल्य तथा नारद सूत्रों की ऋचाओं में भी यह अवधारणा मिलती है–लेकिन नारद सूत्र में इसको बहुत अधिक महत्त्व दिया गया है। उसके बाद से भक्ति की अवधारणा ने हिन्दू धर्म में न केवल आम जनता, बल्कि बुद्धिजीवियों के लिए भी केन्द्रीय स्थान प्राप्त कर लिया। हिन्दू दर्शन में भी इसने अपनी जगह बना ली। सर्वप्रथम उत्तर भारत के पंचरात्र सम्प्रदाय के आरम्भिक संस्थापकों ने वैष्णव भक्ति को अपनी दार्शनिक व्यवस्था का आधार बनाया। भक्ति आन्दोलन के महान दार्शनिक रामानुज, जो विशिष्टाद्वैत के प्रमुख प्रतिपादक थे, उन्होंने आत्मा और ईश्वर के बीच अन्तर स्थापित करने सम्बन्धी अपनी मूल अवधारणा को पंचरात्र सम्प्रदाय से ही ग्रहण किया था।

जहाँ उत्तर भारत में भक्ति आन्दोलन मूल रूप से विष्णु और खासकर उनके कृष्णावतार से सम्बोधित रहा है, वहीं दक्षिण भारत में शैव और वैष्णव, दोनों ही सम्प्रदायों में गहरी भक्ति की धारा एक विशिष्टता रही है। शैव नयनार और साथ ही वैष्णव अल्वार करीब-करीब एक ही काल (सातवीं से नौवीं सदी) में साथ-साथ मौजूद रहे हैं और इसकी सम्भावना को नकारा नहीं जा सकता कि उन्होंने एक-दूसरे को प्रभावित किया हो। इन सम्प्रदायों की सबसे खास बात ईश्वर के प्रति प्रेम की अवधारणा (तमिल में अम्बु) रही है। भक्त पाप और अयोग्यता की भावना से पीड़ित रहता है और वह ईश्वर की कृपा के लिए प्रार्थना करता है। श्रीवैष्णवों ने कृपा और समर्पण (प्रपत्ति) की अवधारणाओं पर विशेष ध्यान दिया।

भक्ति आन्दोलन तमिलनाडु से उत्तर की ओर भारत के हर हिस्से में फैलने लगा और गीता के आविर्भाव के बाद यह हिन्दू धर्म में एक सबसे अधिक महत्त्वपूर्ण ताकत रहा है। लेकिन आश्चर्य की बात जो देखने में आई है, वह यह कि इतने कुछ के बावजूद हिन्दू धर्म को अक्सर एक ऐसे अखंड सर्वेश्वरवादी और कठोर धर्म के रूप में प्रस्तुत किया गया है, जिसमें एक व्यक्ति की धार्मिक आकांक्षाओं की ओर ज्यादा ध्यान नहीं दिया जाता। यहाँ तक कि शंकर, जो परम एकेश्वरवाद (केवलाद्वैत) के प्रतिपादक थे, उन्हें भी देवी, विष्णु और शिव की स्तुति में अत्युत्तम श्लोक लिखने का श्रेय दिया जाता है।

VI

शक्ति पन्थ पर विचार किए बिना सम्प्रदायवाद का कोई भी विवरण पूरा नहीं होगा। अपनी विलक्षणताओं के कारण इसने बहुत ध्यान आकर्षित किया है। इस पन्थ के अनुयायियों को शाक्त कहा जाता है, जो शक्ति (शाब्दिक अर्थ 'ऊर्जा') के उपासक होते हैं। शक्ति ब्रह्मांड की सृष्टि का नारी स्वरूप है। सामान्यतया, हिन्दुओं में देवता की पूजा उसकी पत्नी के पहले की जाती है, लेकिन शक्ति की पूजा में इसके ठीक विपरीत होता

है। शक्ति पूजा के केन्द्र में शिव की पत्नी को ही रखा जाता है जो देवी, लमहादेवी, जगन्माता, दुर्गा, काली, भगवती और चामुंडा जैसे अपने विभिन्न रूपों में पूजी जाती है। विष्णु की पत्नी लक्ष्मी की शक्ति पन्थ में पूजा बिरले ही देखी गई है। तन्त्र (लगभग 6ठी-7वीं सदी) नाम से जाने जानेवाले संस्कृत ग्रन्थों में इस पन्थ का और विस्तृत वर्णन किया गया है तथा 'महान् देवी' के विशिष्ट रूपों एवं अनुचरों के बारे में विस्तार से उल्लेख किया गया है। शाक्तों को दो प्रकार के अनुयायियों में विभाजित किया गया है—दक्षिणाचारी और वामाचारी। वामाचारी लोग उग्रवादी होते हैं। लेकिन उनमें भी केवल कुछ ही अनुयायी तन्त्रों द्वारा प्रस्तावित पंचमकारों के साथ शक्ति की उपासना करते हैं। ये पंचमकार हैं—मांस, मत्स्य, मद्य, मैथुन और मुद्रा।

यहाँ इस बात का उल्लेख करना जरूरी है कि 'शक्ति पन्थ' शब्दावली का इस्तेमाल मोटे तौर पर ग्राम देवियों (खासकर दक्षिण भारत में) को बहुत सारे पशुओं की बलि देकर प्रायश्चित्त करने और कभी-कभी मदिरा भी अर्पित करने के लिए किया जाता है। ऐसा इस्तेमाल उचित नहीं है क्योंकि किसी संस्कृत मन्त्र का उच्चारण यहाँ नहीं किया जाता है, तांत्रिक मन्त्रों के उच्चारण की तो बात ही छोड़िए।

यह मात्र देशज और सम्माननीय पूजा की शैली है जो सदियों से चली आ रही है, सम्भवतया आर्यों के भी पहले के समय से। इस शब्द का इस्तेमाल शायद बंगाल, बिहार और आसाम में कहीं ज्यादा उचित रूप में होता है, जहाँ दुर्गा और काली देवियों की पूजा केवल मांस और मदिरा से नहीं की जाती, बल्कि तन्त्रों से लिये गए मन्त्रों के उच्चारण के साथ भी की जाती है।

VII

जहाँ प्रबुद्ध लोगों ने उपनिषदों, *भगवतगीता* और तीन महान आचार्यों तथा उनके अनुयायियों की रचनाओं पर अपना ध्यान केन्द्रित किया, वहीं आम लोगों की धार्मिक निष्ठा, पवित्रता और अपवित्रता के नियमों के अत्यधिक कठोरता से पालन, परिवार तथा जाति परम्परा के अनुसार प्रार्थना, श्राद्ध संस्कार के विधानों को विस्तार से सम्पन्न करने, वार्षिक पर्व-त्योहारों को मनाते समय, व्रत तथा धार्मिक कृत्यों को सम्पन्न करते समय, मृत पूर्वजों तथा स्थानीय देवताओं के प्रति विस्तृत रूप से अर्पण-तर्पण करने में, धार्मिक कथाओं (हरिकथा) के सार्वजनिक पाठ को सुनने में, और पवित्र नदियों तथा प्रसिद्ध देवताओं के स्थान पर तीर्थयात्रा में अभिव्यक्त होती है। हर बार संकट के समय में ज्योतिषी से सलाह ली जाती है, ग्रामीण क्षेत्रों में तथा खासकर निचली जातियों में, स्थानीय देवता तथा ओझा की भी मदद ली जाती है। बाह्य परिवेश, जिसमें कुछ खास पेड़-पौधे और जीव-जन्तु भी शामिल हैं, की विशेषताओं को पवित्र माना जाता है। संक्षेप में, हिन्दू जीवन के हर क्षेत्र में धर्म का प्रभाव है। बहुत सारी लोकप्रिय धार्मिक कथाएँ कुछ और नहीं, बल्कि एक ही बात दोहराती हैं कि किस तरह धर्मपरायणता से इस

जीवन में सफलता और उसके बाद स्वर्ग की प्राप्ति होती है। (ये कथाएँ सन्तों के जीवन से काफी भिन्न होती हैं जो मूलतया संघर्ष और कष्ट की गाथाएँ होती हैं, पर अन्त में जिन्हें भगवत कृपा प्राप्त होती है।) और जैसाकि हमने पहले देखा है, धर्म सामाजिक संरचना के कुछ महत्त्वपूर्ण तत्त्वों से भी सम्बन्धित है। यह सच है कि देश के पश्चिमीकरण से हिन्दू धर्म को कई तरह से धक्का पहुँचा है, पर इसने कुछ अन्य पहलुओं से इसे परिमार्जित और मजबूत भी किया है।

VIII

हरेक जीवन्त धर्म की तरह हिन्दू धर्म भी आरम्भिक काल से ही समकालीन शक्तियों से प्रभावित होता रहा है। ऋग्वैदिक काल के आर्यों के सरल और आशावादी धर्म का स्थान, धीरे-धीरे ब्राह्मणों के प्रभाव में आकर कर्मकांडवाद और उपनिषदों के आधिभौतिक चिन्तन ने ले लिया। यह असम्भव नहीं है कि हिन्दू धर्म में जो परिवर्तन आए, वे कुछ हद तक, भारत में पहले से प्रचलित पन्थों के साथ सम्पर्क में आने के फलस्वरूप ही हुए। यह बात कुछ वैदिक देवताओं में आए परिवर्तनों के बारे में अधिक निश्चय के साथ कही जा सकती है। हिदू धर्म पर बौद्ध धर्म और जैन धर्म के प्रभावों के बारे में पहले ही बहुत कुछ कहा जा चुका है। शंकर के विरोधियों ने उन्हें *प्रच्छन्न बुद्ध* या प्रच्छन्न बौद्ध कहा क्योंकि उनका मानना था कि उन्होंने अपने पन्थ में कुछ बौद्ध अवधारणाओं को ग्रहण किया है। अगली चुनौती इस्लाम धर्म से मिली और इससे उतर में सिख तथा आर्यसमाज का जन्म हुआ। कुछ लोग रामानुज तथा मध्व पर ईसाई प्रभाव ढूँढ़ने में बड़ी दिलचस्पी रखते हैं, लेकिन इस बात को अभी तक स्थापित नहीं किया जा सका है। भारत के ईसाई धर्म से हाल के सम्पर्क, जिससे अंग्रेजों के साथ सम्पर्क को अलग करना आसान नहीं है, ने हिन्दू विचारधारा में एक क्रान्ति ला दी। जिन संवेदनशील हिन्दुओं ने पश्चिमी संस्कृति को अपनाया और बाइबिल को पढ़ा, वे हिन्दू धर्म को आलोचनात्मक दृष्टि से देखने लगे। इसके परिणामस्वरूप समाज सुधारों की एक शृंखला-सी शुरू हो गई जिसने भारत के स्वाधीन होने के बाद और भी तीव्र गति पकड़ ली। पश्चिम द्वारा संस्कृत साहित्य की खोज, पश्चिम या पश्चिमी विचारों से प्रभावित विद्वानों द्वारा भारतीय इतिहास के व्यवस्थित पुनर्गठन और भारतीय चिन्तन तथा कला को पूरी दुनिया में मिली प्रशंसा ने भारत के आत्मविश्वास को बढ़ाया।

यह कहा जा सकता है कि तात्कालिक रूप से पश्चिम के सम्पर्क में आकर हिन्दू धर्म परिमार्जित और शक्तिशाली हुआ है। जहाँ तक धर्म और विज्ञान के बीच द्वन्द्व का सवाल है, और जिसे पश्चिम में बहुत तीव्रता से महसूस किया जाता है, वैसी स्थिति भारत में नहीं रही।

हिन्दू धर्म का क्या भविष्य है ? यह सवाल जितना महत्त्वपूर्ण है, जवाब उतना ही

मुश्किल है। बहुत सारी प्रतिद्वन्द्वी शक्तियाँ सक्रिय हैं। देश का योजनाबद्ध आर्थिक विकास, शिक्षा का प्रचार और समाजवादी संरचना पर आधारित समाज की कामना धर्म को बुरी तरह से प्रभावित कर सकती है। खासकर हिन्दू धर्म में चूँकि ईसाई या इस्लाम धर्म की तरह कोई संगठन नहीं होता है, इसलिए इस पर खतरा हो सकता है। योजनाओं के तहत परम्परा के तीन मुख्य वाहकों—गाँव, जाति और संयुक्त परिवार, में आनेवाले सम्भावित परिवर्तन किसी शुद्ध वैचारिक आक्रमण की अपेक्षा कहीं ज्यादा कमजोर करनेवाला साबित हो सकते हैं।

अनुक्रमणिका

●●●